Aktuelle und klassische Sozial- und Kulturwissenschaftler|innen

Herausgegeben von
S. Moebius, Graz

AF204441

Die von Stephan Moebius herausgegebene Reihe zu Kultur- und Sozialwissen-schaftlerInnen der Gegenwart ist für all jene verfasst, die sich über gegenwärtig diskutierte und herausragende Autorinnen und Autoren auf den Gebieten der Kultur- und Sozialwissenschaften kompetent informieren möchten. Die einzelnen Bände dienen der Einführung und besseren Orientierung in das aktuelle, sich rasch wandelnde und immer unübersichtlicher werdende Feld der Kultur- und Sozial-wissenschaften. Verständlich geschrieben, übersichtlich gestaltet – für Leserinnen und Leser, die auf dem neusten Stand bleiben möchten.

Herausgegeben von
Stephan Moebius, Graz

Peter J. Bräunlein

Zur Aktualität von Victor W. Turner

Einleitung in sein Werk

 Springer VS

Peter J. Bräunlein
Universität Göttingen, Göttingen

ISBN 978-3-531-16907-1   ISBN 978-3-351-93241-5 (eBook)
DOI 10.1007/978-3-351-93241-5

Die Deutsche Nationalbibliothek verzeichnet diese Publikation in der Deutschen National-
bibliografie; detaillierte bibliografische Daten sind im Internet über http://dnb.d-nb.de
abrufbar.

Inhalt

Von den Ndembu zum Broadway: Eine biographische Skizze[*]

1985, zwei Jahre nach Victor Turners unerwartetem Tod, erscheint eine Sammlung seiner wegweisenden Schriften. Seine Frau Edith stellt eine biographische Skizze voran unter dem Titel *From the Ndembu to Broadway* (E. Turner 1985). Die Feldforschung bei den Ndembu im südlichen Afrika ist der fulminante Auftakt von Turners Karriere, der Austausch mit dem Performance-Theoretiker Richard Schechner in New York bildet den jähen Schlussakkord. Der hier gezeichnete Spannungsbogen, der Kontinente überbrückt und Themenfelder verbindet, ist charakteristisch für Victor Turners Leben und Werk.

Aus Gegensätzen, Zwischenzuständen, Grenzüberschreitungen konnte Turner stets produktive Kraft für seine intellektuelle Arbeit gewinnen. Kunst und Wissenschaft, Theater und Ritual, Britische *Social Anthropology* und US-amerikanische *Cultural Anthropology*, Marxismus und Katholizismus, soziale Struktur und individuelle Grenzerfahrung, Mann und Frau – Victor Turner lebte mit und von den Energien, die solche polare Kraftfelder generieren.

Victor Turner wurde am 28. Mai 1920 in Glasgow, Schottland geboren. Die Mutter, Violet Winter, war Schauspielerin und Gründungsmitglied des schottischen Nationaltheaters, der Vater ein ausgesprochen wenig theaterbegeisterter Elektroingenieur. Nach der Trennung der Eltern schickte man den Elfjährigen in das südenglische Bournemouth, in die Obhut der Großmutter mütterlicherseits. Der heranwachsende Turner fühlte sich zwischen Kunst und Wissenschaft, Sport und klassischer Philologie hin- und hergerissen. Der Weg zur Ethnologie, einer Disziplin, die, wie er später schrieb, selbst unsicher zwischen zwei Polen schwankt, war damit vorgezeichnet (Turner 1989b: 9). Zunächst entschied er sich für das Studium der englischen Literatur am *University College* in London. 1941 zur britischen Armee einberufen, verweigerte er aus Gewissensgründen den Dienst an der Waffe und wurde daraufhin einer Bombensuchtruppe zugeteilt. In dieser Zeit lernte er Edith Lucy Brocklesby Davis (,Edie') kennen und lieben, und alsbald, 1943 mitten im Krieg, wurde die Ehe geschlossen. Ihr Zusammenleben

---

[*] Grundlage vorliegender Einführung stellt mein Handbuchbeitrag von 1997 dar. Dieser Text fließt an vielen Stellen ein (vgl. Bräunlein 1997). Verarbeitet sind zudem eine Reihe von neueren Arbeiten zur Lebens- und Wirkungsgeschichte von Edith und Victor Turner, wie etwa Engelke 2000, 2004, E. Turner 2006, St. John 2008a.

begann „randständig", „liminal", was charakteristisch für ihre gemeinsame Zukunft bleiben sollte. Ihr erstes Domizil war ein kleiner Wohnwagen am Rande des
zerbombten Rugby. Hier kamen die Kinder Fred und Bob zur Welt; Irene, Alex
und Rory folgten zwischen 1948 und 1963.

Während des Krieges entwickelte Turner seine Neigung für die bodenstän-
dige Seite des Lebens, und für die Ethnologie. Ersten Kontakt zu dieser Wissenschaft erhielt er in der Stadtbibliothek von Rugby durch die Lektüre von
Radcliffe-Brown und Margaret Mead. 1945 schrieb er sich für dieses Fach am
Department of Anthropology des University College in London ein, um 1949 mit
dem B. A. (with honors) abzuschließen. In diesen Jahren richteten sich Turners
ethnologische Interessen zunehmend auf Afrika und seine politischen Interessen
auf den Marxismus. Der Eintritt in die kommunistische Partei war der naheliegende nächste Schritt. Max Gluckman, der in Manchester ein neues Ethnologie-
Institut gründete, und, einem Fußballtrainer vergleichbar, auf Talentsuche beim
Aufbau einer eigenen Mannschaft war, überzeugte Turner, dort sein Studium
fortzusetzen. Gluckman, Kind russisch-jüdischer Migranten und aufgewachsen
in Südafrika unter dem Apartheidregime, machte aus seiner politischen Haltung
keinen Hehl, was für die Turners umso anziehender wirkte. Die marxistische
Orientierung der Manchester Schule war nicht nur eine intellektuelle Herausforderung, sondern bot in der Umbruchzeit nach dem Krieg Sinngebung und die Vision ethisch-moralischer Neuorientierung. Mit der *Manchester School* bildete sich
eine eigene Denkrichtung innerhalb der britischen *Social Anthropology* heraus.
Theoretisch standen Konflikt, Prozess und rituelle Integration im Mittelpunkt,
methodisch entwickelt wurden die sogenannte *Extended-Case-Study* und die
Netzwerkanalyse. Zwischen 1951 und 1954 führte Turner, begleitet von Ehefrau
und drei seiner Kinder, Forschungen in Zambia durch. Das Rhodes-Livingstone
Institute in Nord-Rhodesien, das Gluckman bis 1949 geleitet hatte, diente dabei
als Anlaufstelle. Victor Turner bekleidete die Position eines „research officer" an
diesem Institut. Auf Empfehlung von Gluckman wurden die Ndembu als Ziel-
gruppe gewählt, und diese Ethnie und ihre Rituale sind es, die Victor Turner
in der wissenschaftlichen Welt berühmt machen sollten. 1955, bereits ein Jahr
nach seiner Rückkehr, erwarb Turner mit seiner Schrift *Schism and Continuity
in an African Society* den Ph. D. in *Social Anthropology*. Bis 1963 lehrte, forsch-
te und veröffentlichte Turner an der Universität Manchester. Seine alsbaldige
Abwendung vom Kommunismus lag einerseits in seiner Enttäuschung über die
realpolitischen Entwicklungen im Ostblock begründet. Andererseits hatten die
Ndembu ihm und seiner Frau gezeigt, welche transformatorische Kraft Ritual und
Religion haben können. Das Denken in Kategorien des dialektischen Materialismus war nichtssagend geworden. 1957 konvertierte er mit seiner Familie zum
Katholizismus. In eben diesen Jahren wurde sein Unbehagen am mechanistischen

Funktionalismus der *Social Anthropology*, speziell der Manchester Schule immer offenkundiger, und so wuchs die innere Bereitschaft, Manchester den Rücken zu kehren. 1961/62, als Fellow am *Center for Advanced Study in Palo Alto*, knüpfte Turner Kontakte, die es ihm ermöglichten, 1963 eine Professur an der Cornell Universität anzutreten. Neben der politischen Ethnologie war es die Beschäftigung mit den Ndembu-Ritualen und Symbolen, die nunmehr ins Zentrum seiner Forschungen rückten. Mit den Werken *The Forest of Symbols* (1967a), *The Drums of Affliction* (1968) und *The Ritual Process: Structure and Anti-Structure* (1969) wurde das Fundament von Turners vergleichender Symboltheorie und prozessualer Ritualanalyse gelegt. 1965 erhielt er in Anerkennung für seine herausragende Feldforschungsleistung die *Rivers Memorial Medal* des *Royal Anthropological Institute*. Zwischen 1968 und 1977 lehrte Turner als Professor für *Anthropology and Social Thought* an der Universität Chicago, um 1977 an die Universität von Virginia in Charlottesville zu wechseln. Hier hatte er bis zu seinem Tod die William R. Kenan Professur für *Anthropology and Religion* inne. Turners Jahre an amerikanischen Universitäten fielen in eine Zeit erheblichen gesellschaftlichen Wandels. Die Proteste gegen den Vietnamkrieg, Jugendrevolte, die utopischen Entwürfe und die Aufbruchsstimmung der Hippie-Bewegung wurden von Turner aufmerksam wahrgenommen und in seinen Arbeiten aufgegriffen.

Ende der 1960er Jahre wandte er sich zusammen mit Edith Turner dem Themenbereich Pilgerschaft und Wallfahrtswesen zu. Gemeinsam führten sie zwischen 1969 und 1972 Forschungen in Mexiko, Irland und Frankreich durch. Reisen nach Indien, Japan und Brasilien dienten eben diesem Interesse (vgl. Turner/Turner 1978, Turner 1983a, Turner 1992b).

Victor Turner war alles andere als ein „stiller Gelehrter", und Mobilität im räumlichen wie im geistigen war typisch für sein Leben. Als Mitglied zahlreicher Gremien, als Herausgeber, als Konferenzteilnehmer und -organisator war er rastlos und weltweit bemüht, neues Terrain zu erschließen.

Je weiter sein Leben fortschritt, desto vielfältiger wurde das Spektrum seiner Interessen, desto hartnäckiger weigerte er sich, herkömmliche Fachgrenzen zu akzeptieren. Auf der Suche nach einer humanwissenschaftlichen Synthese bewegte er sich zwischen Ethnologie, Religionswissenschaft, Soziologie, Philosophie, Psychoanalyse, Semiotik, Theater- und Literaturwissenschaft sowie Neurobiologie. Gegen Ende seines Lebens knüpfte er erneut an die Leidenschaft seiner Kindheit und Jugend an: er widmete sich intensiv dem Theater, sowie unterschiedlichsten performativen Genres, sei es das japanische Noh-Spiel, der koreanische Schamanismus, Eskimo-Tänze, das jüdische Purim oder der indische Kathakali-Tempel-Tanz. Anregend wirkte hierbei die Begegnung mit dem Performance-Theoretiker und Leiter des Off-Off-Broadway-Theaters in New York, Richard Schechner (Turner 1989b). Die Zusammenarbeit mit Schechner mündete u. a. in eine öf-

fentliche Inszenierung von Teilen seiner Ndembu-Ethnographie und in mehrere
Wenner-Gren-Weltkonferenzen zu Ritual und Theater (Turner 1989b: 140–160;
Schechner/Appel 1990). In diesen Jahren entdeckte Turner in der Philosophie des
Erlebens eines Wilhelm Dilthey und in der Neurobiologie Impulse für die Weiter-
entwicklung seiner Ritualtheorie (vgl. Turner 1985c, 1985d, Turner/Bruner 1986).
Turner bedauerte es zutiefst, dass ihm keine Zeit übrig blieb, um die japanische
Sprache zu erlernen, und gleichzeitig faszinierte ihn die Vorstellung, in Rio de
Janeiro eine Samba-Schule zu leiten.

Am 18. Dezember 1983, voller kreativer Neugierde und inmitten schöpferi-
scher Bewegung, bereitete ein Herzinfarkt dem Leben Victor Turners ein jähes
Ende. Bestattet wurde sein Leichnam nach den Riten der katholischen Kirche und
den Trauerzeremonien der Ndembu (Willis 1984).

Struktur und Funktion – die britische *Social Anthropology*

Das Spannungsverhältnis von „Struktur" und „Anti-Struktur" durchzieht wie ein roter Faden das gesamte Werk Victor Turners. Die sozialwissenschaftliche Kategorie „Struktur" wiederum ist aufs Engste mit Entstehung und Entwicklung der britischen Ethnologie verbunden. Um die Entwicklung von Victor Turners Denken nachvollziehen zu können, und um verstehen zu können, was mit Anti-Struktur gemeint ist, liegt es nahe, sich zunächst mit der Entstehungsphase der britischen *Social Anthropology* und ihren identitätsbildenden Kategorien „Funktion" und „Struktur" zu befassen. Folgende Ausführungen sind daher diesem wissenschaftsgeschichtlich bedeutenden Abschnitt gewidmet. Victor Turner betritt im darauffolgenden Kapitel die Bühne des Geschehens.

Das Jahr 1922 gilt gemeinhin als das Gründungsjahr der britischen Ethnologie. In diesem Jahr werden zwei Studien veröffentlicht, die für Theorie, Methode und Stil der *Social Anthropology* prägend werden. Es handelt sich um *Argonauts of the Western Pacific* von Bronislaw Malinowski und *The Andaman Islanders* von Alfred Reginald Radcliffe-Brown.

Radcliffe-Brown führt von Ende 1906 bis Frühjahr 1908 Forschungen auf den im Golf von Bengalen liegenden Andamanen-Inseln durch. Die scheuen Ureinwohner, kleinwüchsige ‚Negrito', sind in Jäger- und Sammlergruppen zusammengeschlossen. Ihre Gemeinschaftsform und Wirtschaftsweise werden in jenen Tagen vielfach mit dem Urzustand des Menschseins gleichgesetzt und wecken daher das besondere Interesse der frühen Ethnologie.

Malinowski bringt zwischen 1915 und 1918 fast zwei Jahre auf Kiriwana zu, einer Insel des melanesischen Trobriand-Archipels südöstlich von Neuguinea. Die seefahrenden Trobriander werden durch Malinowskis dreibändige Monographie weltberühmt ebenso wie ihr „Schöpfer".

Beide Autoren untersuchen und beschreiben kleine, überschaubare und offenbar isolierte Inselgesellschaften. Beide Autoren sammeln ihre Informationen „im Feld" einer exotisch fernen „Anderswelt". Beide Autoren haben eine Mission – die Wissenschaft vom Menschen auf neue methodische und theoretische Beine zu stellen. Beide Autoren polemisieren gegen die deutsche und amerikanische Ethnologie, genauer gesagt, gegen den Evolutionismus und Kultur-Diffusionismus. Versuche, eine Urkultur und darauffolgende Entwicklungsstufen zu rekonstruieren gelten ihnen mangels zuverlässiger Dokumente als ein nutzloses Herumstochern

im Dunkel der Geschichte. Ebenso fragwürdig erscheint ihnen das Ziel, Kultur-
komplexe oder einzelne Kulturelemente, gleich ob Pflug, Königtum, Mythen oder
Verwandtschaftsformen, in ihrer geographischen Verbreitung über den Erdball
nachzuzeichnen. Wiewohl diese Schulrichtungen zu Beginn des 20. Jahrhunderts
durchaus einflussreich sind, fehlen ihnen seriöse wissenschaftliche Grundlagen.
Die Ethnologie ist in den Augen eines Radcliffe-Brown und Malinowski in dieser
Hinsicht längst noch nicht erwachsen geworden. Als seriös gelten hier die Naturwissenschaften und nicht die historischen Fächer. Standards setzen Mathematik,
Logik und die Laborwissenschaften, die seit Ende des 19. Jahrhunderts fast ex-
plosionsartig Erkenntnisfortschritte vorweisen können. Radcliffe-Brown beginnt
sein Studium in Cambridge mit den Fächern Ökonomie, Psychologie und Naturwissenschaften (1904); Malinowski macht, stark beeindruckt von dem Physiker
und Wissenschaftstheoretiker Ernst Mach (1838–1916), seinen ersten Abschluss
in Mathematik, Physik und Philosophie (1908).

„Struktur" und „Funktion" bilden die mächtigen Eckpfeiler der anvisierten
neuen Ethnologie und beide Säulen ruhen auf dem Fundament wissenschaftlicher
Objektivität.

„Objektivität" ist seit Mitte des 19. Jahrhundert ein Schlüsselbegriff in der
Welt der Wissenschaften, „mit dem man beschwören, aber auch konsolidieren
konnte", wie Lorraine Daston und Peter Galison in ihrer wissenschaftshisto-
rischen Studie zu eben diesem Begriff festhalten (Daston/Galison 2007: 270).
Gelehrte, die sich diesem Ideal verpflichten, teilen ein Weltbild. Sie gehen von
der Faktizität von Wirklichkeit aus, die sich in ihren Strukturen erfassen und
beschreiben lassen, wobei die Entschlüsselung dieser Strukturen eigentliche Aufgabe aller ernstzunehmenden Wissenschaft ist. Die zutage tretenden „objektiven" Erkenntnisse sind demnach universal und einheitlich, und sie überschreiten
selbstredend historische und kulturelle Grenzen. Max Planck bringt dieses Ideal,
am Beispiel der theoretischen Physik, mit visionärem Pathos zum Ausdruck: „Das
Ziel ist nichts anderes als die Einheitlichkeit, die Geschlossenheit des Systems der
theoretischen Physik [...] nicht nur in Bezug auf alle Einzelheiten des Systems,
sondern auch in Bezug auf die Physiker aller Völker, aller Kulturen. Ja, das System der theoretischen Physik beansprucht Gültigkeit nicht bloß für die Bewohner dieser Erde, sondern auch für die Bewohner anderer Himmelskörper" (zit. in
Daston/Galison 2007: 268).

Mit diesen Worten beschwört der große Physiker ein fast religiöses Erkennt-
nisideal, sollen doch grenzenlos gültige Wahrheiten geliefert werden, indem
der Bauplan der Schöpfung offengelegt wird. Um dies zu erreichen, muss Wissenschaft als System entwickelt werden, mit dem Ziel von Einheitlichkeit und
Geschlossenheit.

Dieses Wissens- und Wissenschaftsideal muss zwangsläufig den Wert historischer Forschung gering schätzen, geht es doch dabei um Zufälligkeiten der Weltenläufte, um den Wandel von Traditionen, Kulturen und Wertmaßstäben einschließlich jener der Historiker selbst. Nicht umsonst wird von einer „Krise des Historismus" (Troeltsch) gesprochen und vor den Gefahren des Relativismus gewarnt. Vorgänge des Wandels zu untersuchen, ist unter dem Ideal von objektiver Erkenntnis wenig sinnvoll. Exakte Wissenschaft hat sich mit dem Unwandelbaren zu befassen, das hinter den Erscheinungen liegt und sich der Subjektivität individueller menschlicher Wahrnehmung entzieht.

Der Begriff, oder besser die analytische Kategorie „Struktur" erhält hierbei eine zentrale Rolle. Die Etymologie des Wortes verweist zunächst auf das lateinische *struere* – „bauen", „errichten" – und somit in den Bereich der Architektur. In der Übertragung, so Daston und Galison, bezeichnet der Begriff dann „alle Gerüste oder Bauten aus materialen Elementen (vor allem des menschlichen Körpers). Im 19. Jahrhundert verwendet man das Wort (zusammen mit anderen aus der Architektur entlehnten Begriffen, ‚Bauplan' zum Beispiel) zunehmend, um zu beschreiben, wie Einzelteile eines Organismus zu einem einheitlichen Ganzen zusammengefügt sind; in der Folge wird es als Bezeichnung für die innere Gliederung eines ‚sozialen Organismus' ins Vokabular der Soziologie übernommen" (Daston/Galison 2007: 269 f.). Einen regelrechten Popularitätsschub und „intellektuellen Glanz" erlebt der Begriff „Struktur" um 1900 in der Mathematik. Hier, vor allem in der Mengenlehre und Algebra der Gruppen, Ringe und Ideale, wird er zur „Losung einer selbstbewußten Erneuerungsbewegung", und zwischen 1910 und 1930 bricht ein regelrechtes „Strukturalismus-Fieber" aus, das nun auch Philosophen, Psychologen und Linguisten befällt (Daston/Galison 2007: 270).

Das Ideal der „strukturellen Objektivität" identifiziert einen Hauptgegner: die Subjektivität individueller Wahrnehmung. Die experimentelle Psychologie der Zeit und die Entdeckungen der Sinnesphysiologie bestätigen immer aufs Neue, wie unterschiedlich und irgendwie auch fehlerbehaftet die Sicht auf die Welt und ihrer Erscheinungen ausfallen kann. Doch auch die Geschichtswissenschaft, die vergleichende Sprachwissenschaft, die orientalischen Philologien (von Ägyptologie bis Sinologie) und die Anthropologie machen vor allem eines deutlich: verwirrende Vielfalt von Sprache, Glaube und Denken. Es sind die in dieser Zeit wachsenden Einsichten in die Subjektivität des Menschen, vor allem des Wissenschaftlers, die als gefährlich empfunden werden und ein Gegenmittel erforderlich machen. Oder anders ausgedrückt: Mit der Entdeckung des subjektiven Selbst wird gleichzeitig das vernunftgesteuerte, analytische Selbst entdeckt und gestärkt. Das, was die Strukturalisten jener Tage unter Objektivität verstehen, setzt einen Bereich des reinen Denkens voraus; einen Bereich, der allgemeingültig ist, „transplanetarisch" im Sinne Max Plancks. Mit dem Vokabular Objektivität und Subjektivität wird zudem eine Trennung von Selbst und Welt kenntlich gemacht. Objektive Erkenntnis bezieht sich nicht auf „reine" Fakten oder Sachen, auch nicht auf echte oder geistige Bilder. Objektivität bezieht sich auf dauerhafte Strukturbeziehungen, die allein „mathematische Umwandlungen, wissenschaftliche Revolutionen, linguistische Perspektivenwechsel, kulturelle Vielfalt, psychologische Evolution, Wechselfälle der Geschichte und Schrullen individueller Sinnesempfindungen" überdauern (Daston/Galison 2007: 274).

Die wichtigen Debatten um die Gültigkeit und Möglichkeiten „struktureller Objektivität" werden zwischen 1880 und 1930 geführt und sind von Lorraine Daston und Peter Galison ausführlich dargestellt (2007: 267–325). Ihre Anhänger und Verteidiger sind Mathematiker und Logiker (z. B. Gottlieb Frege, Charles Sanders Peirce, Bertrand Russell), theoretische Physiker (z. B. Henri Poincaré und Max Planck) oder Wissenschaftsphilosophen (Rudolf Carnap und Moritz Schlick). Sie beziehen durchaus uneinheitliche Positionen und liefern dementsprechend unterschiedliche Antworten auf kritische Einwände. Diese betreffen das Verhältnis von Empirie und Abstraktion, Fragen der Allgemeingültigkeit oder Zeitgebundenheit von Theorien, ihre Unabhängigkeit vom Physiologischen und Psychologischen, oder auch das Problem der Mitteilbarkeit jener objektiven Strukturwelt.

Wie zu sehen ist, erleben der Strukturbegriff und die Debatten um objektive Erkenntnis im ersten Drittel des 20. Jahrhunderts eine beachtliche Konjunktur. Für unser Thema sind die Einzelheiten dieser Debatten nicht von Bedeutung. Wichtig ist jedoch, dass sowohl Alfred Reginald Radcliffe-Brown wie auch Bronislaw Malinowski ihre frühen Bildungserlebnisse in einem akademischen Umfeld machen, in dem mit Leidenschaft um das Ideal struktureller Objektivität gerungen wird. Die Bemühungen beider Gelehrter um eine Reform der Ethnologie, die manche gar als Revolution bezeichnen (Jarvie 1969), sind ohne die in den Naturwissenschaften formulierten Erkenntnisziele und daran anknüpfende allgemeine Auffassung von objektiver Wissenschaft und ihrer Leistungsfähigkeit nicht denkbar. Die Nachahmung der Naturwissenschaften ist erklärtes Ziel. Zu einflussreichen Brückenbauern zwischen Labor- und Sozialwissenschaften werden Herbert Spencer (1820–1903) und Émile Durkheim (1858–1917), die vor allem mit Analogien aus der Biologie arbeiten.

Das hier neu eingeführte Vokabular von „Struktur" und „Funktion" setzt das Modell des lebenden Körpers als Einheit voraus. Im 19. Jahrhundert gewinnt dieses Modell aus der Kritik am Reduktionismus der Physik und Biologie an Stärke. Der englische Philosoph und Soziologe Herbert Spencer, tief beeindruckt von Darwins Evolutionslehre, verwendet als einer der ersten das Bild von der Gesellschaft als Überorganismus. In seinem Buch *The Social Organism* (1860) stellt er diese Idee ausführlich dar. So wie der Mensch vom Säugling zum Erwachsenen heranwächst, so wachsen auch Gesellschaften. So wie die Natur unterschiedliche Strukturen ausdifferenziert, von Einzeller bis Säugetier, so entwickeln sich aus egalitären Kleingesellschaften komplexe Gesellschaften. So wie bei biologischen Organismen eine Funktionsteilung erfolgt, z. B. in Nahrungsaufnahme, Nahrungsverwertung und Bewegung, so differenzieren sich gesellschaftliche Funktionen über Arbeitsteilung aus. Die wechselseitige Abhängigkeit der einzelnen Bestandteile ist eine daraus folgende Erkenntnis, ebenso die Einsicht, dass mit dem Absterben von Einzelelementen, z. B. Zellen oder Individuen, nicht der gesamte Organismus zugrunde geht (Schmied 2007: 159). Zentrale Begriffe der modernen Soziologie wie „soziale Struktur" und „soziale Funktion" werden von Spencer eingeführt und viele Wissenschaftshistoriker erkennen in ihm einen Vorläufer der modernen Systemtheorie (Kunczik 1999: 78).

Findet Spencer das Darwin'sche Evolutionsprinzip revolutionär und bemüht sich, den Entwicklungsprinzipien aller Gesellschaften von Beginn bis zu ihrem Ende nachzuspüren, so wird zu Beginn des 20. Jahrhunderts diesem Eifer vielfach mit Skepsis begegnet. Spencers Organizismus hingegen, die Idee von der Gesellschaft als selbstregulierendem System und die der Ausdifferenzierung von Strukturen und Funktionen, entfaltet mächtige Wirkung in Soziologie und Ethnologie. Nicht nur biologische Analogien durchdringen damit die entstehenden Sozialwissenschaften, sondern auch eine bestimmte Art des Denkens, das sich am Empirizismus und dem Objektivitätsideal der Naturwissenschaften misst. Auswahl und Analyse geeigneter Fakten und die Suche nach Gesetzmäßigkeiten der sozialen Wirklichkeit werden hier methodische Prinzipien.

Émile Durkheim legt 1895 mit seiner Schrift *Regeln der soziologischen Methode* ein entsprechendes Gründungsmanifest vor. Soziologie ist für ihn die „Wissenschaft von den Institutionen, deren Entstehung und Wirkung" (Müller 1999: 153 f.). Durkheim klassifiziert Gesellschaftstypen nach dem Strukturschema einfach – komplex und nach dem evolutionären Prinzip einer Stufenleiter, an deren untersten Stufe Horde und Klan, an der obersten Stufe die arbeitsteilige Industriegesellschaft zu lokalisieren sind. Für die Analyse von sozialen Phänomenen entwickelt Durkheim zwei getrennte Verfahren: ein historisch-vergleichendes Vorgehen, das die Entstehung eines Phänomens untersucht, und das synchrone Vorgehen, das seine Funktionalität und Kausalität in das Zentrum der Betrachtung rückt. Auch er beschreibt Gesellschaft analog zu einem biologischen Organismus, wobei das einzelne soziale Phänomen zur Aufrechterhaltung des „gesunden Normalzustandes" beiträgt. Durkheims Beschäftigung mit archaischen Gesellschaften schlägt sich in seiner Studie zu *Elementaren Formen des religiösen Lebens* (1912) nieder. Elementare Formen findet er bei den australischen Ureinwohnern, deren Gemeinschaften derzeit als die urtümlichsten Gesellschaftsformen gelten. Deren moralischer Kollektivismus steht dem Individualismus des modernen Menschen diametral gegenüber. Die einfachsten Formen von Religion sollten Hinweise auf Grundprinzipien religiöser Mentalität schlechthin bieten. Und schließlich eröffnet das Studium von religiösen Denksystemen Aufschluss über den Ursprung von Begriffen, über die Kategorie des Urteilsvermögens und die menschliche Fähigkeit zu logischen und sozialen Klassifikationen (Müller 1999: 163 f.). Die intensive Beschäftigung mit den australischen Aborigines, die im Übrigen ausschließlich in Bibliotheken erfolgt und nicht vor Ort, dient vor allem dem Zweck, die Moderne und damit auch die eigene Gesellschaft besser verstehen zu können.

Durkheim gehört ohne Zweifel nicht nur in Frankreich zu den Gründerfiguren der Soziologie. Intensiv wird er in der britischen Ethnologie rezipiert. Malinowski und deutlicher noch Radcliffe-Brown sind dem Werk Durkheims verpflichtet.

Als sie 1922 ihre Gründungstexte vorlegen, bieten sie damit zwei Versionen eines gesellschaftswissenschaftlichen Funktionalismus. Malinowskis Version kann als „bio-kulturell" oder „psychologisch" bezeichnet werden, Radcliffe-Browns Version wird als Strukturfunktionalismus berühmt (Petermann 2004: 885 f.). Die Leidenschaft, mit der beide Wissenschaftler die Methode der Feldforschung und ihre theoretischen Entwürfe vorstellen, lebt auch aus der Polemik gegenüber den Spielarten von Evolutionismus und Diffusionismus der bis dahin dominanten historischen Ethnologie.

Malinowski versteht Kultur als einen lebenden Organismus, den man nicht aus seiner Vergangenheit erklären kann (wie die Evolutionisten glauben), sondern aus der Beobachtung vor Ort. Einzelne Kulturelemente müssen in einen Gesamtzusammenhang gestellt werden. Angehörige noch so „exotischer" Kulturen sind ebenso vernunftbegabt wie Menschen westlicher Industriegesellschaften. In erster Linie sind es soziale Institutionen, die das besondere Interesse des im Feld forschenden Ethnologen verdienen. Der Begriff Institution wird nicht trennscharf definiert, stattdessen in Fallbeispielen erläutert. So etwa hat die Institution der Kleinfamilie mehrfache Funktion: sie deckt das Bedürfnis nach Nachkommenschaft ab, befriedigt und kanalisiert den Sexualtrieb, versorgt die Gemeinschaft mit weiteren legitimen Mitgliedern und dient damit der Aufrechterhaltung der kulturellen Ordnung. Zudem garantiert sie als Allianz zwischen zwei Gruppen den gesellschaftlichen Zusammenhalt (Kohl 1993: 139). Glaubensformen, Brauchtum, Institutionen – jede Erscheinung kultureller Wirklichkeit erfüllt eine psychologisch nützliche Funktion. Letztlich handelt es sich um Antworten auf biologische Grundbedürfnisse wie Geschlechtstrieb, Nahrung, Schutz. Magie hat dann die Funktion, Restrisiken abzusichern. Und Religion ist universal, weil die Furcht vor dem Tod universal ist. Letztlich ist Kultur ein zweckgerichteter Apparat, entwickelt, um dem Menschen in unterschiedlichsten Umweltbedingungen

Lebenserhalt und Bedürfnisbefriedigung zu gewährleisten. Malinowskis „Funktionaltheorie der Kultur" zielt auf eine Ursprungserklärung von sozialen Institutionen und kulturellen Erscheinungen insgesamt. Anders als Evolutionisten und Diffusionisten leitet er Ursprünge nicht historisch, sondern psychologisch ab. Als „Ursprung" sei demzufolge nichts anderes zu verstehen „als der Wesenskern einer Institution wie Ehe oder Nation, Familie oder Staat, Religionsgemeinschaft oder Organisation der Zauberei" (Malinowski 1975: 56 f.). Der Wesenskern einer Institution erklärt sich aus seinem Zweck (Kohl 1993: 139).

Auch wenn der so propagierte Funktionalismus ob seines schlichten Psychologismus kritisiert, mitunter auch belächelt wurde, und man den Autor der Trobiander-Trilogie weit mehr schätzte als den Kulturtheoretiker, der Begriff der „Funktion" wurde von Malinowski als eine analytische Kategorie eingeführt und der britische Funktionalismus zu einem eigenen Markenzeichen.

Alfred R. Radcliffe-Brown betont wie Malinowski den Systemcharakter menschlicher Vergemeinschaftung. Im Gegensatz zu Malinowski lehnt er jedoch den Kulturbegriff ab und spricht stattdessen, deutlicher an Durkheim angelehnt, von Gesellschaft und „social system". Radcliffe-Brown trennt Ethnographie von Theorie, Beschreibung von Interpretation. Der erste Teil seiner 1922 veröffentlichten Andamanen-Studie ist beschreibend. Darstellung finden soziale Phänomene, Zeremonien, Religion, Magie, Mythen. Die Interpretation der Fakten erfolgt lange nach seinem Feldaufenthalt und unter dem Eindruck intensiver Beschäftigung mit Émile Durkheim und Marcel Mauss. Rituale und Mythen werden in Hinblick auf ihre Funktion zur Aufrechterhaltung der sozialen Ordnung und der Gruppensolidarität gedeutet. Religiöse Zeremonien mobilisieren Emotionen und zementieren ein Gemeinschaftsgefühl, von dem wiederum das Fortbestehen der Gesellschaft abhängt. Mythen „funktionieren" insofern sie Naturphänomene (z. B. Wechsel von Tag und Nacht), Handlungen und Sachverhalte (z. B. Ursprung und Rettung des Feuers) erklären und diese im Kollektivbewusstsein verankern. Die Gesellschaft der Andamaner erscheint wie ein Organismus, als ein statisches und geschlossenes System von Institutionen, Verhaltensweisen und Vorstellungen. Wandelvorgänge finden keine Beachtung (Seitz 2001: 376).

Radcliffe-Browns Funktionsbegriff ist weit weniger dominant wie bei Malinowski und auch nicht psychologisch reduktionistisch gedacht. Er ergänzt „Funktion" durch „Struktur" und das Zusammenspiel beider wird zum Charakteristikum seines Theorieansatzes. Dies geschieht schrittweise in den 1930er und 1940er Jahren. Systematisiert werden seine methodischen und theoretischen Überlegungen in mehreren Aufsätzen, und zusammengefasst finden sie sich in seinem Spätwerk *Structure and Function in Primitive Society* (1952). Er trennt dabei zwischen einer rein deskriptiven *Ethnology* und der *Social Anthropology*, die im eigentlichen Sinne wissenschaftlich, nämlich vergleichend und generalisierend arbeitet. Der zugrunde gelegte Anspruch ist nicht bescheiden. Wie die Laborwissenschaften Gesetzmäßigkeiten der Natur entschlüsseln, so will die *Social Anthropology* als eine „Naturwissenschaft von der Gesellschaft" (Radcliffe-Brown 1952: 188 f.) Gesetzmäßigkeiten des Sozialen finden.[1] Die Analyse der Struktur sozialer Beziehungen ist der Königsweg dorthin. „Soziale Struktur" meint Ordnung und Beziehung von Personen oder Personengruppen, die weder beliebig noch zufällig sind. In einem Bienenstock, so führt er aus, gibt es die Gruppe, die direkt mit der Königin assoziiert ist, daneben die Gruppe der Arbeiter und Drohnen. Die Herde ist *eine* Form des Verbundes von Tieren, *eine andere* die der Katzenmutter und ihrer Kätzchen. Dies alles seien soziale und nicht kulturelle Phänomene (Radcliffe-Brown 1952: 189). Individuen sind hier nur als Träger von bestimmten Rollen innerhalb der Gesamtgesellschaft relevant (z. B. Vater, Mutterbruder, Klan-Oberhaupt, Priester, Richter) und ihr Handeln ist für die ethnologische Analyse nur insofern aufschlussreich als es eine konstruktive Funktion für die Gesamtheit erfüllt (z. B. Erbschaft, Rechtsprechung, Übergangsrituale, Krieg). Die Untersuchung von Verwandtschaftsregeln, die Angehörige jeder Gesellschaft in Gruppen einteilt, die ihrerseits regelhaft interagieren, sind Fenster in die Sozialstruktur der jeweiligen Gesellschaft. Den Begriff Funktion will Radcliffe-Brown angewendet wissen auf die sozial akzeptierte und standardisierte Form der Aktivität, aber auch des ihr zugrundeliegenden Denkens. Die Struktur einer Gesellschaft ist solange von Dauer solange die Teile im Verhältnis zum Ganzen funktionieren. Die Organismus-Analogie ist auch hier unübersehbar.

Die Analysekategorie „Sozialstruktur" wird in den theoretischen Schriften Radcliffe-Browns naturwissenschaftlich positivistisch konkretisiert. Radcliffe-Brown beharrt darauf, dass Kultur eine vage Abstraktion ist, während soziale Phänomene, nämlich Netzwerke aktuell existierender sozialer Beziehungen in den Bereich des empirisch Beobachtbaren gehören.[2] Für seine Behauptung, die Struktur einer Gesellschaft sei sichtbar, liefert er keine stichhaltigen Argumente, stattdessen eine naturwissenschaftliche Analogie: Zellen bilden die Bausteine eines jeden komplexen Organismus, und sie sind ihrerseits zusammengefügt aus verschiedenen Molekülen. So real wie sich Zelle und Molekül entlang einer Struktur zu einem größeren und komplexen Ganzen fügen, so real und empirisch erfassbar seien auch soziale Phänomene. Ausschlaggebend ist dabei nicht die Natur

---

[1] Radcliffe-Brown (1952: 189, 190) schreibt: „I conceive of social anthropology as the theoretical natural science of human society, that is, the investigation of social phenomena by methods essentially similar to those used in the physical and biological sciences." „My view of natural science is that it is the systematic investigation of the structure of the universe as it is revealed to us through our senses."
[2] Radcliffe-Brown (1952: 192) erläutert „structure as an actually existing concrete reality, to be directly observed."

des individuellen Partikels (gleich ob Zelle, Atom oder menschliches Individuum), sondern die gestalterische Kraft der Struktur (Radcliffe-Brown 1952: 190 f.). Sozialstruktur, so betont Radcliffe-Brown, soll darüber hinaus in einem erweiterten Sinn verstanden werden. Zum einen sind Verwandtschaftsstrukturen gemeint, innerhalb derer sich Individuen bewegen und agieren, zum anderen die Klassifikationen von Individuen und Gruppierungen aufgrund der zugewiesenen sozialen Rollen. Um nicht bei Einzelfällen zu verharren, ist es erforderlich, zu generalisieren. Radcliffe-Brown unterscheidet somit zwischen Struktur als einer konkret beobachtbaren Erscheinung und einer generellen „strukturellen Form". Notwendig ist die Feldforschung, um ein möglichst breites Spektrum verschiedener Ausprägungen von sozialen Strukturen vor Augen zu haben. So unverzichtbar wie die empirische Forschung ist der Vergleich. Endziel ist die Erarbeitung einer Art Typologie der vorgefundenen Struktursysteme. Auch wenn Radcliffe-Brown mit Hartnäckigkeit auf der Konkretheit von Sozialstruktur beharrt, der Weg von der Beobachtung zur Abstraktion und Modellbildung ist im Programm des Strukturfunktionalismus angelegt (Jarvie 1969: 192).

Radcliffe-Brown verweist mit Begriffen wie soziale „Physiologie" und soziale „Morphologie" auf die Organismus-Analogie und die Biologie als Modell gebende Wissenschaft. Analogien seien wissenschaftliche Hilfsmittel, rechtfertigt er sein Vorgehen, und zudem gäbe es eine „echte und signifikante" Analogie zwischen organischer und sozialer Struktur (Radcliffe-Brown 1952: 195). Radcliffe-Brown bezieht sich hier unmittelbar auf Émile Durkheim, der in seinen *Regeln der soziologischen Methode* (1895) häufig biologische Analogien einsetzt, um soziale Sachverhalte zu erläutern (Radcliffe-Brown 1952: 178 ff.).

Malinowskis Kulturtheorie kann man aus dieser Perspektive als funktionalbiologisch, die Sozialtheorie eines Radcliffe-Brown als biologisch-strukturell bezeichnen (Reader 1969: 28).

Politisch ist Radcliffe-Brown frühzeitig beeindruckt von dem russischen Anarchisten Pjotr Alexejewitsch Kropotkin (1842–1921), den er selbst kennenlernt und der ihm den Spitznamen Anarchy-Brown einbringt. Kropotkin setzt das Prinzip der Gegenseitigkeit als Alternative zum Prinzip des Sozialdarwinismus. Nicht Konkurrenz und Überlebenskampf bestimmen demzufolge die menschliche Natur, sondern Kooperation. Diese Einsicht findet ihr Echo in Radcliffe-Browns Auffassung von Gesellschaft als ein harmonisches Ganzes, das auf Gegenseitigkeit basiert.

Wiewohl Malinowski und Radcliffe-Brown in vielfacher Hinsicht rivalisieren und Radcliffe-Browns Strukturfunktionalismus in willentlicher Abgrenzung gegenüber Malinowskis biologischem Funktionalismus positioniert wird, prägen beide mit ihrem Wissenschaftsverständnis und den Kategorien „Struktur" und „Funktion" die britische Social Anthropology nachhaltig. Bemerkenswert ist dabei der Umstand, dass beide Ethnologen auf entlegenen Inseln forschen, in einer Zeit als Transport- und Kommunikationsmittel nur sehr rudimentär entwickelt sind. „Globalisierung" ist in jenen Tagen ein Fremdwort.

Der Eindruck von isolierten, autonomen und systemisch geschlossenen Gesellschaften legt sich nahe und begünstigt eine Theoriebildung, die den Kräften der Geschichte und dem historischem Wandel keine zentrale Rolle beimisst. Die Ethnologie begreift sich hier umso mehr als Wissenschaft, die sich mit zeitlosen und diskreten sozialen Gebilden, nämlich außereuropäischen, staatenlosen Stammesgesellschaften, beschäftigt.

Mit Malinowski und Radcliffe-Brown erhält die britische Ethnologie ein unverwechselbares Gesicht. Drei Generationen, mindestens, werden davon geprägt und prägen ihrerseits diese Tradition. Diese Erfolgsgeschichte ist nicht nur den Ideen und Texten der beiden Begründer zuzuschreiben. Beide verfügen über ausreichend narzisstische Energie und Ehrgeiz, eine eigene Schulrichtung zu verankern und legen entsprechenden institutionellen Eifer an den Tag. Alfred R. Radcliffe-Brown setzt diesen Ehrgeiz zunächst außerhalb Englands um. 1921–1925 lehrt er in Kapstadt (Südafrika), 1925–1931 in Sidney (Australien), 1931–1937 in Chicago, um anschließend einen Lehrstuhl für Ethnologie an der Universität Oxford zu besetzen. Er unterrichtet dort bis zu seiner Emeritierung im Jahr 1946 und rückt die Untersuchung von Verwandtschaftssystemen und Politik in den Mittelpunkt. Sein Nachfolger wird Edward Evan Evans-Pritchard (1902–1973).

Weit mehr Ortstreue als Radcliffe-Brown zeigt Malinowski. Von 1922 bis 1938, ziemlich genau in jenen Jahren, die Radcliffe-Brown in Afrika, Australien und Nord-Amerika zubringt, lehrt Malinowski an der *London School of Economics*. Viele seiner Schülerinnen und Schüler, angezogen von seiner charismatischen Persönlichkeit, werden selbst zu bedeutenden Lehrern: Ashley Montague, Hortense Powdermaker, Audrey Richards, Edward E. Evans-Pritchard, Talcott Parsons, Sir Raymond Firth, Phyllis Kaberry, Isaac Schapera, Hilda Kuper, Monica Wilson, u. a. m.

Jene, die in den 1930er und 1940er Jahren Ethnologie zu ihrem Beruf machen, fühlen sich als Teil eines kleinen, aber erlesenen Kreises, der zusammengehalten wird von der Überzeugung, ihre Wissenschaft liefere bedeutsame, ja bahnbrechende Erkenntnis über den Aufbau und das Funktionieren menschlicher Gesellschaft. Die erste Generation der akademischen Söhne, (weniger der Töchter), gibt sich häufig exzentrisch, wohl um aus dem Schatten ihrer ebenso exzentrischen Väter zu treten. Wenngleich pointierte Kritik und demonstrativ zur Schau gestellte Eigenwilligkeit zum Selbstverständnis dieser Generation gehören, die programmatischen Grundüberzeugungen und das wissenschaftliche Ethos der Väter werden nicht in Frage gestellt.

Konflikt und Aktion –
die Manchester Schule der Ethnologie

Da der überzeugte Pazifist Turner den Kriegsdienst verweigert, wird er 1941 einer zivilen Einheit zugeordnet mit der Aufgabe, in den Städten Oxfordshires Bomben zu suchen und zu entschärfen. 1943, als Hitler das Massenbombardement auf England einstellt, wird die Suchtruppe aufgelöst und Turner in eine andere Einheit nach Rugby versetzt. In eben diesem Jahr heiratet er Edith und ihr erster Sohn wird geboren. Als Zuhause dient ein Zigeuner-Wohnwagen, der für 22 Pfund und eine geklaute Flasche Rum aus Armeebeständen erworben wird. Die desolate wirtschaftliche Situation der jungen Familie, ein Krieg mit ungewissem Ausgang, Europa in Trümmern – all dies befördert eine tiefe Krise. Turner weiß nicht mehr, wo seine Berufung liegt. Die ursprüngliche Leidenschaft für Poesie und schöne Literatur schwindet, Desillusionierung macht sich breit und das Bedürfnis, sich dem „echten Leben" zuzuwenden. Er interessiert sich für Naturwissenschaften und spielt mit dem Gedanken, in Schottland Schafe zu züchten. In der öffentlichen Bibliothek in Rugby stößt er in dieser Neuorientierungsphase auf Margaret Meads *Coming of Age in Samoa* und Radcliffe-Browns *The Andaman Islanders*. Diese Lektüre soll den Ausschlag für seine Berufsentscheidung gegeben haben (Engelke 2004: 15).

Als Victor Turner 1945 beschließt, das Studium der Ethnologie aufzunehmen, ist dies an vier Standorten Großbritanniens möglich: in Oxford und Cambridge, an der *London School of Economics* (LSE) und am *University College of London* (UCL). Das von Turner gewählte University College gilt als liberal und hatte sich seit jeher als Alternative zu den konservativ christlich geprägten Universitäten in Oxford und Cambridge profiliert. Allerdings ist die dortige Ethnologie im Vergleich zur LSE reichlich verstaubt. William James Perry (1887–1949) und Sir Grafton Elliot Smith (1871–1937) vertreten einen extremen Diffusionismus und verorten den Ursprung aller Kulturen im alten Ägypten. Malinowski und seine Schüler haben dafür nur Spott übrig.

Ab 1945 jedoch beginnt am UCL eine neue Ära. Ein neues *Department of Social Anthropology* wird eingerichtet, für dessen Leitung man Cyril Daryll Forde (1902–1973) auswählt. Forde ist insofern eine Ausnahmeerscheinung als er weder von Malinowski noch von Radcliffe-Brown in das Fach initiiert worden ist. Er hat zunächst am UCL Archäologie und Geographie studiert, um sich dann in den USA der Ethnologie zuzuwenden. Fordes Lehrer an der *University of Califor-*

nia in Berkeley sind Alfred Kroeber (1876–1960) und Robert Lowie (1883–1957). Feldforschung führt er bei Yuma- und Hopi-Indianern (New Mexico und Arizona) durch, später auch in Afrika, bei den Yakö in Nigeria. Er entwickelt einen ökologischen Ansatz, in dem Geographie, Ökonomie, Biologie, Linguistik und Politik zusammenfließen (Forde 1934).

Mit Daryll Forde erhält die britische Ethnologie eine amerikanische „Infusion". Die amerikanische Ethnologie in der Tradition eines Franz Boas (1858–1942) betrachtet Kultur als historisch gewachsen und einmalig, und sein Schüler Alfred Kroeber (1917) entwickelt die Idee des Überorganischen („the superorganic"), das im Studium von Schlüsselsymbolen („key symbols") zu identifizieren sei. Ganz anders als die britische *Social Anthropology* ist die amerikanische *Cultural Anthropology* nicht auf der Suche nach Gesetzmäßigkeiten menschlicher Sozialbeziehungen, sondern zielt auf die Besonderheit einer jeden Kultur. Programmatisch schlägt sich diese Perspektive im Konzept des Kulturrelativismus nieder.

Daryll Forde geht es bei seiner Lehrtätigkeit jedoch nicht um eine Strategie der Amerikanisierung, sondern um eine Art Fusionierung beider Schulrichtungen, zumal er bemüht ist, mit Alfred Radcliffe-Brown, Meyer Fortes und Edward Evan Evans-Pritchard zusammenzuarbeiten.

Der junge Turner kommt auf diese Weise mit den führenden Persönlichkeiten des Faches und ihren Werken in Kontakt. Die paradigmatische Auffassung Radcliffe-Browns, wonach die Ethnologie ein Zweig der Naturwissenschaften sei, wirkt auf Turner herausfordernd und fügt sich passgenau in seine aufkeimende Sympathie für den Kommunismus (Engelke 2004: 16). Gleichzeitig wird er in einem Milieu an die Ethnologie herangeführt, in dem weder eine exzentrische Vaterfigur herrscht, noch die Überzeugung befördert wird, dass der britische Strukturfunktionalismus allein Zugang zu höherem Wissen liefere. Als Victor Turner 1949 sein Studium erfolgreich mit dem Bachelor-Titel abschließt, deutet sich bereits ein Umbruch oder besser ein neuer Aufbruch in der britischen Ethnologie an. Nach Malinowskis Tod (1942) und Radcliffe-Browns Emeritierung (1946) werden nun allmählich die Stimmen rebellischer Söhne vernehmbar. Kritik entzündet sich an zwei grundsätzlichen Punkten: debattiert wird über das vorherrschende positivistische Wissenschaftsverständnis und den Stellenwert von Geschichte in diesem Fach.

Radcliffe-Brown hätte Ethnologie betrieben wie eine primitive Form zoologischer Klassifizierungslehre, schreibt Edmund Leach in seinem Rückblick. Manche seiner Schüler, so Leach weiter, reagierten auf diesen antiquierten Empirizismus mit einem Hang zu übertriebener Abstraktion. Man wollte Wissenschaftlichkeit unter Beweis stellen und Gesetze finden, die mindestens ebenso bedeutend sein sollten wie etwa die Newton'schen Gesetze der Mechanik. Die ideale Monographie bestünde demzufolge aus möglichst vielen mathematischen Gleichungen und Graphiken, in denen sich das Soziale als Vektor abgebildet finde (Leach 1984: 21 f.). Über Vorstellungen, wonach Ethnologen es mit „Fakten" zu tun hätten, die man im Feld, „da draußen", finden könnte, um sie dann als Objekte zu analysieren, macht sich Leach Mitte der 1980er Jahre lustig. In dieser Zeit durchläuft die Ethnologie eine Phase radikaler Selbstreflexion. Die Datenerhebung mit der Methode der Feldforschung, die Selektion der Daten und ihre Niederschrift sowie der Anspruch wissenschaftlicher Objektivität werden in dieser Zeit mit Skepsis betrachtet und kontrovers diskutiert.

Ende der 1940er Jahre allerdings ist Fundamentalkritik in dieser Form noch nicht denkbar. Dennoch machen sich bereits Zweifel an der Kategorie Struktur und grundsätzlich an den naturwissenschaftlichen Zielvorgaben breit.

Kritik wird nun auch an der Ausblendung von historischen Daten geübt. Hier ist es Edward E. Evans-Pritchard (1902–1973), einer der ersten Schüler Malinowskis, dessen Stimme von Gewicht ist. Seine Schriften zur Hexerei bei den Azande (1937), über die politischen Institutionen und Religion der Nuer (1956; Fortes/Evans-Pritchard 1940), oder das sakrale Königtum der Shilluk (1948), weisen ihn als höchst originellen Denker und versierten Feldforscher aus. 1946 wird er Nachfolger von Radcliffe-Brown in Oxford und verabschiedet alsbald dessen Dogmen. Evans-Pritchard verortet die Ethnologie in Nachbarschaft zur Geschichtswissenschaft und schlägt aktiv Brücken zur Sozialgeschichte und gleichzeitig zur französischen Schule der Soziologie, die sich in der Zeitschrift *L'Année Sociologique* artikuliert (Durkheim, Mauss, Hubert, Hertz). Mit den Historikern verbindet die Ethnologen das Bemühen, Weltbilder fremder Kulturen zu entschlüsseln, Distanz zum Fremden, gleich ob räumlich oder zeitlich, ist in beiden Fällen gegeben. Der Ethnologe wird hier zum Übersetzer, der Fremdes in Sprache und Wertsysteme des Vertrauten übertragen muss. Die damit verbundene Grundhaltung ist im Kern humanistisch. Die Ethnologie sei keine „Naturwissenschaft des Sozialen", sondern aufs Engste verwandt mit Philosophie und Kunst. In der Einleitung zu seinem letzten Buch *Man and Woman Among the Azande* (1974) entschuldigt sich Evans-Pritchard gar für die eigene Zunft. Er selbst, und allzu viele andere Ethnologen hätten in ihren Schriften Afrikaner auf System und Struktur reduziert und sie damit entmenschlicht.[3] Die unter seiner Führung sich profilierende Oxford Schule zeichnet sich durch diese Überzeugung aus und setzt sich damit von allen anderen Instituten ab (Kuper 1996: 121).

---

[3] „It has seemed to me that anthropologists (include me if you wish) have, in their writings about African societies, dehumanized the Africans into systems and structures and lost the flesh and blood. It may be somewhat an experiment, but in these texts I am asking the Azande to say in their own way what they want to say" (Evans-Pritchard 1974: 9).

In Cambridge verteidigt Meyer Fortes (1906–1983) das Erbe Radcliffe-Browns, insbesondere die Wertschätzung für abstrakte Modellbildung und System-Klassifikation. 1953 bezichtigt er Evans-Pritchard gar des Abfalls von der reinen Lehre (Petermann 2004: 928). Neben Meyer Fortes lehrt Edmund Leach (1910–1989) in Cambridge, der seinerseits eigenwillige Wege beschreitet. Unter dem Eindruck seiner Forschungen bei den Kachin (Burma) stellt er das strukturfunktionalistische Gleichgewichtsmodell von Radcliffe-Brown in Frage und weist gleichzeitig originelle theoretische Horizonte auf (Petermann 2004: 933 f.).

In diese dynamische Phase der britischen Ethnologie fällt die Gründung eines neuen Instituts an der Universität Manchester durch Max Herman Gluckman (1911–1975). Geboren als Sohn russisch-jüdischer Eltern in Johannesburg (Südafrika), aufgewachsen in der Außenseiterposition einer Migrantenfamilie, wird der junge Gluckman zweifelsohne für Machtverhältnisse einer Kolonialgesellschaft sensibilisiert. Zunächst studiert er in Witwatersrand bei der Radcliffe-Brown-Schülerin Winifred Hoernlé, und wechselt 1934 nach Oxford. Von dort aus besucht er Malinowskis Seminare in London. Es folgen Jahre der Feldforschung im Zulu-Land (1936–1938) und 1939 eine Anstellung am neu gegründeten Rhodes-Livingstone Institute. Diese Forschungseinrichtung wird 1938 in Livingstone im südlichen Nord-Rhodesien (heute Sambia) eröffnet und ermöglicht Gluckman den direkten Zugang ins Feld, zu den Lozi (1939–41). 1941 löst er Godfrey Wilson als Leiter des Instituts ab. Kürzere Feldaufenthalte bei den Tonga und Lamba schließen sich an. 1947 wechselt er als Lecturer nach Oxford, um schließlich ab 1949 als Professor für *Social Anthropology* das neue Institut in Manchester zu leiten.

Von großem Nutzen sind ihm neben seinen eigenen intensiven Felderfahrungen die Verbindungen zum Rhodes-Livingstone Institute, das zur Anlaufstelle und zum Ausgangspunkt der Feldforschungen seiner Schülerinnen und Schüler wird.

Die von ihm geförderten Studien sind sowohl von der Themenstellung wie von der Machart innovativ. Als erster Ethnologe befasst sich Gluckman systematisch mit gesellschaftlichen Verhältnissen unter den Bedingungen des Kolonialismus. Rückblickend betrachtet, mag dieses Alleinstellungsmerkmal verblüffen, sind doch die tiefgreifenden Veränderungen, die der britische Kolonialismus in der ersten Hälfte des 20. Jahrhunderts bewirkt und der antikoloniale Widerstand, der, obgleich sehr unterschiedlich ausgeprägt, bereits 1947 zur Unabhängigkeit Indiens führte, unübersehbar – und dennoch keine Themen der britischen Ethnologie.

Malinowski, der sich mit der Dynamik des Kulturwandels beschäftigt, sieht die Aufgabe angewandter Ethnologie darin, die Bildung „neuer, potentiell gefährlicher Nationalismen" in Afrika zu verhindern (Sigrist 1983: 36). Seine Bedürfnistheorie will mit einer Politik der Wohlfahrt und Gewährung administrativer Autonomie die „Konvergenz von afrikanischen und europäischen Interessen" sicherstellen (ibid.). Christian Sigrist sieht hinter der Weigerung Malinowskis, sich mit historischen Fragen zu befassen, letztlich die Weigerung, „die Prozesse der gewaltsamen Enteignung der afrikanischen Stämme, ihrer Verjagung aus den fruchtbaren Anbaugebieten, als politisch und rechtlich relevantes Thema zu akzeptieren" (ibid.). Die Rassenproblematik kann als weiterer Testfall für die politische Qualität der *Social Anthropology* gesehen werden. Doch auch hier wird allenfalls „liberale Philanthropie" an den Tag gelegt, die koloniale Unterdrückung allenfalls beiläufig erwähnt, „ansonsten aber eine isolierte Stammesgesellschaft präpariert. In diesem Verschweigen ist ein wesentliches Versagen der *social anthropology* zu sehen", stellt Sigrist fest (1983: 37). Wiewohl die ethnologische Analyse von Herrschaft zunehmend ins Zentrum der *Social Anthropology* rückt, bleibt diese Wissenschaft in Bezug auf den hauseigenen Kolonialismus und Rassismus blind.

Max Gluckman ist die große Ausnahme. Nicht nur seine südafrikanische Herkunft, sondern auch seine Untersuchungen in Nord-Rhodesien legen dies fast zwingend nahe. Sein Vater beeinflusst ihn zur Parteinahme für die Sache der Afrikaner, aus seiner politisch linken Haltung macht er nie einen Hehl. So mag Gluckmans Interesse an Politik einerseits durch seine frühen Erfahrungen in einem Kolonialstaat geprägt sein, andererseits wird eine Auseinandersetzung mit politischen Themen zweifelsohne durch die Diskussion im Fach selbst gefordert. Das Jahr 1940 ist hier ein bedeutsames Datum.

In diesem Jahr wird der von Meyer Fortes und Evans-Pritchard herausgegebene Band *African Political Systems* publiziert. Er gilt als Meilenstein für die ethnologische Analyse politischer Systeme, die hier unterschieden werden in Herrschaftssysteme mit und ohne zentrale Autorität. Die Autoren diskutieren die Frage, wie Gesellschaften ohne Staat politische Einheiten bilden, übergreifende Ordnungsinstanzen schaffen und ein verbindliches Rechtssystem installieren. Von entscheidender Bedeutung sind, so die Argumentation der Herausgeber, *Lineages*, Abstammungsgruppen, die sich auf einen gemeinsamen Urahnen beziehen (unilineare Deszendenzgruppen). Sie begründen korporative Einheiten mit politischen Funktionen. Kleinere, lokale Verwandtschaftsverbände stellen Segmente umfassender Abstammungsgruppen dar. Mit diesen sind sie über Solidaritätspflicht und Hierarchie verbunden. „Das Geflecht von intersegmentären Beziehungen, das die politische Struktur bildet, ist ein Gleichgewicht von gegensätzlichen lokalen Loyalitäten und von unterschiedlichen Lineage- und Ritual-Beziehungen" (Fortes/Evans-Pritchard 1983: 163).

Konflikte in Gesellschaften ohne Staat werden geregelt durch das Prinzip „segmentärer Opposition". Die Aufspaltung von Verwandtschaftsgruppen bei gleichzeitiger Zugehörigkeit zu einem größeren genealogischen Block, die Einsicht in das genealogische Äquivalenzprinzip, führen zu einem Gegenüber von Segmenten. Mit einer Analogie zur Kernphysik sprechen Evans-Pritchard und Fortes von *fusion* und *fission* äquivalenter Verwandtschaftsblöcke (Sigrist 1983: 31 f.). Beide betonen, dass „Konflikte zwischen lokalen Segmenten […] notwendig Konflikte zwischen Lineage-Segmenten [bedeuten], denn die beiden sind aufs engste miteinander verknüpft, und der stabilisierende Faktor ist keine übergeordnete juristische oder militärische Organisation, sondern ganz einfach die Summe aller inter-segmentären Beziehungen" (Fortes/Evans-Pritchard 1983: 163). Der Zusammenhalt von segmentären Einheiten ist interessengebunden und situationsbezogen und demzufolge konfliktiv wechselhaft. Knappe Ressourcen, Raubzüge, mangelnder Zugang zu Weideland und Wasserstellen sind Konfliktauslöser. Zerstrittenheit gehört zum Normalfall segmentärer Gesellschaften. Allerdings werden segmentäre Gruppierungen erst im Konfliktfall formiert und sichtbar. Eine arabische Redensart illustriert dies folgendermaßen: „Ich gegen meinen Bruder, mein Bruder und ich gegen meinen Cousin; mein Cousin, mein Bruder und ich gegen die Anderen" (Maletzke 1996: 32).

Machtbalance wird dadurch gewährleistet, dass politische Gewalt nicht konzentriert wird, sondern unter konkurrierenden Segmenten der Gesellschaft, die politisch gleichrangig sind, aufgeteilt wird. Segmentäre Gesellschaften, der Begriff ist Émile Durkheim entlehnt, sind somit über Lineages politisch organisiert und praktizieren eine Form „regulierter Anarchie" (Sigrist 1967). Mit dem Begriff der segmentären Gesellschaft zeigt die britische Ethnologie der 1930er und 1940er Jahre, dass nicht nur kleine Horden von Jäger- und Sammlergesellschaften ihr Gemeinwesen ohne Zentralgewalt organisieren, sondern eben auch Gemeinschaften von mehreren tausend Menschen, wie z. B. die Nuer und Dinka in Ostafrika oder die Tallensi und Tiv in Westafrika. Herausgearbeitet wird von Fortes und Evans-Pritchard letztlich ein Konsens- und Gleichgewichtsmodell, das die Analogie vom „lebenden Organismus" auf die politische Systemanalyse überträgt und später deutliche Kritik ernten sollte (Lentz 2001: 107).

In den 1940er und 1950er Jahren werden die hier vorgetragenen Thesen und Argumente lebhaft diskutiert. Max Gluckman ist hier prominent beteiligt. In *African Political Systems* zeigt er am Beispiel des Zulu-Königreichs, also an einer Gesellschaft mit zentraler Autorität, die unterschiedlichen gesellschaftlichen Interessen von schwarzer und weißer Bevölkerung (Gluckman 1940a). Die moderne politische Organisation in Zulu-Land sei daher von einer Opposition zwischen den beiden „color-groups" geprägt. Er sieht in der Kolonialregierung eine letztlich nützliche Gewalt, die verhindert, dass diese opponierenden Kräfte zerstörerisch wirken. Gleichzeitig bemerkt er aber auch, dass in der Gegenwart (der 1930er Jahre) das System keineswegs stabil sei. Zu massiv sei der Wandel und die unterschiedlichen Autoritäten stünden für unterschiedliche, ja gegensätzliche Werte (Gluckman 1940a: 54).

Radikale Wandelprozesse sind auch in Nord-Rhodesien der 1930er und 1940er Jahre allzu offensichtlich. Bereits die Forschungen, die Godfrey Wilson, Gluckmans Vorgänger am Rhodes-Livingstone Institute, durchführt, befassen sich mit dem Einfluss der fortschreitenden Industrialisierung auf traditionelle Gesellschaften. Augenfällig wird dies vor allem in den Minen-Städten entlang des 450 km langen Kupfergürtels, der sich zwischen Sambia und der Demokratischen Republik Kongo erstreckt und das größte Kupferabbaugebiet Afrikas darstellt. Detribalisierung, Arbeitsmigration, sozialer Wandel, Urbanisierung sind die zentralen Themen, die Gluckman aufgreift und für die er seine Schülerinnen und Schüler sensibilisiert. Gluckman lenkt ihren Blick auf eine Dimension sozialer Wirklichkeit, die von den Oxford- und Cambridge-Ethnologen weitgehend ignoriert wird. Die Beobachtung des beschleunigten Wandels, der traditionelle Gemeinschaften erfasst, führt jedoch nicht zu einer Neuformulierung oder Kritik des Struktur-Konzeptes. Schon während seiner ersten Forschung in Zulu-Land ist er beeindruckt von der Tatsache, dass, trotz aller massiv auftretenden Konflikte mit der weißen Kolonialverwaltung, soziale Systeme nicht zerfallen, sondern aufrecht erhalten bleiben. Wie er zu erkennen glaubt, wird dies möglich durch das Regulativ der Institutionen, die allerdings sehr offen definiert werden. Selbst Bürgerkrieg sei eine Art Institution, wie er in *Order and Rebellion in Tribal Africa* ausführt (Gluckman 1963: 20; Kuper 1996: 140 f.).

Gluckman bleibt durchweg ein treuer Verfechter des Oxford-Strukturalismus. Das Modell des gesellschaftlichen Equilibriums wird von ihm nicht in Frage gestellt. Neu ist jedoch, dass er bemüht ist, Wandelfaktoren theoretisch zu integrieren. Dies geschieht über die Kategorien „Ritual" und „Konflikt". Gluckman knüpft an die Feststellung von Fortes und Evans-Pritchard an, wonach gesellschaftliche Gruppen keineswegs „von Natur aus" harmonisch interagieren. Weit üblicher ist die Tendenz zur Aufsplitterung, die wiederum begleitet ist von Gruppen übergreifenden Allianzbildungen. Konflikte in einem Beziehungsgeflecht werden über Bündnisse – *Cross-Cutting Ties* – wie beispielsweise Allianzen durch Heiraten, aufgelöst und kompensiert (Kuper 1996: 139; Colson/Gluckman 1951). Auch die Normen einer Gesellschaft sind selten widerspruchsfrei und ihrerseits Auslöser von Konflikten. Deutlich wird dies an Regelungen zur Häuptlings-Nachfolge. Die Uneindeutigkeit solcher Regeln fordert geradezu die Konkurrenz mehrerer Kandidaten heraus und provoziert Streitigkeiten. Die Einsicht in strukturell angelegte Konflikte führt direkt zur Einsicht in die elementare Bedeutung von Ritualen. In Ritualen werden Konflikte zum Ausdruck gebracht und gleichzeitig stellen sie Mittel bereit, diese zu lösen.

Gluckman führt diesen Zusammenhang exemplarisch in seinem Aufsatz *Rituals of Rebellion in South-East Africa* vor, der 1952 anlässlich einer Vortragsreihe ausgearbeitet, und 1963 publiziert wird (vgl. Gluckman 1963: 110–36;

deutsch Gluckman 1983). Ausgangspunkt ist das Phänomen ritualisierter sozialer Spannungen: „Frauen müssen ihre Ausschweifung und ihre Dominanz geltend machen gegen ihre strikte Unterordnung unter die Männer; Prinzen müssen sich dem König gegenüber verhalten, als ob sie den Thron begehrten; Untertanen zeigen offen ihren Unmut gegenüber Herrschaft. Deshalb nenne ich sie Rituale der Rebellion", schreibt Gluckman (1983: 252). Das Incwala-Ritual der Swazi ist ein solches Ritual der Rebellion und steht im Mittelpunkt seiner Analyse, die sich weitgehend auf Material stützt, das Hilda Kuper in den 1930er Jahren gesammelt hatte. Dieses Ritual vereint symbolisch den König als Person, das Königtum, die Nation und das Territorium. Zwei Ritualelemente ragen heraus: Das Ritual der ersten Frucht, das König und Königtum mit Wachstum der Natur und Wohlergehen der Gemeinschaft verbindet. Das Amt des Königs wird damit als natürlicher Teil der Swazi-Kosmologie bestätigt. Das andere Ritualelement ist das ritualisierte Aufbegehren gegen den König. Dramatisiert wird der Konflikt zwischen dem König und dem Klan der Dlamini-Prinzen, den Halbbrüdern des Königs (Zitelmann 2001: 135).

Rebelliert wird hier nicht gegen das Königtum, sondern gegen die Person des Königs. Das politische System der Swazi kennt zwar Rebellen, aber keine Revolutionäre. Auch wenn ein König zum Tyrannen wird, liegt es außerhalb des Denkbaren, das Amt abzuschaffen und eine Republik zu errichten. Ziel ist vielmehr, einen guten Prinzen zu finden. Mit der ritualisierten Rebellion gegen die Person des Königs wird nach Ansicht Gluckmans ein Sicherheitsventil staatlicher Ordnung bereitgestellt, das Königtum gestärkt und Stabilität erzeugt. Die Swazi-Gesellschaft trägt Grundspannungen in sich, die aber nicht zu ihrer Destabilisierung führen. Konflikte werden demzufolge „nicht durch Veränderungen in der Ämterordnung gelöst, sondern durch den Wechsel der Personen, die diese Ämter innehaben" (Zitelmann 2001: 134).

Bereits 1940, weit vor seiner Studie über Rituale der Rebellion, erscheint in der Fachzeitschrift *Bantu Studies* ein Aufsatz mit dem spröden Titel *Analysis of a Social Situation in Modern Zululand* (Gluckman 1940b). Dieser Aufsatz, der bei seinen Schülern bald nur noch „The Bridge-Paper" genannt wird, festigt den Ruf von Gluckmans Originalität. Ausgangssituation ist die Einweihung einer Brücke in Zulu-Land. Diese Brückeneinweihung ist kein wiederkehrendes Ereignis, sondern einmalig. Geschildert wird das Auftreten der schwarzen und weißen Bevölkerung im Rahmen dieses Festereignisses und herausgearbeitet werden die gegensätzlichen Interessen an der Brücke. Methodik und Darstellungsform sind bemerkenswert und innovativ. Mit großer Detailtreue werden die Ereignisse eines einzigen Tages – die „soziale Situation" – dokumentiert: der zeremonielle Ablauf, das Verhalten der Gäste der unterschiedlichen Schichten und Rassen, die Inhalte der Festreden und ihre Kommentierung durch Weiße und Zulus. Nicht nur Gegensätze werden sichtbar, sondern auch die informellen Bündnisse und Verbindungen zwischen Zulus und weißer Kolonial-Administration. Ziel ist es, das Netz unterschiedlicher Perspektiven und dynamischer Prozesse vorzustellen. Nur so wird es möglich, sich der Komplexität der konkreten Situation anzunähern. Gesellschaftliche Wirklichkeit ist jedoch von den analytischen Kategorien zu trennen: System, soziales Feld, Struktur und Equilibrium sind nicht identisch mit der dargestellten Realität, sondern Hilfsmittel, um sie zu verstehen (Kapferer 2005: 93).

Gluckman, der beobachtende Ethnologe, ist selbst Teil der Beschreibung. Er nimmt den Leser „an die Hand" und schreitet mit ihm durch das Geschehen. Folgender Argumentationsgang wird entwickelt: Das Ereignis bildet in verdichteter Form die Politik der Rassentrennung ab, symbolisch und ganz praktisch. Die Rassentrennung generiert gegensätzliche Auffassungen über Sinn und Zweck der Brücke. In den beschriebenen Stimmen und Aktionen spiegelt sich die Makrostruktur der jeweiligen sozialen Gruppe und damit die Pluralität kolonialer Wirklichkeit. Trotz der offenkundig gesellschaftlichen Spaltung wird die Brückenfeier kein Anlass offener Feindseligkeiten. Das Interesse an der Nutzung bewirkt, im Gegenteil, soziale Interaktion und fördert die gesellschaftliche Kohäsion. Das soziale Equilibrium, so Gluckman, ist kein Automatismus, sondern bedarf der aktiven Balance gegenläufiger Kräfte. Dabei sind Konflikte und ihre ritualisierte Artikulation von entscheidender Bedeutung (Kuper 1996: 138 f.). Konflikte wiederum haben in einer kolonialen Situation einen anderen Charakter als in der vorkolonialen Zulu-Welt. Das historische Studium der Phasen von Stabilität in vorkolonialer Zeit ist für die Analyse der kolonialen Gegenwart nicht nur interessant, sondern notwendig. Zur Analyse der konkreten Situation gehört notwendigerweise die historische Analyse (in diesem Fall die Geschichte kolonialer Rassenpolitik).

Gluckmans Aufsatz entwickelt aus einer empirischen Forschung nicht nur ein theoretisches Argument für das sozio-strukturelle Equilibrium-Modell im kolonialen Kontext, sondern erhält auch eine methodische Vorbildfunktion.

Entwickelt wird eine Methode, die alsbald als Situationsanalyse „situational analysis" oder auch „extended case study" bekannt wird. Gluckman greift dabei Konzepte der Migrationsforscher William I. Thomas (1863–1947) und Florian Znaniecki (1882–1958) auf, ohne dies im Übrigen selbst jemals deutlich zu machen. Thomas und Znaniecki forschen in den Anfängen des 20. Jahrhunderts über Einwanderung von polnischen Bauern in nordamerikanischen Städten. Ihr monumentales, fünfbändiges Werk *The Polish Peasant in Europe and America* erscheint 1918–1920 und ist für seine Zeit methodisch höchst innovativ. Ausgangspunkt ist die Lebens- und Erfahrungswelt der Einwanderer. Der subjektive Faktor menschlicher Existenz wird sozialwissenschaftlich ernst genommen.[4] Stadtethnologische Forschungen, Ansätze einer „multi-sited ethnography", *Oral History*, Auswertung von Briefen u. a. m. tragen zur Entwicklung qualitativer Sozialforschung und der sogenannten *Chicago-School of Sociology* bei. In ihrer theoretischen Einleitung betonen beide Autoren ihr Prinzip, „konkrete Situationen" als Ausgangspunkt zu wählen. Die konkrete Situation diene dazu, soziale Probleme spezifischer Gruppen zu identifizieren. Nicht abstrakte Gesetzmäßigkeit des großen Ganzen, sondern Probleme, Einstellungen und Werthaltungen, mithin eben auch das Problematische und Konfliktträchtige werden anvisiert.

David Mills zeigt, auf welchem Weg das methodische Konzept der „Fallstudie" übernommen und weiterentwickelt wird (Mills 2005). Der Einfluss von Thomas' und Znanieckis methodischen Neuerungen auf die entstehende Manchester Schule erschließt sich aus einem Briefwechsel zwischen Clyde Mitchell und Max Gluckman von 1948. Daraus geht hervor, dass sich bereits Evans-Pritchard und Meyer Fortes von dieser frühen Migrationsstudie beeindruckt gezeigt hatten. Gluckman war in seiner Oxford-Zeit damit in Berührung gekommen (Mills 2005: 134).

Die lebhaften Reaktionen auf seinen „Brücken-Aufsatz", der im Kern alles in sich trägt, was zu einer *Extended Case Study* gehört, veranlassen Gluckman über methodische Fragestellungen zu publizieren. Die Einübung der Methode durch Gluckmans Schülerinnen und Schüler macht die *Extended Case Study* zu einem Markenzeichen der Manchester Schule, die bis heute anregend bleibt (Burawoy 2009). Ihre Ahnherren Thomas und Znaniecki werden vergessen.

Die begriffliche und inhaltliche Präzisierung der Methode erfolgt im Laufe der 1950er Jahre. Gluckman organisiert 1944, als Direktor des Rhodes-Livingstone Institutes, Methodenschulungen in Rhodesien. Zur ersten Gruppe von Teilnehmern gehören Elizabeth Colson, John Barnes und Clyde Mitchell, die zunächst mit der Sammlung von quantitativen Daten beauftragt werden. Anschließend erfolgt ihre sozio-strukturelle Interpretation im Hinblick auf Matrilokalität, Scheidungsraten, dörfliche Verwandtschaftsorganisation (Mills 2005: 132). Das Sammeln statistisch relevanter, d. h. zum Vergleich geeigneter Daten und ihre Interpretation ist eine Säule, die andere besteht in der Analyse von sozialen *Situationen*. Dabei geht es weder um die Beschreibung von beliebigen Ereignissen noch um das Ziel bereits Bekanntes mit einem Ereignis zu illustrieren. Nicht ein buntes Nebeneinander von Zufälligkeiten oder gar Absonderlichkeiten, sondern

---

[4] Der Name William I. Thomas lebt in der Soziologie über das sog. „Thomas-Theorem" weiter. Was soziale Wirklichkeit ist und welche Handlungskonsequenzen daraus folgen, ist nichts objektiv Gegebenes, sondern unterliegt subjektiver Deutung: „If men define situations as real, they are real in their consequences", so W. I. Thomas und Dorothy Swaine Thomas in *The Child in America: Behavior Problems and Programs* (1928: 572).

das Modellhafte muss das Ziel sein. Das exemplarische Ereignis stimuliert aktiv die Theoriearbeit.

Von Radcliffe-Brown übernimmt Gluckman die Überzeugung, dass sich in speziellen Ereignissen die Logik sozialer Beziehungen ausdrückt. Doch im Gegensatz zu Radcliffe-Brown stellt Gluckman nicht die Abstraktion, eine Verwandtschaftsgruppe etwa, ins Zentrum, sondern ein vielsagendes Ereignis, das der Ethnologe auswählt und durch seine Beschreibung zum Leben erweckt. Auf diesem Weg wird den Lesenden ermöglicht, die Abfolge von Beobachtung, Darstellung und theoretischer Schlussfolgerung nachzuvollziehen. Lange vor der „writing-culture"-Debatte der 1980er Jahre wird – über die Methode der Fallstudie – die Untrennbarkeit von Interpretation und Schreibstrategie thematisiert.

Neben methodischen Neuerungen wie Situationsanalyse und später noch die Netzwerkanalyse sind es Themen und Fragestellungen, die die Manchester Schule unverwechselbar machen. Im Mittelpunkt stehen Wandel und Konflikt, und damit Prozess und Aktion. Dies steht in Kontrast zur Oxford-Ethnologie, deren Merkmal die Fixierung auf Struktur und Funktion bleibt, die in zunehmend abstrakten Modellbildungen entfaltet wird.

Profil, Produktivität und erfolgreiche Außenwirkung der Manchester Schule sind dem paternalistischen Gestaltungswillen Gluckmans zu verdanken. Selbstredend ist auch die politische Orientierung, die „corporate identity" verschafft und die Manchester-Fraktion deutlich abhebt von der „Oxbridge"-Fraktion. „We're all Marxists here", ist ein gern kolportierter Spruch, der verdeutlicht, dass die Zugehörigkeit zur Manchester Schule eben auch ein Bekenntnis zur politischen Orientierung ihres Gründers beinhaltet. Die marxistische Grundhaltung ist selbstverständlich, ebenso wie Kolonialkritik und Solidarisierung mit der Arbeiterklasse. Gemeinsame Besuche der Fußballspiele von *Manchester United* sind für alle Doktoranden obligatorisch (Kuper 1996: 122). In den abfälligen Bemerkungen von Edmund Leach, Gluckman sei ein „unzivilisierter und durchweg ungebildeter Egozentriker" gewesen, und seine „theoretischen Versuche nichts als kindische Stümperei", drücken nicht nur akademische Polemik aus, sondern eben auch ein Klassendünkel (Leach 1984: 20; Evans/Handelman 2005: 124).

Die Manchester Schule erlebt ihre Blütezeit in den 1950er und 1960er Jahren. Das Anthropology-Department der Universität Manchester und das Rhodes-Livingstone Institute in Nord-Rhodesien sind gleichermaßen Kristallisationskerne. Zu den bekanntesten Vertreterinnen und Vertretern zählen neben den bereits erwähnten Colson, Barnes und Mitchell, u. a. Ian G. Cunnison, Arnold L. Epstein, Brian A. Marwick, Ronald Frankenberg, J. Van Velsen, Bruce Kapferer, Abner Cohen und Frederik Barth.

In der Rückschau wird die Manchester Schule vielfach als Vorreiter einer zukunftsweisenden Ethnologie gewürdigt.[5] Themen, die für eine Ethnologie der Spätmoderne selbstverständlich werden, sind damals völlig neu: Urbanisierung und industrielle Arbeitswelt, Land-Stadt-Migration, Detribalisierung und Retribalisierung, Einflüsse der Geldwirtschaft und des globalen Kapitalismus, Autorität und Macht unter den Bedingungen des Kolonialismus, u. a. m. Anders jedoch als am Ende des 20. Jahrhunderts, wird in den 1950er und 1960er Jahren weder eine dramatische Krise des Kapitalismus diagnostiziert, noch scheint die „Welt in Stücken" (Geertz 1996) zu liegen. Die zentrale Frage von Max Gluckman und seinen Schülern ist, wie und warum trotz allen offensichtlichen Wandels afrikanische Gesellschaften funktionieren. Gluckman sieht u. a. die Antwort in seinem Zwei-Sphären-Modell („dual-spheres model"): die traditionell-bäuerliche Welt und die städtisch-industrielle Moderne wird über Arbeitsmigration konstruktiv verbunden. Arbeiter organisieren sich in Städten über tribal-verwandtschaftliche Netzwerke und festigen über Lohnarbeit und den Geldrückfluss gleichzeitig die Struktur dörflicher Gemeinschaft. Beide Sphären ergänzen sich symbiotisch und erhalten somit das Gleichgewicht des totalen sozialen Feldes aufrecht (Werbner 1984: 168 f.).

Das strukturfunktionalistische Paradigma wird in der Manchester Schule vorausgesetzt und geteilt. In den Aufbruchsjahren entstehen eine Reihe von Monographien, die nicht nur in ihrer äußeren Form Einheitlichkeit aufweisen. Bearbeitet wird ein überschaubares Spektrum an Themen in einer bestimmten Region des südlichen Afrika, und zitiert wird dabei eine ebenfalls überschaubare Zahl gleicher Autoren. Thematisiert werden innere Widersprüche, soziale Konflikte und rituelle Integration in bäuerlichen Gesellschaften. Das afrikanische Dorfleben erscheint dabei, trotz aller zu Tage tretenden mikro-politischen Plänkeleien, als ein in sich logisches und selbstbezogenes System. Die Kategorie Stamm („tribe") ist Bezugsgröße (z. B. Colson/Gluckman 1951), wenngleich eine problematische. Ein umgangssprachlicher Begriff und eine kolonialadministrative Kategorie werden hier als ethnologisches Konzept verstärkt (Werbner 1984: 160).

---

[5] So etwa in der Sondernummer der Zeitschrift *Social Analysis* 49(3), 2005.

Afrikanische Lehrjahre:
Das „soziale Drama" der Ndembu

1949 wechselt Victor Turner nach seinem erfolgreichen B. A.-Abschluss nach Manchester, um in das dort eben eingerichtete Ph. D.-Programm einzusteigen. Anders als in London, Oxford oder Cambridge gibt es dort weder Traditionslastigkeit noch Rivalitäten unter Alteingesessenen. Stattdessen herrscht dort der frische Wind des Neuanfangs und eine einzige charismatische Führungspersönlichkeit, Max Gluckman. Er verfügt über Forschungsmittel und beste Kontakte nach Afrika. Er lockt Victor Turner mit einem Feldforschungs-Stipendium des Rhodes-Livingstone Institutes. Dieses ist nicht sonderlich üppig, doch ist die Finanzierung der begleitenden Familie mit enthalten und garantiert für die kommenden Jahre den Lebensunterhalt. Da eine fünfköpfige Familie zu ernähren ist, gibt es kein Zögern. Victor Turner stimmt enthusiastisch zu (Engelke 2000: 844).

Gluckman bietet sich als Vaterfigur an, der seinen Schülern das Gefühl vermittelt, neue Wege der Ethnologie zu beschreiten. Geboten werden überdies Gemeinschaft und geistige Orientierung, unmissverständlich gefordert wird im Gegenzug Loyalität. Edith und Victor Turner fühlen sich geborgen unter den Fittichen dieses hochgewachsenen, „warm-eyed Jewish man [...] of great imagination" (E. Turner 2006: 54). Ihre marxistische Grundüberzeugung findet positiven Widerhall in Gluckmans politischer Haltung. Seine Sichtweise und Überzeugungskraft bringen ihnen Afrika nahe, ehe sie selbst diesen Kontinent betreten.

Im Dezember 1950 bricht Turner nach Rhodesien auf, um in der Position eines „research officer" am Rhodes-Livingston Institute mit seinen Forschungen zu beginnen. Mitte Februar 1951 treffen Frau und Kinder ein. Geplant ist eine Akkulturationsstudie bei den Mambwe. Sozialer Wandel, Häuptlingstum, Machtstrukturen sind Themen, die in das Feld der politischen Ethnologie fallen, ein Feld, das sich den Schülerinnen und Schülern Gluckmans gewissermaßen auf „natürliche Weise" nahelegt.

Doch unmittelbar nach Ankunft Turners in Lusaka telegrafiert Gluckman eine neue Anweisung: „Schlage vor, zu den Ndembu in die Nordwest Provinz zu wechseln, viel Malaria, Gelbfieber, jede Menge Rituale" (E. Turner 1985: 2). Dass Gluckman plötzlich Rituale als Forschungsgegenstand vorschlägt, irritiert und beide sehen ihre marxistische Überzeugung in Gefahr (E. Turner 1987: 2). Dessen ungeachtet werden die Pläne geändert und die Turners verbringen, mit Unterbrechungen, insgesamt zweieinhalb Jahre bei den Lunda Ndembu, matrilinear organisierte Gemeinschaften, die auf einer bewaldeten und fruchtbaren Hochebene der oberen Sambesi-Region leben. Der Anbau von Maniok auf Brandrodungsfeldern und die Jagd sind gleichermaßen wichtig. In der ersten Forschungsperiode (Februar 1951–März 1952) werden verschiedene Dörfer besucht, die darauffolgenden sechs Monate verbringt die Familie in Kapstadt, weitere sieben in Manchester. In der zweiten Feldperiode (April 1953–Juni 1954) wird die Ortschaft Kajima im Mwinilunga Distrikt (Pseudonym Mukanza) das Zuhause der Familie (Engelke 2004: 16 f.).

Edith, „Vic" und die drei Kinder finden in den Dörfern der Ndembu ihr Arkadien – vom ersten Moment der Begegnung an. Bereits im Willkommensgesang der Dorfbewohner tönt in den Ohren Edith Turners nichts als vorbehaltlose Liebe, Warmherzigkeit, Freude. Genau so müsse es sein, wenn man dereinst das himmlische Königreich betreten werde. Latrinen, Dreck, sogar Malaria seien einem England vorzuziehen, in dem Verkehrslärm, Polizei und Ordnung herrschen. Naturnähe und das Gefühl wahrer Gemeinschaft sind überwältigend. Das schlichte Leben in Grashütte und auf Lehmboden wird als reines Glück empfunden. Jedenfalls schildert Edith Turner in ihren Memoiren dieses Ethnologen-Paradies genau so, und warum sollte man daran zweifeln? (E. Turner 2006: 62).

Die Feldarbeit beginnt mit einem Zensus. J. Clyde Mitchell, zu diesem Zeitpunkt Direktor des Rhodes-Livingstone Institute, hatte Formbögen vorbereitet, 600 an der Zahl, die nun Person für Person ausgefüllt werden. Eine wahre Herkulesarbeit. Sie wird unter tatkräftiger Mithilfe von Edith bewältigt, die von Beginn an eine aktive und produktive Rolle einnimmt. Die Feldforschung sei zu jedem Zeitpunkt Teamwork gewesen, unterstreicht Victor Turner im Vorwort seiner Dissertationsschrift (Turner 1957: xvi).

Augenfälliges Ergebnis der Zensusdaten ist die Erkenntnis, dass die Scheidungsrate bei den Ndembu dreimal höher liegt als in England. In einer matrilinearen Gesellschaft, in der man bei Ehestreitigkeiten relativ problemlos zurück in den mütterlichen Haushalt ziehen kann, ist dies weder überraschend noch besonders aufregend. Für die Analyse der Sozialstruktur der Ndembu, für die Victor Turner bezahlt wird, muss diese Einsicht jedoch als bedeutsam eingestuft werden. Sie wird zum Ausgangspunkt der Dissertationsschrift.

Weit faszinierender als Zensusdaten, Ehestreitigkeiten und Strukturanalyse sind die Heilungs- und Initiationsrituale, an denen beide teilnehmen. Die Ndembu kennen zwei Hauptklassen von öffentlich-kollektiven Ritualen. Zum einen sind es Lebenskrisenrituale wie *Mukanda*, die Beschneidung der Knaben, *Nkanga*, die Pubertätsrituale der Mädchen, sowie Bestattungsrituale. Zum anderen sind es Rituale des Leidens oder Heimsuchungsrituale wie *Chihamba*, *Nkula* oder *Ihamba*, die die beiden Forscher besonders beeindrucken. Es handelt sich um Rituale, die dazu dienen, Krankheit und Unglück abzuwenden und soziale Konflikte zu bewältigen. Die Ursache des Leidens wird in einer Störung der Beziehung zwischen Lebenden und Toten gesehen. Die Schatten der Ahnen, so die Vorstellung, machen ihre Anverwandten krank. Mitunter ist es aber ein Bruch innerhalb der Beziehungen zwischen Lebenden, d. h. Verwandtschaftsregeln oder andere soziale Normen werden missachtet und münden in Streitigkeiten. Das soziale Leben gerät in eine Krise. Die Phase der Wiedergutmachung, die solche Rituale befördern sollen, nimmt in dem Geschehen einen entscheidenden Stellenwert ein.

Die Turners empfinden, dass sich die Wirkung solcher Rituale nicht auf ihre politisch-integrative Funktion allein beschränkt. Besessenheit, Exorzismus, Trancezustände, die Allgegenwart von Geistern – all dies fordert die materialistische Weltsicht zweier bislang überzeugter Mitglieder der kommunistischen Partei heraus. Der dort vorgegebene Determinismus, der die Produktionsverhältnisse zum allmächtigen Dreh- und Angelpunkt des gesellschaftlichen Ganzen macht, wird fragwürdig. Nicht die Produktionsmittel, sondern Rituale scheinen bei den Ndembu zentral zu sein. Die Beschäftigung mit Ritualen ist andererseits unter Marxisten nicht salonfähig. Je mehr Rituale miterlebt werden, je länger der Aufenthalt bei den Ndembu andauert, desto mehr verblasst jedoch das marxistische Gedankengebäude. Mehr noch: Erkannt wird, dass der in London und Manchester gepflegte wissenschaftliche Rationalismus keinen Raum für diese Dimension ritueller und spiritueller Erfahrung bietet. Das wird durchaus als Dilemma erlebt und führt zunächst dazu, dass Rituale weiterhin mit großer Detailtreue dokumentiert werden, ohne jedoch analytische und theoretische Arbeit anzuschließen.[6] Gesammeltes Rohmaterial und Faszination am Ritualleben der Ndembu wachsen, gleichzeitig aber auch Bedenken, ob dieses Interesse im Sinne des Lehrmeisters (und Geldgebers) ist. Auf entsprechende Anfragen antwortet Gluckman, dass die Ritualforschung schon in Ordnung sei. Allerdings erinnert er daran, dass die eigentliche Aufgabe der geplanten Dissertationsschrift darin bestünde, Ökologie, Sozialstruktur und politisches System darzustellen – und dies mit den sachgemäßen Mitteln der Ethnologie. Victor Turner bemüht sich daraufhin, das Ritual mit der Sozialstruktur schlüssig zu verbinden und pflichtgemäß zu zeigen, dass Rituale Bestandteil sozialer Prozesse sind (E. Turner 2006: 81).

Nach der Rückkehr im Jahr 1954 wird schnell deutlich, dass Manchester in dieser Sache kein Ort für Kompromisse ist. Der strukturfunktionalistische Rahmen nötigt dazu, Subjektivität und Individualität zu streichen. Abstraktion ist gefordert. Es geht um „die" Sozialstruktur „der" Ndembu bzw. des typischen Ndembu-Dorfes. Hoch im Kurs steht das Konzept „sozialer Prozess", das Gluck-

---

[6] Matthew Engelke zählt insgesamt 2800 Seiten an Feldnotizen aus der Ndembu-Forschung, die in der Bibliothek der University of Virginia und im Privatbesitz von Edith Turner archiviert sind (Engelke 2004: 18).

man zu einem Aushängeschild seiner Schule machen möchte. Religion, geschweige denn religiöse Erfahrungen haben hier keinen Platz, schon gar nicht in der ersten Reihe. Als Victor Turner im Forschungskolloquium über Rituale und Symbole spricht und dabei zahlreiche, schwer übersetzbare Begriffe in der Ndembu-Sprache verwendet, macht ihm Gluckman unmissverständlich klar, was er will: Politik! Außerdem sei es seine verdammte Pflicht zu übersetzen, auch wenn Begriffe unübersetzbar seien (Engelke 2004: 24).

Edith Turner beginnt in dieser Zeit, an einem Text zu arbeiten, der, erzählerisch impressionistisch und recht gefühlsbetont, ihre eigene Afrika-Erfahrung wiedergibt. Die Arbeit an diesem Manuskript mit dem Arbeitstitel „Kajima", der Name ihres Dorfes, ist Therapie gegen den Rückkehrschock und gleichzeitig Reaktion auf allzu trockene Wissenschaft, die für eine Dissertationsschrift nötig scheint (Engelke 2004: 26). Erst mehr als 30 Jahre später wird ihr Text veröffentlicht (E. Turner 1987).

Victor Turners Dissertation erscheint 1957 und trägt den Titel: *Schism and Continuity in an African Society. A Study of Ndembu Village Life.* Die Arbeit daran fällt in eine mehrfache Krise. Zum einen ist es die Spannung zwischen persönlicher Erfahrung und der abgeforderten Loyalität zu einer Theorieschule. Zudem ist die Loyalität zur kommunistischen Partei brüchig geworden und ihr Zugriff auf das Privatleben wird als bedrückend empfunden. Zum anderen befördern politische Ereignisse die eigene Krisenstimmung. Die Ungarnkrise im Oktober/November des Jahres 1956 erschüttert nicht nur das Weltbild der Turners, sondern auch das der Kollegen am Ethnologie-Department. Den Einmarsch der Sowjetsoldaten und die Niederschlagung der ungarischen Freiheitsbestrebungen erleben die überzeugten Marxisten Max Gluckman, Peter Worsley oder Ronnie Frankenberg als tiefgreifenden Schock (Cohen 2005: 603).

Dennoch erfolgt die Fertigstellung der Dissertationsschrift in der erstaunlich knappen Zeitspanne von knapp zwölf Monaten, und auch dies geschieht in enger Kooperation mit Edith Turner. Das Buch, schreibt Turner, sei das Produkt einer kollektiven Autorenschaft und verweist dabei auf Ediths Fotografien, Karten und gemeinsame Diskussionen (Turner 1957: xvi; Engelke 2004: 24 f.).[7] Vorgelegt wird eine Dorfstudie, in der Mukanza als Modell „des" Ndembu-Dorfes schlechthin fungiert. Historischer und ökologischer Kontext der Region und des Ndembu-Stammes, Topographie, Demographie sowie die soziale Zusammensetzung des Dorfes werden auf den ersten 80 Seiten abgehandelt. Matrilinearität, die soziale

---

[7] Edith Turner erinnert ihren Beitrag an der Doktorarbeit des Ehemannes weniger bescheiden: „I was involved with everything anthropological and worked on large sectors of Vic's dissertation" (E. Turner 2006: 84). In Zeiten aufgeregter Debatten über Plagiate und den hohen Stellenwert eigenständiger wissenschaftlicher Arbeit wirkt dieses Bekenntnis leicht irritierend.

Organisation des Dorfes, Erbfolgeregelungen und die daraus resultierenden Intrigen sind Themen der Kapitel IV und V. Das Phänomen der dörflichen Spaltung behandeln Kapitel VI und VII. Implikationen der virilokalen Residenzpflicht für das Dorfleben werden in Kapitel VIII dargestellt. Die abschließenden Kapitel erläutern politische Aspekte der Verwandtschaft, die politisch integrative Funktion des Rituals und das Häuptlingstum.

Der geschilderte Aufbau wirkt zunächst wenig aufregend. Hinter diesem Gerüst verbirgt sich jedoch in weiten Teilen eine originelle Darstellungsstrategie, die Turner im Postskript erläutert. Ihm geht es zum Einen, so schreibt er, um eine synchrone Analyse der Ndembu-Dorfstruktur. Zum Anderen handelt es sich um ein Experiment in diachroner Mikrosoziologie. Räumliche Einheit ist das Dorf, zeitliche Einheit das „soziale Drama". Über dieses Konzept werde das Generelle mit dem Spezifischen verbunden. Die zahlreichen Konflikte des Dorflebens werden als Prozesse entfaltet, in Vorgeschichte, Verlauf und Konsequenzen. Das Besondere wird ins Prinzipielle überführt, und dabei werden drei Konflikttypen erkennbar: 1) der Konflikt zwischen Organisationsprinzipien, der sich in der Wahl zwischen streitenden Loyalitäten ausdrückt; 2) der Konflikt zwischen Individuen um Macht, Prestige und Reichtum; 3) der Konflikt des Individuums, das zwischen Eigennutz und Gemeinsinn schwankt (Turner 1957: 328).

Der Studie vorangestellt ist ein Zitat des britischen Schriftstellers, Malers und Mystikers William Blake (1757–1827): „General Forms have their vitality in Particulars, & every Particular is a Man" (aus dem Gedicht *Jerusalem*, 1804). Turner verweist damit auf seine Methode. Das soziale Drama ist demnach die Beschreibung einer Ereignis-Serie, in denen Menschen mit je eigenen Motiven auf unterschiedliche Weise handeln. Es ist genau diese Einzigartigkeit, die dazu dient, strukturelle Regelhaftigkeit zu erläutern und zu interpretieren (Turner 1957: 330).

Konflikte und dramatische Ereignisse bietet das Dorfleben zuhauf. Die Quelle dieser permanenten Spannungen innerhalb der Ndembu-Gesellschaft, so zeigt sich, ist der Gegensatz von matrilinearer Deszendenz und virilokaler Residenz. So bilden matrilinear verwandte Männer den Kern eines Ndembu-Dorfes. Ihre Ehefrauen kommen aus Nachbardörfern und die Kinder bleiben bis zum Tod des Vaters. Die Schwestern der Männer ziehen – so will es die Norm – ins Dorf ihrer jeweiligen Ehemänner. Das Bestreben der Männer einer Lokalgruppe geht dahin, sowohl die Söhne ihrer Schwestern in das eigene Dorf zu holen und gleichzeitig die eigenen Söhne im Dorf zu halten, was im schärfsten Interessengegensatz zu den Ansprüchen der Brüder ihrer Ehefrauen stehen muss. Um die matrilineare Kernfamilie bildet sich ein Spannungsfeld aus den gegenläufigen Ansprüchen sowohl der Väter als auch der Mutterbrüder. Konflikte sind damit im besten Sinne des Wortes strukturell angelegt und münden in häufige Ehescheidungen, Spaltungen und Auflösung von Dörfern.

Turner analysiert diese Konflikte mit statistischen Mitteln (Zusammensetzung von Dörfern), über Verwandtschaftsbeziehungen und den damit verbundenen Verpflichtungen, vor allem aber über die genaue Fallanalyse von Konflikten. Rollenzwänge und die alltägliche Strategie, eigene Interessen durchzusetzen, sind die eine Seite von Konflikten, die andere ist dramatischer: Todesfälle, Hexerei-Bezichtigungen, tiefgehende Zerwürfnisse von Familien und des ganzen Dorfes. Die rekonstruierten und von den Turners selbst beobachteten Spannungen resultieren aus „taxonomischen" Beziehungen zwischen den Akteuren (durch Verwandtschaft, Strukturposition, politischen Status etc.) und deren aktuellen Interessenübereinstimmungen bzw. -gegensätzen.

Das Problem, das Turner vorfindet, der Konflikt zwischen Matrilinearität und Virilokalität, war bereits von Malinowski formuliert und von Audrey Richards (1950) für matrilineare Gruppen Zentralafrikas bearbeitet worden. Turner bezieht sich zudem in seiner Analyse direkt auf Arbeiten der Oxford-Ethnologen, insbesondere auf Meyer Fortes' Tallensi-Studie, so dass Adam Kuper darauf hinweisen kann, wie wenig innovativ der *theoretische* Ansatz von Turner ist (Kuper 1996: 145).

Außergewöhnlich war indes die Fülle und Lebendigkeit des präsentierten Materials. Victor Turner erkennt in diesen Konflikten Elemente des „Dramatischen". Der Konfliktverlauf, aber auch die offensichtliche Ergriffenheit der Ndembu angesichts solcher Geschichten, wecken in ihm Assoziationen zu den Dramen Shakespeares und Ibsens und zu Aristoteles' Verständnis der Tragödie. Sandombu etwa, eine der Hauptfiguren, wird wie ein griechischer Tragödienheld mit seiner Hilflosigkeit gegenüber den Schicksalsgöttinnen konfrontiert, die hier wie die Notwendigkeiten des sozialen Prozesses wirken (Turner 1957: 176). In den Fallstudien, die Turner präsentiert, werden Individuen sichtbar und ihr Ringen um Macht, eingespannt in kulturelle und soziale Zwänge. Dem Leser wird es, wie einem Theaterbesucher, möglich, sich mit den leidenden Hauptfiguren des dargestellten Dramas zu identifizieren. Eine neue Art der monographischen Darstellung wird vorgelegt, voller Streitgeschichten, zwischenmenschlichen Spannungen und Konfliktauflösungen. Eine Form der Ethnographie, die mit einer russischen Novelle verglichen wird (Kuper 1996: 145).

Die zutage tretende Theatralität der zahlreichen Konflikte wird mit einem neuen Begriff, dem des „social drama" unterstrichen und ihre Verlaufsform modellhaft heraus präpariert.

Ein soziales Drama verläuft aus der Sicht Turners in vier Phasen: zunächst erfolgt ein Bruch sozialer Normen (1), der in eine Krise mündet (2). Die entstandene Krise bringt zwangsläufig Versuche der Bewältigung und Reflexivität mit sich (3). Formen der Konfliktbewältigung können formale Gerichtsverhandlungen sein und/oder rituelle Aktivitäten wie etwa Divination. Diese führen in der

Phase 4 entweder zu einer Reintegration oder zu einem unüberwindbaren Bruch (Rochberg-Halton 1989: 201).

Die Phase 3, gekennzeichnet von Aktivitäten der Wiedergutmachung und Versöhnung, ist aus mehreren Gründen von ganz besonderem Interesse. Hier vollziehen sich ganz entscheidende Vorgänge, die für die Konfliktlösung, aber auch für eine gesellschaftliche Transformation insgesamt bedeutsam sein können. Die hier traditionell zuständige Institution ist die Gerichtsbarkeit. Hier wird nicht nur Recht gesprochen, sondern auch über Entstehung von Konflikten und zukünftige Konfliktvermeidung nachgedacht, über die Normen und Regeln einer Gesellschaft debattiert. Mitunter erscheint dann auch die Veränderung solcher Normen notwendig. Neben den Instanzen der Rechtsprechung können in dieser Phase auch rituelle und magische Mechanismen eingesetzt werden, um eine Konfliktlösung zu befördern. Dies kann die Aktivierung von mythischen Erklärungen, die Manipulation von nichtmenschlichen Geistwesen, der Einsatz von Heilungsritualen bedeuten.

Der Begriff „soziales Drama" ist eine Eingebung, die Turner nicht in Afrika erlebt, sondern in einer Kneipe in Manchester. Im Victoria Arms Pub diskutiert Turner mit seinem Freund Bill Epstein Schreibblockaden. Gequält von den formalen Zwängen einer Dissertation drängt sich ihm die Frage auf, wie es gelingen kann, pralles Leben nicht zu tilgen, sondern zu seinem Recht zu verhelfen? Edith Turner erinnert sich an diesen denkwürdigen Abend:

„Vic und Bill tranken ihr Bier und verfluchten, wie ich mir vorstellen kann, die Unmöglichkeit, Malinowskis Methode der ‚lebendigen Erzählung' die quantitative Methode überzustülpen. Vic wollte keine mit passenden kleinen Geschichten illustrierten Ordnungsschemata erstellen. Er sah das Ndembu-System, wie es war: voller Anomalien, falscher Abstammungslinien, die Konflikte hervorriefen [...]. Vics Gedanken waren völlig vom Charakter seines alten Freundes, des Zauberers Sandombu, und der merkwürdigen Persönlichkeit Kamahasanyis beherrscht, beides marginale Figuren, die ganz plötzlich im Zentrum des Konfliktes standen. Ihre Geschichten und die Rituale, von denen die Geschichten handelten, faszinierten die Ndembu – diese Ereignisse waren ihr Werk. Ein neuer Begriff war nötig. Vic und Bill, die Bierkrüge vor sich, rangen mit diesem Problem. ‚Soziales Drama', sagte Vic. ‚Natürlich'. Nach Hause zurückgekehrt schrieb er sein Referat für das am nächsten Tag stattfindende Seminar von Max [Gluckman] und führte den neuen Begriff ein" (E. Turner 1985: 4f.; übersetzt in Rochberg-Halton 1989: 200).

Die Dissertationsschrift wird von Edith und Victor Turner selbst keineswegs als „großer Wurf" betrachtet. Beide sind unzufrieden, wie das *Chihamba*-Ritual am Ende der Monographie eingebaut wird (Turner 1957: 303–317). Die Reduktion des Rituals auf seine integrative Funktion und die damit angelegte soziologische Lesart widerstreben ihnen, die doch wissen, dass damit nicht annähernd die umfassende Dimension rituellen Erlebens erfasst wird. Beide fügen sich gleichwohl und betrachten dies als notwendiges Zugeständnis an Gluckman.

Im ersten Teil der Arbeit werden die Zensus-Daten ausgebreitet, was Edith später als reichlich stumpfsinnig, „very dull", bezeichnet. Insgesamt beurteilt sie die Arbeit als uninspiriert (E. Turner 2006: 64; Engelke 2004: 25). Gluckman hingegen lobt gerade den ersten Teil und warnt vor einer falschen Lesart der Studie. So hätten die Meisten die ersten 90 Seiten überlesen, um sich voreilig auf die Erzählung sozialer Dramen zu konzentrieren. Doch die quantifizierten Daten zu Gesellschaftsstruktur und Umwelt seien Voraussetzung für das Verständnis sozialer Dramen (Gluckman 1973: 636; nach Mills 2005: 140).

Victor Turner löst somit alle Aufgaben seines Mentors Max Gluckman auf kreative Weise, und dieser steuert ein begeisterndes Vorwort für die Publikation bei. In der Fachwelt wird die Ndembu-Monographie mit Anerkennung bedacht und Turner erwirbt sich damit den Ruf als einer der originellsten Köpfe der Manchester Gruppe (Kuper 1996: 157).

Alle Themen der Gluckman-Schule sind in *Schism and Continuity* auf originelle Weise präsent (Werbner 1984: 176). Die Methode der Situationsanalyse bzw. *Extended Case Study* ist zum „sozialen Drama" weiter entwickelt. Dieses dient dann nicht nur als Analyseinstrument für synchrone und diachrone Zustände, sondern auch als eine ethnographische Schreibstrategie. Konflikte, das betont Turner eindrucksvoll, sind nicht nur struktureller Bestandteil dieser Gesellschaft, sie haben auch eine bestimmte Verlaufsform. Somit illustriert seine Studie den ethnologischen Umgang mit Konflikt-Szenarien und verweist auf die Bedeutung von „sozialen Prozessen" für die Kulturanalyse. Turner weist einen Weg, der später als „Transaktionalismus" bekannt wird und mit Namen wie Frederick Barth, Clyde Mitchell und Bruce Kapferer verbunden ist. Individuelle Entscheidungsfindung, Wahlmöglichkeiten, strategisches Handeln innerhalb des sozialen Gefüges, Interaktionen also, werden in den Mittelpunkt der Analyse (meist von sozio-ökonomischen Vorgängen) gerückt (Werbner 1984). Von Manchester werden damit Signale in Richtung Oxford und Cambridge ausgesendet, die zeigen, dass die britische *Social Anthropology* nicht zwangsläufig in abstrakten Symbolismus und Struktur-Fanatismus münden muss.

Das Konzept des sozialen Dramas wird von Turner immer wieder aufgegriffen und weiterentwickelt. Selbstredend ist auch die Welt komplexer Gesellschaften voller sozialer Dramen, wie der Watergate-Skandal (1972–1974) oder der Umsturz im Iran (1979) beispielhaft vor Augen führen (Turner 1989b). Die Form, in der sich soziale Dramen in einer Gesellschaft artikulieren, und die das Muster für politisches Handeln abgibt, beschäftigt Turner immer aufs Neue, genauso wie

Rituale, die in der Bewältigungsphase des sozialen Dramas akut werden (Turner 1967a, 1968a, 1969, 1974, 1982). Das Konzept des „sozialen Dramas" weist zudem den direkten Weg zu einer Auffassung von Gesellschaft als „Prozess". Damit ist Raum geschaffen für die Wahrnehmung von ereignissteuernden Handlungen konkreter Individuen und von Kräften, die unabhängig von der Sozialstruktur wirken. In „sozialen Dramen" werden genau diese verändernden Potenzen sichtbar, die unter dem Blickwinkel eines Gleichgewichtsmodells nicht wahrnehmbar waren oder als irrelevant eingestuft wurden.

Eugene Rochberg-Halton weist daraufhin, dass die Idee, Kultur im Sinne eines Dramenmodells als performativen Prozess aufzufassen, auch von anderer Seite – jedoch völlig unabhängig von Turner – in kreativer Weise aufgegriffen wird. In den USA sind hier Lewis Mumford, Kenneth Burke, Milton Singer und Erving Goffman zu nennen:

> „Burkes Interpretation sozialen Handelns betonte bühnenähnliche dramatische Motive. Für Goffman standen Strategie- und Darstellungsaspekte der Interaktion im Vordergrund. Singer stieß, wie Turner, während seiner in den 50er Jahren in Madras (Indien) durchgeführten Feldforschung auf eine Vielzahl kultureller Darbietungen, die ihn eine Theorie der Kultur als Performance entwickeln ließen.[8] Mumford, der seine Karriere als Stückeschreiber begann, faßte das Drama selbst als ein sich entwickelndes Symbol menschlicher Kultur auf, ähnlich der früheren Verwendung von Träumen in der Kunst und der Erfindung der Sprache" (Rochberg-Halton 1989: 201 f.).

Viel später deutet Victor Turner das von ihm erfundene Modell des „sozialen Dramas" selbst introspektiv als eine Versöhnung des männlichen und weiblichen Prinzips. Seine theoretische Ausbildung im Kontext der Manchester Schule und seine Felderfahrung bei den Ndembu sind für ihn gleichermaßen prägend:

> „Meine Feldforschungsausbildung weckte den Wissenschaftler – das väterliche Erbe – in mir. Meine Felderfahrung belebte die mütterliche Theaterbegabung neu. Ich fand einen Kompromiß, indem ich einen Gegenstand der Beschreibung und Analyse erfand, den ich ‚soziales Drama' nannte" (Turner 1989b: 10).

---

[8] Der englische Begriff „Performance" wird im Folgenden durchgängig verwendet, da „Performanz" allzu eng mit sprachwissenschaftlichen Theorien, insbesondere der Sprechakt-Theorie von John L. Austin verbunden ist. „Cultural Performance" ist ein kulturtheoretischer Begriff, der über die Theaterwissenschaft auf Ritual ähnliche Bereiche des Alltags angewandt wurde. Zur Wissenschaftsgeschichte des Konzeptes Performativität siehe Volbers 2011.

Turners Interesse an der intimen Verwandtschaft von Ritual, Theater und Spiel, das in eine Zusammenarbeit mit dem Theaterexperten Richard Schechner mündet, ist hier verankert:

> „Für den Künstler in mir offenbarte das Drama individuellen Charakter, persönlichen Stil, rhetorische Fähigkeiten, moralische und ästhetische Unterschiede sowie sich bietende Wahlmöglichkeiten und getroffene Entscheidungen. Was aber am wichtigsten war, es ließ mich der Macht der Symbole in der menschlichen Kommunikation gewahr werden" (Turner 1989b: 10).

Turner sieht im sozialen Drama die ursprünglichste, alle Zeiten überdauernde Form menschlicher Auseinandersetzung und den Ursprung des Theaters. Das Leben, so schreibt er kurz vor seinem Tod, sei ebenso sehr Nachahmung der Kunst wie umgekehrt (Turner 1989b: 114).

Ritual als Offenbarung:
Victor Turner als katholischer Mystiker

Nach dem erfolgreichen Abschluss des Promotionsverfahrens erhält Victor Turner die Position eines Universitätsdozenten – *Lecturer*. Allerdings liegt ihm nichts daran, eine Institution auszubauen oder den Ruhm einer bestimmten Schule zu befördern. Trotz der erfolgreichen beruflichen Weichenstellung sind die 1950er Jahre krisenbehaftet. Die Unruhen in der DDR (17. Juni 1953) und der Ungarn-Aufstand (1956) zeigen der Weltöffentlichkeit die diktatorische Seite des Sowjet-Sozialismus. Zweifel am Kommunismus als ideologische Denkform hatten sich bereits in Afrika breit gemacht. Sie werden jetzt verstärkt und nötigen zur Stellungnahme. Der Zwang, lebendige Erfahrung in wissenschaftliche Prosa zu übersetzen, ist eine andere lastende intellektuelle Bürde. Das rituelle Erleben in Kajima hallt nach, intensiver als je zuvor, und Turner ringt um eine angemessene Interpretation der Ndembu-Rituale. Die gängige materialistische Denkweise ist auf Produktionsmittel fixiert, die Freud'sche Psychoanalyse bietet ein eher enges Symbolverständnis an und die Manchester Linie, die Gluckman vorgibt, betrachtet Rituale als Spiegel von Strukturgegensätzen und als Mittel zur Stärkung gesellschaftlicher Kohäsion. All dies geht an Turners Bedürfnissen vorbei und so wird aus seinem Bemühen, afrikanische Rituale zu begreifen, ein existenzielles Projekt. Es geht um eine Neuorientierung, die nicht nur intellektuell befruchten, sondern auch die innere Leere füllen soll.

Religion wird für Turner, aufgewachsen in einem eher a-religiösen Elternhaus, zum zentralen Thema. Zunehmend suspekt sind ihm Auffassungen, wonach Religion lediglich Abbild sozialer Strukturen und Rituale nichts anderes als „sozialer Klebstoff" (Horton 1964) sein sollten. Aus dem Bedürfnis nach eigener religiöser Orientierung entsteht die Idee, eine Forschung über den religiösen Alltag der benachbarten Kleinstadt Stockport durchzuführen. Besucht werden Zusammenkünfte der Anglikaner, Quäker und Presbyterianer, die allesamt enttäuschen. Eine völlig andere Welt eröffnet jedoch die Teilnahme an einer katholischen Messfeier: die Gegenwart der Heiligen, Weihrauch, lateinisches Gebet, ein goldener Kelch mit dem Opfer-Blut Christi, der Lichtstrahl durch Kirchenfenster, das gemeinsame Mahl. Das katholische Ritual versetzt Edith und Victor Turner augenblicklich zurück nach Afrika und lässt beide erkennen, dass ihre Konversion längst erfolgt war, dort in Kajima (E. Turner 2006: 88 f.).

Ab 1957 werden regelmäßig katholische Gottesdienste besucht und im Oktober 1959 schließlich wird der formale Übertritt der gesamten Familie in der Kirche von Stockport vollzogen (Engelke 2004: 26). Diese Wende wird im Kreis der Bekannten nicht unkritisch gesehen und zieht vielfach den Bruch mit Freunden nach sich. Religion, insbesondere der Katholizismus, gilt als konservative Ideologie, Papst Pius XII. als jemand, der verdächtigt wird mit den Nazis kollaboriert zu haben. Und zudem: mit der Konversion der Turners scheint der Konsens innerhalb der Kollegenschaft in Manchester gefährdet. Einige betrachten diesen Schritt tatsächlich als das Ende der bis dahin so einheitlichen „Schule" (Engelke 2004: 29).[9]

Die Arbeit am Text zum *Chihamba*-Ritual beginnt im Jahr der Konversion und ist von Turners Hinwendung zum Katholizismus nicht ablösbar. In die Studie fließen nicht nur Bibel-Lektüren ein und theologisches Schrifttum, sondern auch Texte von Herman Melville, Søren Kierkegaard oder Carl Gustav Jung. Die Deutung der religiösen Symbole, mehr noch der grundsätzliche ethnologische Umgang mit Symbolen wird hier zur zentralen Herausforderung. Turner ist überzeugt: Paradoxien, die jede Religion mit sich bringt, lassen sich nicht mit wissenschaftlichem Rationalismus allein bewältigen, und religiöse Wahrheit übersteigt die Fassungskraft des Menschen. Demut und schlichte Einfalt sind notwendig, um sich der Wahrheit religiöser Symbole anzunähern. Dies sei der Grund, warum Gelehrte wie Frazer und Durkheim letztlich scheitern mussten und religiöse Phänomene einfach weg erklärt haben, schreibt Turner. Wie Kapitän Ahab (die Hauptfigur in Melvilles Moby Dick) versuchten sie das zu zerstören, was ihre Selbstzufriedenheit bedroht, nämlich den Glauben an eine Gottheit. Und wie Ahab erleiden sie Schiffbruch, ohne das von ihnen verfolgte Opfer aufspießen zu können (Turner 1962: 92; Engelke 2004: 27).

Intellektuelle Hybris ist es, was Turner anprangert. In einem Brief aus dem Jahr 1959 an seinen langjährigen Freund John Bate drückt Turner seine Bewunderung für Thomas von Aquin aus, dessen Schriften ein „Aroma von Arglosigkeit" („aroma of innocence") verströmen. Eine solche innere Haltung sei allerdings keineswegs selbstverständlich. Intellektuelle Arbeit sei ganz besonders den Anschlägen Lucifers ausgesetzt, dessen Abfall von Gott in erster Linie aufgrund seiner intellektuellen Arroganz erfolgte (Engelke 2004: 28).

---

[9] Im akademischen Milieu Englands nach dem Krieg ist die Konversion zum Katholizismus außergewöhnlich. Allerdings ist in diesem Zusammenhang auf ein anderes Beispiel zu verweisen, das in der Fachwelt für weit mehr Aufsehen sorgt: Edward E. Evans-Pritchard, ursprünglich Anglikaner, tritt 1944 zum Katholizismus über und seine Schüler Peter und Godfrey Lienhardt sowie David Pocock tun es ihm gleich. Das Bekenntnis zu Evans-Pritchards Theorieposition ist verbunden mit einer religiösen Konversion. Evans-Pritchard wird zum Paten in doppelter Hinsicht. Die Oxford-Ethnologie erwirbt sich damit den Ruf, von einer katholischen Clique dominiert zu sein. Das Katholizismus freundliche Milieu in Oxford war für die katholisch aufgewachsene Mary Douglas immerhin ein Grund dort zu studieren. Vgl. Fardon 2002: 42, 245 f.; Kuper 1996: 121.

Turner bringt in *Chihamba the White Spirit: A Ritual Drama of the Ndembu* (1962) radikale Zweifel am Wissenschaftsverständnis seiner Zeit zum Ausdruck. Ethnologische Feldforschung, Literatur, Philosophie, katholische Mystik und Kulturtheorie werden hier zu einer kühnen Synthese zusammengeführt. Das Buch erscheint zwar in der Manchester-University Press in der Reihe der Rhodes-Livingstone-Papers, also gewissermaßen unter der Imprimatur Max Gluckmans, dennoch fühlten sich die Herausgeber gedrängt, klarzustellen, dass die hierin geäußerten Ansichten ausschließlich jene des Autors wären („the opinions expressed are those of the author alone"). Edith Turner erinnert sich, dass ihr Mann beim Schreiben das Gefühl hat, in unbekannte, ja gefährliche Gefilde aufzubrechen, zumal die Reaktionen vorab keineswegs alle positiv ausfallen. Max Gluckman legt entsprechende Nervosität an den Tag (E. Turner 1985: 7).

1975 erscheint die Schrift in unveränderter Neuauflage (in der Cornell University Press), allerdings unter einem neuen Titel: *Revelation and Divination in Ndembu Ritual*. Mit dem Begriff *Revelation*, Offenbarung, wird eine Kernaussage der Turner'schen Symboltheorie und die Einbettung in einen mystischen Katholizismus unterstrichen. In der Einleitung bekennt er, dass es die Ndembu waren, die ihm, dem agnostischen und monistischen Materialisten, den ontologischen Wert von Ritualen und Symbolen lehrten. Religion, so seine feste Überzeugung, ist kein Spielzeug aus der Kindheit des Menschengeschlechts (Turner 1975: 31).

Das *Chihamba*-Ritual der Ndembu gehört zu der Gruppe jener wichtigen Rituale, mit deren Hilfe Leiden wie Krankheit, Empfängnisstörung, Jagdpech, ausgelöst durch die Heimsuchung von Ahnengeistern, beseitigt werden. Hat ein Betroffener solch ein „Ritual des Leidens" als Initiand durchlaufen, ist er damit zum Mitglied eines Kultbundes geworden, eines Bundes, welcher die bisherigen sozio-strukturellen Bindungen und die entsprechenden partikularistischen Interessen überschreitet und damit eine eigene Form der Gemeinschaft bildet. Das *Chihamba*-Ritual erleben die Turners selbst als Initianden mit. Die Beschreibung erfolgt somit aus eigener Anschauung und eigenem Erleben. Sie wird ergänzt durch die Deutungen von Muchona, dem für Victor Turner so bedeutenden Exegeten der Ndembu-Religion.

Der Ritualexperte und Heiler Muchona, aufgrund seines scharfen Verstandes *Iyanvu*, Hornisse, genannt, wird hier zum „privilegierten Informanten". Für die Auslegung der Ndembu-Religion nimmt er eine ähnlich wichtige Rolle ein wie Ogotemmeli für Marcel Griaule (1980) und dessen Darstellung des Weltbildes der westafrikanischen Dogon. Das Portrait, das Turner von Muchona für den Sammelband von Joseph Casagrande (1960) verfasst, wird erneut in *The Forest of Symbols* (1967: 131–150) abgedruckt. Turner vergleicht Muchona mit einem Universitätslehrer, nennt ihn „Kollegen" und spricht von gemeinsamen „Seminaren". Muchona wird als entwurzelter Intellektueller charakterisiert. Ihm ist, genau wie dem Ethnologen, ein unstillbarer Durst nach objektivem Wissen zu eigen. Muchona wird auf diese Weise, als indigener Exeget und Theologe, zum Modell und Ideal vieler Ethnographen (Metcalf 2002: 19 f.). Muchona ist seiner eigenen Gesellschaft entfremdet, da seine Mutter eine Sklavin war und somit keine eigene matrilineare Verwandtschaftslinie entstehen kann. Muchonas geringer gesellschaftlicher Status und seine räumliche Mobilität befördern seine Ritual-Kenntnis ebenso wie seine geistige Regsamkeit. Er ähnelt in dieser Marginalisierung niemanden mehr als dem Ethnologen selbst (Metcalf 2002: 70). Turners Gespräche mit Muchona münden in ein exemplarisches Wechselspiel zwischen monophoner und polyphoner Darstellung, wie James Clifford hervorhebt (Clifford 1993: 144).

Das „Kernsymbol" des *Chihamba* ist der Geist Kavula. Ihm müssen sich die Adepten sklavisch unterordnen, und er wird im Verlauf des Rituals von diesen „getötet". Sein Wesen vereint Gegensätze: Er repräsentiert männliche Autorität als „Großvater", als Häuptling, als Jäger. Er verkörpert die Einheit der Ndembu und steht in Opposition zur leidensverursachenden Ahnfrau, die partikulare matrilineare Interessen repräsentiert, und ist gleichzeitig ihr Ehemann. Kavula versammelt in sich nahezu alle Kräfte, die aus der Sicht der Ndembu die Welt bewegen: die Autorität der Alten, Fruchtbarkeit von Pflanzen und Tieren, Leben und Tod. Er gilt als gut und als wild gleichermaßen, als tötender Blitz, als Krankheiten verursachend und als befruchtender Regen. Er wird mit dem Himmelsgott verglichen und zugleich mit einer Wurzel in der Erde identifiziert. Doch, so betont Turner, Kavula ist weit mehr die Summe genannter Kräfte.

Auf dem Höhepunkt des Rituals „köpfen" die Adepten Kavula in Gestalt eines Zweiggerüst und gelten trotz dieser Tat als „unschuldig". Anschließend werden die Initianden „getötet", indem man ihnen das Haupthaar abrasiert. Jeder Adept, nun Mitglied des Kultbundes, errichtet einen Schrein, in dem der „wiedererstandene" Kavula in einer bestimmten Wurzel anwesend ist. Die Farbe Weiß ist allgegenwärtig, mit ihr ist das absolut „Gute" und „Reine" assoziiert. Turner vergleicht die entspannte Stimmung nach der Tötung von Kavula mit der katholischen Osternacht-Feier. Das Ende der bedrückenden Leidenszeit wird von Ndmbu wie von Katholiken in einer „athmosphere of mild diffused happiness" erlebt, wie er schreibt (Turner 1975: 186).

In Problemstellung und Auslegung des Rituals sind katholisch-theologische Deutungsmuster unübersehbar. Turner greift hier eine Unterscheidung des bedeutenden Kirchenlehrers Thomas von Aquin (1225–1275) auf. Alles Seiende ist ein bestimmtes „Etwas", und dieses „Etwas" „existiert". Somit ist an jedem Ding „Essenz" und „Existenz" unterscheidbar. Vom Wesen des Schöpfers aller Dinge und Kreaturen ist Existenz nicht abtrennbar. Essenz und Existenz fallen in Eins. Gott ist nicht Potentialität, sondern reine Aktualität, „actus purus". Turner lernt die Metaphysik des Thomas von Aquin über die Schrift des neuthomistischen Denkers Etienne Gilson (1884–1978) kennen. Er vermittelt ihm Anregungen für seine Ritualinterpretation und einen Schlüssel für die vitale Funktion des religiösen Symbolismus (Gilson 1956; Turner 1975: 180). Gilson macht deutlich, dass reine Existenz („act of being") dem menschlichen Denken nicht zugänglich ist. Nur „das, was ist" (id quod est) kann gedacht werden, wobei dieses, was je ist, wiederum im reinen Sein verwurzelt ist. Schlüsselsymbole eines Rituals oder symbolische Wesenheiten wie Kavula, so Turner, besitzen gerade aufgrund ihrer Vieldeutigkeit und Ambivalenz Verweischarakter auf Transzendentes, auf Bereiche, die jenseits gedanklicher Fassbarkeit angesiedelt sind. Das rituelle Erleben und Ausagieren von Paradoxien, etwa das „in Unschuld Töten" einer Gottheit, reißt gewissermaßen das kognitiv befestigte Gefängnis alltäglicher Weltsicht nieder: Jener bislang unsichtbare und wesentlich schöpferische „act-of-being" wird spürbar. Erfahrbar wird in ritueller Gemeinschaft, dass das Individuum in Abhängigkeit zu jenem reinen „Sein" steht und darin Teil hat am Göttlichen.

Kavula wird somit als Erscheinungsform des Göttlichen, identisch mit „the-act-of-being", gedeutet. In einem Ritual wie dem *Chihamba* kommen, so Turner, die Bedürfnisse des „rituellen Menschen" zum Tragen. Der „rituelle Mensch" wird hier als universaler, religiös motivierter Typus charakterisiert. Turner überträgt die am *Chihamba*-Ritual entwickelten Symboldeutungen der Farbe Weiß auf die biblischen Schilderungen von Christi Tod, Auferstehung und dem Auffinden des leeren Grabes, sowie auf Herman Melvilles dramatische Schlussszene aus Moby Dick. Das tragische Scheitern dieser Jagd auf den weißen Wal setzt Turner, wie oben bereits angedeutet, analog zur Hybris des modernen Menschen, der seine Abhängigkeit vom reinen „Sein" und damit die Tugend der Demut vergessen hat (Turner 1975: 187–203).

Robin Horton macht das Buch in seiner kritischen Würdigung frühzeitig der „scientific community" bekannt (Horton 1964). Angereichert mit polemischer Ironie deutet er die Ausführungen zu Moby Dick dahingehend, dass Turner mit dem Walfangschiff Pequod die gesamte Manchester Schule, mit Kapitän Ahab ihren Begründer Max Gluckman und mit dem polynesischen Harpunier Queequeg sich selbst, als „ritueller Mensch", symbolisch identifiziere.

Feststeht, dass in dem hier dargelegten Ritualkonzept „soziale Funktionen" nahezu bedeutungslos werden. Es geht letztendlich um das Wesen religiösen Erlebens, um Gotteserfahrung als grundmenschliches Bedürfnis, das sich im Ritual zu realisieren vermag. Ritual ist wesentlich Offenbarung.

Turner beharrt dementsprechend in seiner Ritualdefinition durchweg auf dem transzendenten und nicht-säkularen Bezug: Ein Ritual ist „vorgeschriebenes förmliches Verhalten bei Anlässen, die keiner technologischen Routine überantwortet sind und sich auf den Glauben an unsichtbare Wesen oder Mächte beziehen, die als erste und letzte Ursachen aller Wirkungen gelten" (1989b: 126).[10] Das Ritual ist im Gegensatz zur struktur-stabilisierenden Zeremonie, eine verändernde Kraft (Turner 1985e). Es sei, so formuliert Turner, von *unendlicher Tiefe*, und er verweist auf das dialektische Verhältnis von „Grund" und „Ungrund", wie es der Mystiker Jakob Böhme in Anlehnung an Meister Eckhart darlegt: „,Byssos und Abyssos' (= griechisch *a-byssos*, von a- ‚ohne' und der ionischen Variante des attischen *buthos*, was ‚Grund' oder, besser, (endliche) ‚Tiefe', vor allem ‚des Meeres' bedeutet. ‚Byssos' ist tief, ‚Abyssos' aber jenseits aller Tiefe.) Viele Definitionen des Rituals enthalten die Vorstellung von *Tiefe*, nur wenige aber die Vorstellung von *unendlicher Tiefe*. In meiner Terminologie befassen sich solche Definitionen mit endlicher struktureller Tiefe und nicht mit unendlicher ‚antistruktureller' Tiefe" (1989b: 131 f.).

Turner gibt sich hier selbst als katholischer Mystiker zu erkennen. Die *Chihamba*-Studie lässt sich damit auch als Polemik gegen den Werteverfall der Moderne, vor allem gegen einen blutleeren Szientismus lesen, der den Menschen als spirituelles Wesen aus dem Auge verloren hat. Echte Humanität, so die lebenslange Überzeugung Turners, entfalte sich in Ritual und Religion. Das Leben außerhalb des rituellen Kontextes sei überwiegend statisch und inhuman. Religion, so seine Überzeugung, „is really at the heart of the human matter" (Turner 1975: 31). Religion nimmt demzufolge einen ganz eigenständigen, herausgehobenen Stellenwert in der menschlichen Kultur ein und lässt sich nicht mit anderen Formen von Wissens-Systemen gleichsetzen, worauf etwa Robin Horton (1964, 1997) beharrt.

Mit *Chihamba* wird der erste Baustein für eine vergleichende Symboltheorie vorgelegt und der Bruch mit dem britischen Strukturfunktionalismus vollzogen, was vielfach auf Kritik und Ablehnung stößt. Seine Frau hingegen applaudiert und lobt den Text als seinen radikalsten, der auch später unübertroffen bleiben wird. In ihren eigenen Arbeiten nimmt sie darauf häufig Bezug (E. Turner 1992, 1996).

---

[10] Turners bekannte Ritualdefinition findet sich bereits in *The Forest of Symbols* von 1967, 19.

In betwixt and between:
„Liminalität" und „Communitas"

Mit der Arbeit an *Chihamba* verabschiedet sich Victor Turner geistig aus Manchester. Sein physischer Abschied soll nicht lange auf sich warten lassen. Das akademische Jahr 1961–1962 verbringt Turner am *Center for Advanced Study* in Palo Alto, Kalifornien. Er nutzt die Zeit nicht nur für die Fortführung seiner Ritualforschungen, sondern auch für den Kontakt zu amerikanischen Kollegen. Zwar lehrt er 1962–1963 für ein weiteres Jahr in Manchester, doch ist dieses sein letztes. 1963 wird ihm eine Professur an der renommierten Cornell-Universität angeboten. Die Familie bereitet den Umzug vor und wechselt nach Hastings, um dort, in der Nähe von Turners Mutter, die verbleibenden Wochen bis zur Klärung der Visa-Angelegenheiten zu verbringen. Die Erteilung der Einreise-Visa verzögert sich, weil die Turners als ehemalige Mitglieder der kommunistischen Partei Großbritanniens verdächtig scheinen (E. Turner 2006: 97). Der Aufbruch in die USA findet just zu einem historischen Moment statt, der sowohl für die USA wie auch für Europa weitgehend als Krise erinnert wird.

Insgesamt werden die 1960er zu einem ungemein dynamischen Jahrzehnt, das unter Stichworten wie Kalter Krieg und Vietnamkrieg, Bürgerrechtsbewegung und Antiautoritäre Revolte, Gegenkultur und Konsumkritik, Aufbruchsstimmung und Individualismus verhandelt wird. Die politische und gesellschaftliche Dynamik hinterlässt ihren Eindruck auf einen Gelehrten wie Turner, der in dieser Zeit nicht nur allenorts „soziale Dramen" wahrnimmt, sondern gleichzeitig über Anti-Struktur und die Macht der Schwachen, über gesellschaftliche Veränderungen, über individuelle und kollektive Transformationen, über rituelle und symbolische Prozesse nachdenkt.

Einige Hintergrunddaten müssen an dieser Stelle eingeschoben werden.

Das gesellschaftliche Klima in den USA steht zu Beginn der 1960er Jahre unter dem Eindruck von Antikommunismus und Kaltem Krieg. Die Kommunismus-Paranoia erlebt bereits Mitte der 1950er Jahre ihren Höhepunkt in Gestalt von Verschwörungstheorie und Massenhysterie. Auch wenn Joseph McCarthy aufgrund seiner Verhörmethoden alsbald demontiert wird und 1957 als Alkoholiker stirbt, bleibt die öffentliche Stimmung durchweg Kommunismus feindlich. Genährt wird diese Stimmung durch geo-politische Konstellationen. Die Stationierung von russischen Atomraketen auf Kuba bringt die Welt im Oktober 1962 an den Rand eines Atomkriegs. Die atomare Aufrüstung nimmt in Folge der Kuba-Krise nicht ab, sondern befördert kollektive Ängste in bislang neue Dimensionen. Die schwelenden Unruhen im geteilten Vietnam gelten vor diesem Hintergrund als bedrohlich, zumal die kommunistische Bewegung Nordvietnams gezeigt hat, wie man sich als Guerilla-Armee der Weltmacht Frankreich erfolgreich widersetzt. Geostrategen warnen vor einem Szenario, wonach der Sieg des vietnamesischen Kommunismus die ganze Region Südostasien in die Hände des Feindes spielen würde. Der gefürchtete Domino-Effekt soll durch die US-Bombardierung Nordvietnams, im März 1965, verhindert werden. Ein zehnjähriger Krieg mit über 3 Millionen Toten sind die Folge.

Zentrale innenpolitische Themen sind eskalierende Rasse-Unruhen, die erstarkende Bürgerrechtsbewegung und der Ruf nach sozialen Reformen. Der Beginn der 1960er Jahre ist von dramatischer Arbeitslosigkeit überschattet. Ausgewiesen sind landesweit über 100 Notstandsgebiete. John F. Kennedy, der im November 1960 knapp gewählt wird, verspricht Reformen, mehr Jobs und vor allem die Unterstützung der Bürgerrechtsbewegung. Kennedy wird zum Hoffnungsträger liberaler Intellektueller, vor allem junger Wähler. Der Kampf gegen den Rassismus der US-Gesellschaft, vor allem gegen die Segregationspolitik in den Südstaaten, wird befeuert durch den charismatischen Baptistenpastor Martin Luther King (1929–1968). Er ruft zu zivilem Ungehorsam auf und mit Mitteln des gewaltlosen Widerstandes wird der Protest in die Öffentlichkeit getragen. Sit-ins, Massenkundgebungen und Freiheitsfahrten *(Freedom Rides)* verdichten sich zu einem Höhepunkt im Jahr 1963. In 196 Städten finden wiederholt Demonstrationen statt, und Ende August sind es 250 000 Menschen, Schwarze und Weiße, die sich zum „Marsch auf Washington für Freiheit und Arbeit" formieren. Am Lincoln Memorial in Washington, D.C., werden Forderung nach einem neuen Bürgerrechtsgesetz mit visionärem Pathos vorgetragen. Mahalia Jackson, Peter, Paul and Mary, Joan Baez und ein erst 22-jähriger Bob Dylan treten auf. Mit seiner Rede „I have a Dream" werden Martin Luther King und die US-amerikanische Bürgerrechtsbewegung in aller Welt bekannt.

Die Turners verfolgen die Ereignisse des Jahres 1963 noch aus europäischer Distanz, wenngleich aus einer als quälend empfundenen Warteposition. Als John F. Kennedy am 22. November 1963 während einer Wahlkampfveranstaltung erschossen wird, alarmiert die Meldung augenblicklich. Mit dem Tod Kennedys wird nicht nur die amerikanische Gesellschaft ins Mark getroffen, auch international scheint für einen Augenblick das Gleichgewicht der Kräfte zu wanken. Die von diesem Ereignis ausgelösten Schockwellen erschüttern die Familie Turner im Besonderen. An der Schwelle zwischen zwei Welten stehend, eine ungewisse Zukunft vor Augen, entdeckt Turner Arnold van Genneps Studie „Übergangsriten". Das Werk des französischen Ethnologen und Volkskundlers wird zwar bereits 1909 veröffentlicht, doch erst 1960 ins Englische übersetzt. Die daraufhin einsetzende Rezeption durch die anglo-amerikanische Ethnologie macht das Buch weltberühmt. Victor Turner liest somit etwas „Brandneues", und er tut dies mit wachsender Faszination. In der Stadtbibliothek von Hastings entsteht sein wohl wirkungsvollster Aufsatz „Betwixt and Between: The Liminal Period in Rites of Passage" (Turner 1967e). Turner versucht darin „das im Grunde unfassbare Element der Veränderung im menschlichen Leben zu erfassen, das dann zum Vorschein kommt, wenn die normale Sozialstruktur und normale Verhaltensweisen vorübergehend außer Kraft gesetzt sind" (Rochberg-Halton 1989: 203). Die dafür entwickelten Kategorien „Liminalität" und „Communitas" werden für sein weiteres Denken und Forschen zentral bleiben (vgl. Turner 1969/1989a, 1982/1989b).

Ausgangspunkt ist das Drei-Phasen-Modell, das Arnold van Gennep (1873–1957) in „Les Rites de Passage" ausarbeitet. Alle Übergangsrituale, so die zentrale These, zeigen folgende Sequenz: Loslösung *(séparation)*, Übergangs- oder Transformationsphase *(marge)*, Eingliederung in den neuen Status *(agrégation)*.

Die zunächst eher schlicht anmutende Entdeckung einer Dreiteilung ritueller Übergänge liefert bei näherem Hinsehen grundsätzliche Erkenntnisse über gesellschaftliche Vorgänge. Enthalten sind Aussagen über die gesellschaftliche Ordnung von Raum und Zeit und ihre kulturgeprägte Wahrnehmung. Justin Stagl erläutert dies anhand einer Analogie. Der Zugang zu Kühlräumen und Treibhäusern ist nur über Doppeltüren möglich, da die Temperatur dieser Räume von der Umgebung verschieden sind. Also muss man erst „die eine Tür, dann einen Zwischenbereich und schließlich die andere Tür passieren, um herein oder heraus zu kommen" (Stagl 1983: 83). Übergangsriten, wie sie van Gennep beschreibt, haben eine ähnliche Funktion. Sie sind notwendig, um Menschen den Übergang zu unterschiedlichen Lebensphasen und Lebensräumen zu ermöglichen.

Raum und Zeit sind kultur- und gesellschaftswissenschaftlich betrachtet eben keine abstrakten physikalischen Größen, sondern werden als uneinheitlich erlebt. Räume gliedern sich z.B. in öffentlich und privat, in ein Hier und Dort, Heimat und Fremde; Zeiten in Phasen von Kindheit, Jugend, Alter, oder auch in Arbeits- und Freizeit, Alltag und Fest, gewöhnliche Lebenszeit und Krisenzeit. Wenngleich Raum und Zeit entlang solcher Unterscheidungen gefühlsmäßig subjektiv eingefärbt und bewertet werden, die Einteilung der Lebenswelt in Kategorien wie Jugend und Erwachsenendasein, öffentlich und privat erfolgt überindividuell, und ist in einer Gesellschaft strukturell vorgegeben.

In Analogie zum Bild der Doppeltür gibt es „Zwischenräume, Zwischenzeiten und, ganz allgemein, Zwischenkategorien, die sich gleichsam als ‚Niemandsländer' oder ‚Quarantänen' zwischen die mit verschiedenen Bedeutungen und Gefühlswertigkeiten geladenen Zonen, Phasen und Kategorien des Erlebens schieben, um sie deutlich voneinander getrennt zu halten. [...] So etwa die Verlobungsphase zwischen Junggesellschaft und Ehestand und überhaupt alle

Warte-, Lehr- und Prüfungszeiten, oder räumlich die Wartezimmer und Vorräume" (Stagl 1983: 83).

Für das gesellschaftliche Ganze ist diese Kategorisierung von Raum und Zeit nicht nur sinnvoll, sondern elementar. Die jeweils vorgegebene Ordnung vermittelt Sicherheit und Orientierung; soziale Strukturen können auf diese Weise erst entstehen. Allerdings werden Übergänge zum Problem. Das vertraute Terrain muss verlassen werden und alles Unbekannte wirkt bedrohlich. Solche von Unsicherheit begleiteten Übergänge lassen sich auf ganz unterschiedlichen Ebenen wahrnehmen. Der Übergang vom Siezen zum Duzen wäre ein Beispiel aus dem Alltag. Andere wären der Übergang vom Feind zum Freund, oder der Gang vom Dorf in den Urwald. Dramatischer sind Übergänge, die eine tiefergehenden Transformation des Individuums nach sich ziehen: religiöse Konversion, Eheschließung, die Geburt eines Kindes, die Diagnose ‚Krebs'.

In solchen Situationen, so schreibt Stagl, lässt uns die Routine im Stich und es ist hilfreich, wenn es „gesellschaftlich anerkannte Formen gibt, in denen sich Übergänge in ‚richtiger' Weise bewerkstelligen lassen, d. h. also Routinen für die Bewältigung von Krisensituationen. Solche bieten uns die gesellschaftlichen Spielregeln oder Bräuche: es sind die Älteren, die das Du-Wort anbieten, es ist der Mann, der die Avancen macht, man wirft den Fehdehandschuh, man gratuliert oder kondoliert" (Stagl 1983: 84). Dabei handelt es sich zunächst nicht um Übergangsrituale, sondern lediglich um ritualisierte Formen der Kommunikation. Für dramatische Formen des Übergangs – Geburt, Pubertät, Heirat, Tod – sind indes wirkungsvolle Rituale gefordert. Verhalten wird dabei in besonderer Weise formalisiert. Symbole und Prozesse der Symbolisierung dienen dazu, auf etwas Außeralltägliches, auf etwas, das jenseits der normalen Lebenswelt liegt, zu verweisen. Für solche Wendepunkte des Lebens, in denen die gewohnten Denkkategorien fragwürdig werden und sich Unsicherheit und Angst breit machen, sind in vor-modernen Gesellschaften besonders ausgeprägte Rituale verfügbar (Stagl 1983: 84). Unordnung, Krise und Angst werden in Ordnung, Struktur und Sinn überführt. Dabei dienen solche Riten nicht nur den direkt Betroffenen (Initianden, Heiratspartner, Sterbende), sondern sie schützen auch Angehörige und die erweiterte Gemeinschaft vor Krisen und Unordnung.

Van Gennep zeigt nicht nur die Universalität von Übergangsriten, er wendet sich gegen die isolierende Betrachtungsweise seiner Zeitgenossen. Betont werden Bedeutung, zeremonielle Gesamtheit und Sequenz (van Gennep 2005: 20 f.). Van Gennep liefert damit ein brauchbares Modell zur Erfassung von dynamischen Elementen gesellschaftlicher und individueller Wirklichkeit.

Allerdings ist van Gennep kein Durkheimianer und wird dementsprechend von den Autoritäten der einflussreichen *anneé-sociologique*-Gruppe heftig und abschätzig kritisiert. Van Gennep ist nicht an „Gesellschaft" als struktureller Einheit interessiert und fragt nicht nach der Funktion von Ritualen für die Ordnung und Neuordnung des großen Ganzen, wie dies später für die *Social Anthropology* und insbesondere für die Manchester Ethnologen so wichtig wird. Gluckmans Urteil über van Gennep ist dementsprechend distanziert, wiewohl er einen Band herausgibt, der ihm gewidmet ist: „Wenn wir, in der Social Anthropology, jetzt auf die Vergangenheit blicken, blicken wir mehr auf Durkheim und Max Weber, auf Maine und Engels, und andere Denker dieser Art, als auf Frazer und Tylor. Aus unserer Sicht verstanden van Gennep, Frazer und Tylor Gesellschaft nicht gut genug, um uns von Nutzen zu sein" (Gluckman 1962, 14; meine Übs.).

Van Gennep erkennt jedoch den inneren Mechanismus von Übergangsritualen und damit ein grundlegendes Prinzip menschlicher Kultur, dessen Gültigkeit später vielfach bestätigt wird. Van Genneps Ansatz, so erläutert Stagl, kann man am besten verstehen, „wenn man davon ausgeht, daß er das Ritual als eine universale menschliche Ausdrucksform jenseits der sich in der Geschichte wandelnden Sprachen verstand. Er mußte demnach die Existenz immer und überall gültiger und nur durch einen raum-zeitlich universellen Vergleich zu entschleiernder Gesetze des Rituellen annehmen. ‚Les Rites des Passage' ist also ein Stück ritueller Grammatik" (Stagl 1983: 85).

Wenn nun aber mit dem Typus Übergangsritual und seiner Verlaufsform etwas Universales gefunden ist, dann müssen auch die Gegenwart, und damit komplexe moderne Gesellschaften, in die ethnologische Betrachtung einbezogen und die Frage gestellt werden, über welche Bedeutung und Kraft solche Rituale dort verfügen.

Hier setzt Victor Turners Interesse an van Gennep ein. Auch ihm geht es um Einsichten in eine universelle Sprache des Rituals. Die Grundzüge ihrer Grammatik glaubt er in den Übergangsritualen der Ndembu erkannt zu haben.

Turner legt das ethnologische Vergrößerungsglas über die mittlere, die sogenannte liminale Phase (lat. limen = Schwelle), um im Detail die hierin stattfindenden Abläufe zu studieren. Ndembu-Übergangsrituale und Übergangsrituale anderer vor-industrieller, tribaler Gesellschaften dienen als erläuterndes Material. Das zentrale Wesensmerkmal dieses rituellen „Dazwischen", so zeigt Turner, sind die hier zum Ausdruck kommenden Paradoxien. Der Zustand der Neophyten ist auffallend mehrdeutig. Sie gelten für die Gesellschaft regelrecht als tot, sind von ihr abgetrennt, und sie befinden sich während der Übergangszeit in Gesellschaft von Ahnengeistern oder Monstren, die die Toten repräsentieren. Neophyten werden als Leichen und/oder als Säuglinge oder Embryos behandelt. Man misst ihnen Attribute der Auflösung (Dreck, Erde, Fäulnis) zu, sie gelten als geschlechtslos oder als zweigeschlechtlich. Die Demütigungen, die die Initianden erdulden müssen, zerstören den früheren Status, lehren Demut und bereiten den neuen Status vor. In ihrer Nacktheit verdichten sich Hierarchielosigkeit und Egalität. Neophyten werden zur *prima materia*, zu ungeformtem Rohstoff in einem Wandlungsprozess zwischen Tod und Wachstum, symbolisch repräsentiert durch Mond, Tunnel, Schlange u. ä. m. Im Stadium von Liminalität werden damit auf einzigartige Weise die Gegensätze eines „weder-noch" und eines „sowohl-als-auch" konkretisiert. Im Schwellenzustand erfolgt die Konfrontation der Neophyten mit den „sacra", den heiligen Objekten, und damit vollzieht sich die Enthüllung des „Wirklichen". Ethische und soziale Pflichten, technologische Fertigkeiten werden gelehrt – das Innerste einer Gesellschaft und Einsichten über den „Platz des Menschen im Kosmos" offenbaren sich darin. Kultur wird auf die jeweils essentiellen Elemente reduziert. Die Initianden lernen somit, in abstrakter Weise über die eigene Gesellschaft nachzudenken. Liminalem Erleben wohnt Reflexivität inne.

Victor Turner charakterisiert das Typische des Schwellenzustandes aus dem Kontrast mit dem Statussystem. Dies geschieht in binären Gegensatzpaaren (Turner 1989a: 105):

Schwellenzustand	**Statussystem**
Übergang	Zustand
Statuslosigkeit	Status
Anonymität	Bezeichnungssysteme
Besitzlosigkeit	Besitz
Sexuelle Enthaltsamkeit	Sexualität
Sakralität	Säkularität
Sakrale Einweisung	technisches Wissen
Dummheit	Klugheit
Simplizität	Komplexität
Hinnahme von Schmerz und Leid	Vermeidung von Schmerz und Leid

Während das Verhältnis der Neophyten zu den Erziehern, den rituell Ältesten, ausgeprägt hierarchisch strukturiert ist, ist das Verhältnis der Neophyten untereinander durch Gleichheit charakterisiert. Die liminale Gruppe ist eine Gemeinschaft, in der sich gleichberechtigte Individuen begegnen, fern jeglicher struktureller Positionsbestimmungen und hierarchischer Unterscheidungen. Hier ist der Raum für die Entfaltung reinen Menschseins. Das im Schwellenzustand aufkommende Gefühl der Humanität hat mystischen Charakter. Turner bezeichnete diese Gemeinschaft mit dem Begriff „Communitas" (Turner 1969/1989a). Communitas ist wesentlich „anti-strukturell" und verhält sich zur „Struktur" einer Gesellschaft dialektisch. Communitas als Gemeinschaft des Schwellenzustandes lässt sich im selben Muster von Gegensatzpaaren illustrieren (1989a: 105).

Communitas	**Struktur**
Homogenität	Heterogenität
Totalität	Partialität
Gleichheit	Ungleichheit
Nacktheit od. uniforme Kleidung	Kleidungsunterschiede
Selbstlosigkeit	Selbstsucht
Totaler Gehorsam	Gehorsam nur gegenüber höherem Rang
Demut	gerechter Stolz auf Position
Schweigen	Sprechen

Aus der Sicht der an „Struktur"-Erhaltung Interessierten erscheint Communitas bedrohlich und gilt als verunreinigend und anarchisch. Doch gleichzeitig ist Communitas Quelle des Humanen, aus der jede Gesellschaft sinnstiftende und erneuernde Kraft schöpft:

> „Communitas ist im wesentlichen eine Beziehung zwischen konkreten, historischen, idiosynkratischen Individuen. Diese Individuen sind nicht in Rollen oder Statuspositionen aufgeteilt, sondern stehen sich eher in Art des Martin Buberschen ‚Ich und Du' gegenüber. Mit dieser direkten, unmittelbaren und totalen Konfrontation menschlicher Identitäten geht ein Modell von Gesellschaft als homogener, unstrukturierter Communitas einher, deren Grenzen sich idealerweise mit denen der Menschheit decken. In dieser Hinsicht ist Communitas etwas ganz anderes als Durkheims ‚Solidarität', eine Kraft, die aus dem Kontrast Eigengruppe/Fremdgruppe erwächst" (Turner 1989a: 128 f.).

Turner gelingt es, die von ihm herausgearbeitete Konfiguration von Liminalität-Communitas in etwas bestechend Modellhaftes zu wenden. Die Gegenübestellung von Communitas zu Struktur in den genannten Gegensatzpaaren lädt dazu ein, unterschiedliche sozio-kulturelle Erscheinungsformen vor diesem Hintergrund zu analysieren.

Das Communitas-Konzept nimmt in Turners Denken eine Schlüsselrolle ein. Dies geschieht keineswegs im „luftleeren" Raum, sondern ist eng mit dem „Zeitgeist" verwoben. Im Folgenden soll daher seine kulturgeschichtliche Einbettung dargelegt werden. Bei seiner Charakterisierung von Communitas als Quelle für und Modell von universaler Menschlichkeit, ist Turner stark von eigenen Erfahrungen nicht nur als Teilnehmer von Ndembu-Ritualen geprägt. Seine Zeit in der Bombensuchtruppe während des Krieges ist dabei prägend. Er ist Teil einer Gemeinschaft, die „auf Gedeih und Verderb" aufeinander angewiesen ist und in der Status und Hierarchie keinerlei Rolle spielen (Turner 1975: 22 f.). Nach seinem Wechsel in die USA ist Victor Turner durchweg beeindruckt von alternativen

Lebensentwürfen und neuen Gemeinschaftsformen, vom Romantizismus und der Heilserwartung der amerikanischen „Gegenkultur" (Grimes 1990: 21). In keinem biographischen Abriss fehlt daher der Hinweis auf den „Spirit of the Sixties" (Farrell 1997), der das Private zum Politikum macht und das Anti-Strukturelle zum Programm und zur Lebenspraxis werden lässt.

Das Interessante an Victor Turners Denken ist nicht nur der Umstand, dass er aus diesem Geist der Zeit Inspiration für seine Kulturtheorie schöpft. Bemerkenswert ist auch, dass seine Texte umgekehrt Rückwirkungen auf gesellschaftliche Experimente, rituelle Praktiken und utopische Modelle zeitigen.

Wenngleich „Counter-Culture" erst Ende der 1960er Jahre durch den Historiker Theodore Roszak (1968) zum geflügelten Begriff wird, kündigen sich kulturelle Gegenbewegungen in den USA bereits in den 1950er Jahren an. Viele Jugendliche sind von einem Gefühl erfasst, „aus dem Rahmen zu fallen", keinen Platz in der Gesellschaft zu finden, und dieses Empfinden macht den Randseiter zu einer eigenen Sozialfigur. Der Hobo, der Wanderarbeiter, der als Eisenbahntramp durchs Land zieht, wird hier zum Idol. Die Idealisierung von Freiheit als Zustand von permanentem Unterwegssein betreibt am wirkungsvollsten der Schriftsteller Jack Kerouac (1922–1969). Er wird, zusammen mit Allen Ginsberg (1926–1997) und William S. Burroughs (1914–1997), zum Mitbegründer der Beat-Generation und Pop-Literatur. Kerouacs Fahrten durch die USA zwischen 1947 und 1950 sind in seinem Buch *On the Road* (1957) beschrieben. Existenzielle Intensität, Alkoholexzesse, rastlose innere und äußere Suchbewegung – all dies wird zum Lebensstil der ersten Jugendbewegung nach dem Krieg.

In der entstehenden Hippie-Bewegung der 1960er Jahre wird Kerouacs *On the Road* zur Gebrauchsanleitung und Bibel gleichermaßen. Während jedoch die Beat-Generation, wenig politisch, einen exzentrischen Individualismus (und Bebop-Jazz als Ausdruck ihres Lebensgefühls) pflegt, versteht sich die Hippie-Bewegung als gegenkulturelle Antwort auf Technokratie, Kriegstreiberei und eine satte Überflussgesellschaft. Fühlen sich die Beatniks als Ausgestoßene, als „lost generation", so entscheiden sich Hippies freiwillig gegen den Mainstream und markieren sich selbst als Randseiter, in Kleidung, Haartracht, Musik und Drogengebrauch. Die Bürgerrechtsbewegung mit ihren bewährten Protestformen stellt in mancherlei Hinsicht Vorreiter und Beispiel dar.

Getragen wird diese Bewegung durch die sogenannten Baby-Boomer, jener Generation der zwischen 1950 und 1965 Geborenen. Es sind Kinder der gut situierten, aufwärts mobilen, weißen Mittelschicht, die unter sozialer Kälte, Materialismus und dem rigiden Moralismus ihrer Eltern leiden. Die Ursprünge der Hippie-Bewegung liegen nicht in einem krisenhaften Versagen des US-Kapitalismus, sondern in seiner Effektivität. Hinter den Fassaden der „schönen neuen Welt" gähnen Langeweile und Sinnlosigkeit. Die Institution Christentum wird hinterfragt. Versatzstücke östlicher Religionen, Zen-Buddhismus und Varianten neo-hinduistischer Bewegungen stoßen hingegen auf lebhafte Nachfrage. Die religiöse Landschaft Amerikas verändert sich. Im Mittelpunkt steht eine Individualisierung von Religion, statt Kirche wird diffuse Spiritualität prägend und der religiöse „Marktplatz" um neue Angebote reicher (Roof 1993, 2001). Der „religiöse Sucher" wird in den 1960er Jahren zum verbreiteten Typus. Die neoromantischen Sucher-Romane Hermann Hesses, *Siddharta* (1922) und *Steppenwolf* (1927), werden in den USA zur Kultlektüre und Hesse zum meistgelesenen deutschen Autor überhaupt.

Die Bewegung breitet sich, außerhalb der urbanen Zentren San Francisco und New York, vor allem im Milieu der Campus-Universitäten aus. Auch die Geschichte der im engeren Sinne politischen Bewegung, die man später die „68er" tauft, setzt dort ein. Im September 1964 verbietet die Leitung der Universität in Berkeley das Aufstellen von Büchertischen, worauf es zu spontanen Gegenreaktionen, Sit-Ins und Polizeieinsatz, kommt. In den folgenden Tagen erfassen die Spannungen den ganzen Campus. Das *Free Speech Movement*, repräsentiert von Mitgliedern der *Students for a Democratic Society*, findet zunehmend Unterstützung, der Gouverneur von Kalifornien greift ein und macht das Geschehen unfreiwillig überregional bekannt: die Revolte hat begonnen (Gilcher-Holtey 2008: 26 f.). Während sich die Protestbewegung in Europa über Antifaschismus, Antiimperialismus und Antikapitalismus formiert und bis heute vorwiegend als Studentenrevolte gedeutet wird, sind Formen der *„Counter-Culture"* in den USA insgesamt öffentlicher und prägen Lebensstil und Werthaltung.

Die Hippie-Bewegung tritt über Formen organisierter Gemeinschaftlichkeit als neue soziale Bewegung in die Öffentlichkeit. Gesellschaftlicher Protest wird zum Happening: Sit-in, Teach-in, Love-in, Sleep-in. Wohngemeinschaft und Landkommune stellen radikale Alternativen zur Kleinfamilie dar. Das Tribale hat Konjunktur. Überschaubare, sich selbst versorgende Gemeinschaften abseits der dekadenten Städte gelten als Ideal. Rock-Musik wird zum Medium, das sinnstiftende Botschaften – „All you Need is Love" – erstmals global transportiert und grenzüberschreitend gemeinschaftsbildend wirkt. Rock-Konzerte sind bis dahin nicht gekannte Massenereignisse, die ekstatisches Gemeinschaftsgefühl, Fest, Sinnstiftung und politische Manifestation zu verknüpfen imstande sind.

Kalifornien ist für diese Bewegung eine Keimzelle besonderer Art. Trends der *Counter-Culture* werden hier in Konkurrenz zur urbanen East Coast erschaffen. Im Stadtviertel Ashbury Heights und dem benachbarten Golden Gate Park in San Francisco wird eine neue Kultur des Zusammenlebens experimentell erprobt und öffentlich sichtbar. Legendär ist das *Human-Be-In* im Januar 1967, an dem sich 20 000 Hippies beteiligen und das zwei Monate später in New York durch das *Central-Park-Be-In* seinen Widerhall an der Ostküste erfährt. Zum Mythos und Höhepunkt der Bewegung wird das Woodstock-Festival im August 1969, das eine halbe Million Menschen anlockt, und den gesamten Straßenverkehr um New York lahmlegt. Der Widerstand gegen den Vietnam-Krieg wird hier nicht als linke System-Kritik vorgetragen, sondern mit dem Zelebrieren von Gemeinschaft und dem Inszenieren von „Love-and-Peace".

Bereits 1961, während seines Aufenthaltes in Palo Alto, wenige Kilometer südlich von San Francisco, kommt Victor Turner mit den Beatniks in Berührung und seine neuen Freunde begeistern ihn für Jack Kerouacs *On the Road*, die Lyrik von Allen Ginsberg und Gary Snyder. 1964, auf dem Campus der Cornell Universität, ist die Hippie-Bewegung nicht zu übersehen, und Edith Turner erlebt dort ihr erstes *Love-in* (Engelke 2004: 30). Für eine zum Katholizismus konvertierte Britin, deren Eltern Anglikaner Missionare sind, ist diese Berührung mit der amerikanischen *Counter-Culture* ziemlich beeindruckend.

Kurz nach Ankunft in den USA, im März 1964, spricht Victor Turner auf dem Jahrestreffen der amerikanischen Ethnologen. Er hält den Vortrag, den er noch jenseits des Atlantiks begonnen hatte: „Betwixt and Between: The Liminal Period in Rites de Passage."[11] In den folgenden Jahren arbeitet er die Konzepte Liminalität und Communitas weiter aus, und der Eindruck drängt sich auf, Turner kommentiert und interpretiert damit das Zeitgeschehen.

In seinem Buch *The Ritual Process: Structure and Anti-Structure*, das 1969 erscheint, nehmen die Ndembu zwar einen prominenten Stellenwert ein, doch entscheidend ist hier der Brückenschlag hin zu Beispielen unterschiedlicher Bewegungen in Geschichte und Gegenwart. Das Buch macht Turner weit jenseits der Ethnologie bekannt und ist bis heute sein wirkungsvollstes. Rituelle Liminalität, behauptet Turner, kennt jede Gesellschaft. Sie ist im Kern aller Lebensübergangsrituale enthalten. Daneben sind aber auch Ausdrucksformen und Symbole, die die „Macht der Schwachen" bekunden, in vielen Kulturen verfügbar. Ihre Repräsentanten sind „Heilige Bettler", Hofnarren, Clowns, randständige Gruppen, aber auch Propheten und Künstler. Zu den Erscheinungsformen der Communitas rechnet Turner Heilserwartungsbewegungen, aber auch die Verhaltensnormen der sogenannten „Beatgeneration". Schließlich zeigen ihm vor allem auch Lebensformen und Ziele der Hippie-Bewegung deutlich Aspekte von Communitas (Turner 1989a: 111).

Die etymologische Ähnlichkeit „Existenz" und „Ekstase" sei interessant, schreibt Turner, „existieren heißt ‚außerhalb stehen' – d. h. außerhalb der Totalität von Strukturpositionen, die man gewöhnlich in einem Sozialsystem einnimmt,

---

[11] Der Artikel erscheint erstmals als Konferenzpapier in: Helm, June (ed.): Proceedings of the 1964 Annual Spring Meetings of the American Ethnological Society, Washington 1964, S. 4–20. Enthalten ist der Aufsatz im Sammelband *The Forest of Symbols*, siehe Turner 1967e.

stehen. Existieren heißt in Ekstase sein. Für die Hippies – wie für viele millenarische und ‚enthusiastische' Bewegungen – ist die Ekstase der spontanen Communitas das *Ziel* menschlichen Strebens" (Turner 1989a: 134 f.).
Hippies und die anderen marginalen Gestalten und Gruppen sind strukturell unterlegen, und sie vertreten dabei eine „offene" im Gegensatz zu einer „geschlossenen Moral". Zur Kennzeichnung der besonderen Qualität von Communitas verweist er auf den jüdischen Religionsphilosophen Martin Buber (1878–1965) und dessen Verständnis von Gemeinschaft:

> „Gemeinschaft aber … ist das Nichtmehr-nebeneinander, sondern Beieinander einer Vielheit von Personen, die, ob sie auch mitsammen sich auf ein Ziel zu bewege, überall ein Aufeinanderzu, ein dynamisches Gegenüber, ein Fluten von Ich und Du erfährt: Gemeinschaft ist, wo Gemeinschaft geschieht" (Buber 1984: 185; zit. in Turner 1989a: 124).

Communitas ist wesentlich spontan, unmittelbar und konkret und steht damit im Gegensatz zum institutionalisierten und normenbestimmten Wesen der Sozialstruktur. Communitas ist eine verändernde Kraft. Sie dringt, so schreibt Turner, in der „Liminalität durch die Lücken der Struktur, in der Marginalität an den Rändern der Struktur und in der Inferiorität von unterhalb der Struktur ein. Sie gilt fast überall auf der Welt als sakral oder ‚heilig', vielleicht weil sie die Normen, die strukturierte und institutionalisierte Beziehungen leiten, überschreitet oder aufhebt und von der Erfahrung beispielloser Kraft begleitet ist" (Turner 1989a: 125).
Vor allem in „liminalen" Umbruchszeiten komplexer Gesellschaften gewinnen Communitas-geleitete Bewegungen an Einfluss und Anziehungskraft. Turner spricht von der Sonderform der Krisen- oder Katastrophen-Communitas oder der apokalyptischen Communitas. Solche Bewegungen entwickeln eine eigene apokalyptische Mythologie, Theologie oder Ideologie. Das Zusammenspiel von Religion und Politik wird in solchen Fällen besonders augenfällig, da in solchen Visionen des Untergangs oder drastischen Wandels das Gesamte von Kultur, Gesellschaft, ja Welt einbezogen ist (Turner 1989a: 147).
In diesen liminalen Gemeinschaften stellt sich Kultur in Verdichtung und Reduktion dar. Die elementaren Elemente einer Kultur sind auf ihren existenziellen Kern reduziert. Möglich wird dies über die Fähigkeit und Wirkung der Symbole. Diese Reduktion erlaubt das Spiel mit diesen Elementen und ermöglicht neue, bislang unbekannte Kombinationen dieser Elemente. Turner sieht in der Zone der Liminalität und der hier möglichen „Arbeit" der Symbole eine Quelle von Kreativität, die nicht nur rituelle und künstlerische Kreativität beinhaltet, sondern auch soziale und kulturelle Kreativität befördert (Turner 1967a: 106; Grimes 2000: 265).

Communitas als Modell der spontanen, hierarchielosen, Ich-Du Begegnung und des überwältigenden Gemeinschaftserlebens ist eine Sache; Communitas als Prozess die andere. Communitas verliert ihre Ursprungsqualitäten im Zuge der Zeit. Turner macht auf eine Verlaufsform aufmerksam, die gesetzmäßig erfolgt. Aus spontanem Communitas-Erleben erwächst die Tendenz zu Routine, Strukturierung und damit Hierarchisierung von Communitas. Seine These verdeutlicht er an der Entwicklung der frühen franziskanischen Bewegung und der bengalischen Sahajiyas im 15. und 16. Jahrhundert. Die Abkehr von und Kritik an gesellschaftlichen Normen, Reichtum und Statusstreben, die Solidarisierung mit Außenseitern, Armen und Schwachen sind typisch. Aus einer von den Gründern und ihren Anhängern gelebten Liminalität und Communitas wird alsbald, aufgrund struktureller Zwänge, ideologische Communitas oder gar normative Communitas, welche ihrerseits wiederum gegenstrukturelle Bewegungen provoziert (Turner 1969/1989a, 1982/1989b). Struktur, so die daraus abgeleitete zentrale These, ist ein historisches Erfordernis, „weil eine Gruppe der Struktur bedarf, um im Zeitablauf ihre Form zu behalten. Strukturlose Communitas kann Menschen nur vorübergehend aneinander binden" (Turner 1989a: 147).

Da die von Turner beschriebenen liminalen Phänomene, abgeleitet aus den rituellen Kontexten agrarischer Gesellschaften, bei ihrer Übertragung auf komplexe Gesellschaften zunehmend unangemessen erscheinen, unterscheidet Turner später zwischen „liminal" und „liminoid". Als ausgesprochen liminoides Phänomen wird z. B. die Pilgerschaft charakterisiert (Turner/Turner 1978), und in seiner Arbeit zum Verhältnis von Ritual zu Theater und Spiel ordnet Turner liminoide Bereiche der Kunst und Unterhaltung zu. Liminoide Phänomene komplexer Gesellschaften haben fragmentarischen, pluralistischen, experimentellen und spielerischen (ludischen) Charakter, sie sind meist individuelle Hervorbringungen und Teil sozialer Kritik. In modernen Gesellschaften bestehen Liminales und Liminoides, wie Turner schreibt, in einer Art kulturellem Pluralismus gleichzeitig nebeneinander (Turner 1989b: 82–87).

Mit den Werken *The Forest of Symbols* (1967a), *The Drums of Affliction* (1968) und *The Ritual Process: Structure and Anti-Structure* (1969) macht sich Turner einen Namen als herausragender Ritual-Forscher. Vor allem in seiner Studie *The Ritual Process* (1969, 1989a) werden die Kategorien Liminalität und Communitas mit zahlreichen historischen und gegenwartsbezogenen Beispielen, und in einem durchweg anregenden Schreibstil, vorgestellt. Dieses Buch bietet zudem zahlreiche Anknüpfungspunkte für Disziplinen wie etwa Geschichte, Theologie, Religions- und Literaturwissenschaft. Turner gelingt es, die Einsicht van Genneps in die existenzielle Bedeutung und Notwendigkeit von Ritualen zeitgemäß aufzubereiten. Dies geschieht in einer Dekade, in der Soziologen mehrheitlich davon überzeugt sind, dass die beobachtbare beschleunigte Modernisierung der westlichen Welt zwangsläufig zu einem Bedeutungsverlust von Religion führt. Das Säkularisierungsparadigma gilt unter fortschrittlichen Intellektuellen diesseits und jenseits des Atlantiks als Selbstverständlichkeit. Demgegenüber stellt Turner sein Credo vom „rituellen Menschen", das er mit einem Zitat der Ethnologin Monica Wilson unterstreicht: „Rituale bringen tief verborgene Werte zum Ausdruck. [...] Im Ritual drücken Menschen das aus, was sie am meisten bewegt, und da es sich um eine konventionalisierte und obligatorische Ausdrucksform handelt, werden im Ritual Gruppenwerte offenbart. [...] Ich sehe im Studium der Rituale den Schlüssel zum Verständnis der inneren Konstitution menschlicher Gesellschaften" (M. Wilson 1954: 241; zit. in Turner 1989a: 13).

Vergleichende Symbologie und prozessuale Symbolanalyse

Die analytischen Kategorien Soziales Drama, Liminalität und Communitas gehören zu den kreativen Schöpfungen Victor Turners. Von weiterer, großer Bedeutung sind seine Arbeiten an der Kategorie *Symbol*, die in engem Zusammenhang mit seiner Ritualforschung stehen und die ihn bis Ende der 1970er Jahre beschäftigen. Begriffe wie *Prozessuale Symbolanalyse* oder auch *Vergleichende Symbologie* sind neue Begriffsschöpfungen, die Edith und Victor Turner durchgehend verwenden, um die eigene theoretisch-originelle Zielrichtung auszuweisen.

Diese Entwicklung der Symbologie ist verbunden mit einem erneuten Ortswechsel. Die Universität Chicago bietet Turner die Mitgliedschaft im *Commitee on Social Thought* an und gleichzeitig eine Professur am ethnologischen Department. Das intellektuelle Milieu in Chicago scheint reizvoll (Engelke 2000: 847). Gesprächspartner, und Mitglieder des genannten Komitees, sind u. a. der Schriftsteller Saul Bellow, der Religionswissenschaftler Mircea Eliade, der Kunstkritiker Harold Rosenberg und der Soziologe Edward Shils. 1968 erfolgt der Umzug von Ithaca nach Chicago. Edith und Victor Turner führen in ihrem Haus weiterhin jene *Thursday Nights Seminars* durch, die sich bereits in Ithaca eines besonderen Rufes erfreuten. Geboten werden: hitzige Diskussionen, reichlich Alkohol, rituelle Aufführungen – soviel Communitas wie möglich (Engelke 2004: 30; E. Turner 2006: 99). Thematischer Mittelpunkt sind „Symbol, Mythos und Ritual" und man beschreitet dabei ungewöhnliche Pfade. Nicht nur ethnologische und soziologische Klassiker stehen auf dem Programm, man diskutiert über berühmte Autoren und Philosophen, wie z. B. Dante, Baudelaire, Kierkegaard und William Blake, den Lieblingsautor Victor Turners. Das altbekannte Schema Vortrag-Fragen-Diskussion wird durchbrochen und durch performative Mittel ergänzt oder ersetzt. Ein Student etwa führt ein Irokesen-Ritual auf, was, wie Edith Turner berichtet, bei einigen Anwesenden Trancezustände auslöst (E. Turner 2006: 99). Die häuslichen Seminarveranstaltungen sind nach dem van Gennep'schen Modell eines Übergangsrituals inszeniert, wie sich Eugene Rochberg-Halton, einer der Teilnehmer, erinnert:

„Auf den 45minütigen Vortrag zu Beginn folgte stets eine ‚liminale' Phase des Biertrinkens, der Unterhaltung und der Communitas (hierarchische Unterschiede zwischen Lehrenden, Studenten und zufälligen Besuchern waren vorübergehend aufgehoben). Den Abschluss bildete eine ‚Wiedereingliederungsphase‘, in der man erneut in die Diskussion einstieg" (Rochberg-Halton 1989: 205).

Diese Form des Lehrens und Lernens in ritualisierten Schwellenzuständen erweist sich als außerordentlich produktiv. Nicht ohne Stolz verweist Edith Turner darauf, dass nicht nur endlos viele Publikationen entstehen, sondern aus diesem Kreis mindestens 12 Institutsdirektoren hervorgehen (Engelke 2000: 847).

Um Hintergründe und Ziele von Turners „vergleichender Symbologie" zu verstehen, bieten die Beiträge in *Forest of Symbols* (1967a) die Grundlage. Die Fortentwicklung lässt sich recht gut an dem Aufsatz *Process, System, and Symbol: A New Anthropological Synthesis* (1977a/1985b/1992a) und in dem Band *From Ritual to Theatre* (1982/1989b) erkennen. Schließlich muss auch auf den Anhang in *Image and Pilgrimage* (Turner/Turner 1978: 243–255) hingewiesen werden. Hier sind lexikalische Stichworte zu finden, die eine Hilfe für das Verständnis der prozessualen Symbolanalyse Turners darstellen. Wir werden im folgenden Kapitel darauf zurückkommen.

Am Anfang von Victor Turners theoretischen wie methodischen Ausführungen in *Forest of Symbols* stehen die Symbole im Ndembu-Ritual. Die einzelnen Beiträge dieses Bandes kreisen vielfach um Konstellationen von System und Struktur, und machen aufs Neue deutlich, an welche Gesprächspartner und theoretische Lager sich Turner wendet, um seine Einsichten zu vermitteln. Beim Studium von Symbolen, so ist vorab festzustellen, geht es Turner um exegetische, operationale und positionale Verfahren mit dem Ziel, ihre polysemischen, kondensierten und polaren Qualitäten darzustellen. Was ist damit gemeint?

In den Mittelpunkt stellt Turner das „rituelle Symbol". Rituelle Symbole sind elementare Bausteine, die „Moleküle" des Rituals (Turner 1989a: 21). Der Geist Kavula des *Chihamba*-Rituals ist, um ein Beispiel zu nennen, eine solche Kerneinheit. Das rituelle Symbol dient als Wegmarke, so die Etymologie des Ndembu-Wortes *kujikijila* – „einen Weg markieren" – und als hermeneutischer Schlüssel, wie das Wort *ku-solola* – „sichtbar machen", „enthüllen" – nahelegt (Turner 1967c: 48 f.). Die Funktion von Symbolen als Wegmarken und Deutungsschlüssel ist es, Glaubensvorstellungen, Ideen, Werte, Gefühle sichtbar, hörbar und fühlbar zu machen. Symbole entfalten Wirkung über den rituellen Prozess und machen Verborgenes sichtbar, das Private öffentlich, das Persönliche sozial.

Ein wichtiges Merkmal ritueller Symbole ist ihre ausgesprochene Vieldeutigkeit. Die Vieldeutigkeit des Symbols, ihre „multivocality" und „polysemy" unterscheidet es von der Eindeutigkeit des Zeichens.

Bedeutungen lagern sich in „cluster" im Spannungsfeld zweier Pole, einem „ideologischen" und einem „orektischen". Der ideologische Pol verweist auf die strukturellen Normen und Prinzipien, der orektische oder sensorische Pol (griech.

orektikos = „die Begierde betreffend") stellt physiologische und emotionale Bezüge zu allgemein menschlichen Erfahrungen her. Anders ausgedrückt: Symbole entfalten Wirkung in einer sinnlichen und einer kognitiven Dimension.

Als vielzitiertes Beispiel dient der *mudyi*-Baum (Weißer-Saft-Baum). Seine milchige Flüssigkeit ist verbunden mit dem Aspekt des Stillens und den damit verbundenen Emotionen, aber auch mit Matrilinearität, die die normative Ordnung repräsentiert. Damit konzentriert sich sowohl das Obligatorische wie auch das Erwünschte im Symbol:

> „Unter den stimulierenden Umständen des Rituals kann in den Psychen der Teilnehmer ein Austausch zwischen dem orektischen und dem normativen Pol stattfinden; und durch seine Verbindung zum normativen Pol wird der orektische Pol seines infantilen und regressiven Charakters beraubt, während der normative Pol mit dem mit der Stilsituation verknüpften Lustgefühl aufgeladen wird. Einerseits wird aus der Milchbindung aufgrund der Matrilinearität eine primäre Strukturbindung, andererseits aber – und hier paßt das polare Modell – steht die Milchbindung der Strukturbindung entgegen und leistet ihrer Entstehung Widerstand" (Turner 1967c: 54 f.; zit. in Rochberg-Halton 1989: 208).

Hinzukommt, dass der weiße Saft des *mudyi*-Baumes nicht nur auf Muttermilch, sondern auch auf die Samenflüssigkeit verweist. Weiße Farbe bietet demzufolge sowohl eine feminine wie auch maskuline Assoziationsmöglichkeit. Der rituelle Kontext und die Rezipienten bestimmen demzufolge die symbolische Bedeutung (Turner 1967d: 61, 65).

Mukula ist ein anderes, für die Ndembu wichtiges Symbol. Es handelt sich um ein Ritual mit dem Zweck, Menstruationsbeschwerden zu kurieren. Sein orektischer Pol repräsentiert das „Blut der Geburt", sein normativer Pol die Mutterlinie, und gleichzeitig damit die historische Verbindung der Ndembu mit dem Kongo-Reich Mwantiyanvwa, deren erste Herrscherin Luweji Akonde unter Menstruationsstörungen litt.

Der dornige *Chikoli*-Baum, um ein drittes Beispiel zu nennen, spielt bei der Knaben-Beschneidung eine zentrale Rolle. *Chikoli* steht für Männlichkeit im sozialen wie moralischen Sinne, also für Mut, für Jagdfertigkeit, für Argumentationsgeschick in Rechtsstreitigkeiten. Auf körperlicher Ebene repräsentiert das eisenharte Holz des Baumes, das weder Elefant noch Ameise zu Fall bringen kann, Stärke, insbesondere genitale Erektion und sexuelle Potenz (Turner 1967c: 55).

Turner vereint in dieser polaren Symbolkonzeption Durkheim'sche und Freud'sche Ansätze. Freud ist hier insofern interessant, da dieser für die körperlich-affektive Seite des Menschen ein passenderes Instrumentarium bereithält als Durkheim und die *Social Anthropology*. Symbole besitzen demnach klassifikatorische Eigenschaften im kollektiv-sozialstrukturellen Sinn, aber auch orektisch-affektive Bezüge, die ins Unbewusste reichen (Rochberg-Halton 1989: 208). Für die Generierung von Symbolen und für die Entfaltung ihrer Wirkung spielt der körperliche Moment bzw. körperliches Erleben eine wesentliche Rolle. Dies führt Turner exemplarisch an der Farbsymbolik der Ndembu vor Augen. Die Farben Rot, Weiß und Schwarz finden im Erleben der Körpersubstanzen wie Blut, Sperma und Fäzes ihre symbolische Referenz, die übertragen wird auf das soziale Klassifikationssystem (Turner 1967d).

Um ein Kernsymbol zu entschlüsseln, sind drei Bedeutungsebenen zu berücksichtigen: (1) die manifeste Bedeutung, die dem Subjekt bewusst und voll verständlich ist, (2) die latente Bedeutung, die dem Subjekt nur marginal bekannt ist, und (3) die verborgene Bedeutung, die gänzlich unbewusst ist und die in Beziehung zu frühkindlichen (spezifischen oder allgemeinmenschlichen) Erfahrungen steht.

Die von Turner vorgeschlagene Symbolanalyse verfährt wiederum entlang dreier Bedeutungsebenen: (1) die „exegetische" Bedeutung, die sich aus der Befragung von indigenen Ritualexperten ergibt, (2) die „operationale" Bedeutung erschließt sich aus dem rituellen Umgang mit dem Symbol, aus der Zusammensetzung der Ritualgruppe, aus der affektiven Qualität des Rituals, und (3) die „positionale" Bedeutung, die sich durch den analytischen Blick auf die Beziehung der Symbole untereinander innerhalb des rituellen Ganzen ermitteln lässt.

Turners Symbolanalyse ist konsequent dreidimensional entfaltet (in Modellbildung und Methodik). Später stellt er nach diesem Muster einen Bezug zu den linguistischen Feldern Semantik (Bedeutung von Symbolen), Pragmatik (Verwendung von Symbolen) und Syntax (Beziehung der Symbole untereinander) her. Dabei geht es ihm um eine Auseinandersetzung mit der Semiotik, die sich in den 1960er und 1970er Jahren stark im Aufwind befindet. Insbesondere die Semiologie eines Roland Barthes wird zur Trendwissenschaft mit der Ambition, sich als Meta-Disziplin jenseits von Sprach- und Literaturwissenschaft, Kultur- und Gesellschaftswissenschaften zu etablieren. Für Turner legt es sich somit nahe, sein Projekt einer vergleichenden Symbologie von dieser Zeichenlehre abzugrenzen. Es sind nicht die technischen Aspekte der Linguistik, die interessieren, sondern „die Beziehungen zwischen Symbolen und den ihnen von Benutzern, Interpreten oder Exegeten zugeordneten Begriffen, Gefühlen, Werten, Vorstellungen" (Turner 1989b: 29).

Gerade weil es um das Prozesshafte geht, weicht die Terminologie ab vom linguistischen und kognitiven Strukturalismus, auf die sich die Semiotik bezieht:

„Das Symbol [...] unterscheidet sich vom Zeichen sowohl durch die Vielzahl (Vielstimmigkeit, Polysemie) seiner Signifikate als auch durch die Art und Weise der

Signifikation. Im Falle des Symbols wird durch die umgebende Kultur stets eine Art (metaphorischer/metonymischer) Ähnlichkeit zwischen Signifikant (Symbolträger) und Signifikat(en) hergestellt; im Falle des Zeichens muss eine solche Ähnlichkeit nicht bestehen" (Turner 1992a: 142).

Die Symbologie untersucht zunächst *semantische* und *pragmatische* Dimensionen, nämlich die „Bedeutung in der Sprache und im Kontext. Ihre Daten entstammen *kulturellen Gattungen* oder *Subsystemen* der Ausdruckskultur, die sowohl orale als auch schriftliche Formen einschließen und zu denen man sowohl *Aktivitäten*, die verbale und nichtverbale symbolische Handlungen kombinieren wie Rituale und Dramen, als auch *narrative* Formen wie Mythen, Epen, Balladen, Romane und ideologische Systeme rechnen kann. Ebenfalls dazu gehören nichtverbale Ausdrucksformen wie mimische Darstellung, Skulptur, Malerei, Musik, Ballet und Architektur. Und vieles andere mehr" (Turner 1989b: 29 f., kursiv im Original).

Doch im Gegensatz zur Semiologie, die prozessuale und historische Dimensionen auszuschließen bemüht ist und Systemzustände beschreibt, macht Turner die Analyse der diachronen Dynamik in Umgang und Deutung von Symbolen zu einem besonderen Merkmal seiner Symbologie. Die Ndembu-Forschung, so schreibt er rückblickend, lehrt, dass rituelle Symbole nicht analysierbar sind, „ohne sie in zeitlicher Abfolge und im Zusammenhang mit anderen ‚Ereignissen' zu untersuchen (auch das Symbol faßte ich weniger als ‚Ding', denn als ‚Ereignis' auf), denn Symbole haben ganz wesentlich etwas mit sozialen Prozessen (und, wie ich heute hinzufügen würde, mit psychischen Prozessen) zu tun. Ich begann zu erkennen, daß Rituale besondere Phasen in sozialen Prozessen markieren, in denen Gruppen sich inneren Veränderungen […] und ihrer äußeren […] Umwelt anpassen. Aus dieser Perspektive wird das rituelle Symbol zu einem Faktor im sozialen Handeln, zu einer positiven Kraft in einem Handlungsfeld" (Turner 1989b: 30 f.; Turner 1967b: 20).

Bereits die Darstellung „sozialer Dramen" in *Schism and Continuity* (1957) verbindet Ritualanalyse mit der Untersuchung politischer Prozesse. Grundsätzlich versteht Turner Symbole als „soziale und kulturelle dynamische Systeme […], die im Zeitverlauf sowohl an Bedeutung verlieren und gewinnen als auch ihre Form verändern", und demzufolge sei es irrig, Symbole für bloße „‚Denkkategorien' in zeitlosen logischen oder protologischen kognitiven Systemen" zu halten (Turner 1989b: 31). Symbolen ist ein wesentlich kreatives und innovatives Potential zu eigen, sie sind „sowohl als sinnlich wahrnehmbare Signale (signifiants) wie auch ‚Bedeutungs'-Träger (signifiés) ganz wesentlich an der vielfältigen Variabilität der lebendigen, sich bewußt, emotional und willentlich verhaltenden Menschen beteiligt […]" (Turner 1989b: 32).

Prozessuale Symbolanalyse wird, neben dem Label *Vergleichende Symbologie*, zu einem Turner'schen Markenzeichen. Der Begriff *Processual Symbolic Analysis* ist allerdings keine Eigenschöpfung der Turners, sondern ein Vorschlag des Ethnologen Charles Keyes aus dem Jahr 1976. Er grenzt damit Victor Turners Auffassung, wonach Rituale und Symbole *dynamische* Systeme und Größen darstellen von der Semiotik ab, die diese Dimension gerade nicht beachtet. Die Turners machen sich diesen Begriff zu eigen, insbesondere in ihrer Studie zum Pilgerwesen (Turner/Turner 1978: 243).

In dem Aufsatz *Process, System, and Symbol: A New Anthropological Synthesis*, der erstmals 1977 erscheint, begründet und verteidigt Turner das Prozessuale für die Kultur- und Gesellschaftswissenschaften (Turner 1992a).[12]

Die von ihm entwickelte *Prozessanalyse* stellt er selbst in den Kontext eines unübersehbaren wissenschaftlichen Wandels. In den 1960er und 1970er Jahren wird die Abkehr von positivistischen und statischen Denkmodellen erkennbar. Kritisiert werden insbesondere marxistische Ansätze, die in den materiellen Bedürfnissen der Menschen ihr wichtigstes Verhaltensmotiv suchen, ebenso wie orthodoxe strukturfunktionalistische Positionen in der Tradition von Durkheim und Radcliffe-Brown mit ihrer Tendenz, soziale Phänomene zu verdinglichen. Schließlich ist auch der Strukturalismus eines Lévi-Strauss Gegenstand von Turners Fundamentalkritik.

Seine Kritik stützt sich dabei, wie er erklärt, wesentlich auf die phänomenologische Anthropologie in der Tradition von Edmund Husserl (1859–1939) und Alfred Schütz (1899–1959). Der amerikanische Soziologe Harold Garfinkel (1917–2011), der in den 1960er Jahren eine Ethnomethodologie entwickelt, die das Programm von Alfred Schütz empirisch umsetzt, entfaltet Wirkung, auch in der Ethnologie. Über Husserl und Schütz vollzieht sich eine philosophische Neubegründung der Soziologie; über Garfinkel kommen methodologische Anregungen hinzu. Handlung, Sinn und Subjektivität, mithin Alltagswissen und Alltagsakteure werden zu zentralen Größen der Gesellschaftsanalyse ebenso wie die Kategorie der „Lebenswelt" als „Gesamtzusammenhang der Lebenssphäre" (Husserl). Für diese Schulrichtung gilt der Grundsatz von der „gesellschaftlichen Konstruktion der Wirklichkeit", wie der Titel eines wichtigen Werkes von Peter L. Berger und Thomas Luckmann, zweier bedeutender Schüler von Alfred Schütz, lautet, das 1966 erscheint. Phänomenologische Soziologen untersuchen, wie Menschen Kohärenz, Sinn und Realität über rationale Deutungen und Handlungen herstellen.

---

[12] Der Aufsatz *Process, System and Symbol* wird später in den Sammelband *On the Edge of the Bush* (Turner 1985a) aufgenommen. Er erscheint 1992 in deutscher Übersetzung in *Das Schwein des Häuptlings. Beiträge zur historischen Anthropologie*, hrsg. von Rebekka Habermas und Niels Minkmar (= Turner 1992a).

Die soziale Interaktion, die Aushandlung von Bedeutung, generell Prozesse der Bedeutungszuschreibung, interessieren Phänomenologen ebenso wie Victor Turner. Aus dieser Perspektive wird erkennbar, dass Durkheim es versäumt, „die Prozesse (einschließlich der gemeinsamen Symbole, Gesten und Sprache) zu analysieren, durch welche die soziale Interaktion eine soziale Realität hervorbringt, die sich von derjenigen der sie produzierenden Individuen unterscheidet. Sowohl die Prozeßanalyse wie die phänomenologische Anthropologie entdinglichen dagegen die kollektiven Repräsentationen. Denn sie führen diese Repräsentationen auf Handlungen von Personen zurück, die immer wieder versuchen, die sozialen Bedeutungen zu bewahren, abzuändern oder zu unterminieren" (Turner 1992a: 132).

Eine ähnlich kritische Distanz legt Turner auch gegenüber der strukturalistischen Symbolauffassung von Lévi-Strauss an den Tag. Dieser reduziere ein Symbol zu einem beliebigen Baustein eines Binärgegensatzes, und das Symbolsystem werde, so Turner, aus dem sich ständig wandelnden komplexen, von Wünschen und Gefühlen bestimmten sozialen Leben herausgenommen. Diese Behandlung überführe das Symbolsystem in einen dualistischen *rigor mortis* – in Totenstarre (Turner 1989b: 32; 1992a: 134 f.). Der Weg der strukturalen Anthropologie, aus empirisch beobachtbaren Fakten auf Unbewusstes und Strukturelles zu schließen und von dort auf Kybernetisch-Neuronales und Universelles, ist für die Prozessanalyse nicht gangbar. Die Logik, wonach das Beobachtbare stets Oberflächenphänomene von Tiefenstrukturen seien, die gleichzeitig immer auch fundamentale kognitive Beschränkungen auferlegen und innovatives Verhalten verhindern, kann nicht geteilt werden.

Die Forderung des Tages ist es, die entscheidende Rolle von „Bedeutung und Symbolisierung" zu erkennen. Gefragt ist ein dynamischer Kulturbegriff und die inter-systemische Analyse: Turner strebt dabei eine „neue anthropologische Synthese" an, die Biologie, Ökologie, Kulturanthropologie verknüpft. Kultur muss als Prozess verstanden werden, „weil sie in Interaktion mit den (ebenfalls dynamischen) biologischen und ökologischen Systemen entsteht" (Turner 1992a: 130).

Turner argumentiert im Folgenden mit Ergebnissen seiner Ritualforschung. Ausführlich referiert er van Genneps Untersuchungen zu Lebenszyklus- und Jahreszyklus-Riten und seinen eigenen Aufsatz *Betwixt and Between*, der sich auf liminale Wandelvorgänge konzentriert. Rituale und rituelle Symbole verfügen über Reflexions- und Veränderungspotential. Entgegen der herkömmlichen Symbolauffassung sind rituelle Symbole „keine bloßen Verdichtungen der etablierten kulturellen Werte" und damit nicht automatisch „Eckpfeiler des gesellschaftlichen Konservatismus". „Viel eher ist es, zumal in seinem liminalen Stadium, die verändernde Kraft, aus der Kultur und Struktur immer neu entspringen […]. Den alten Signifikanten können durch kollektive Praxis neue Signifikate zugesprochen werden" (Turner 1992a: 142, 143).

Symbole sind im Gegensatz zu Zeichen nicht in geschlossenen Systemen verankert. Die Dynamik des rituellen Übergangsbereiches befördert hingegen die grundsätzliche semantische „Offenheit" der Symbole.

Die öffentliche Bedeutung eines Symbols kann durch individuelle ergänzt werden. Solche „Privatkonstruktionen" wiederum können „Teil der öffentlichen Hermeneutik oder standardisierter Interpretation werden, vorausgesetzt der Urheber der semantischen Manipulation besitzt genügend Macht, Autorität, Prestige oder Legitimität, um seine Interpretation dauerhaft durchzusetzen", wie dies vor allem an politischen Symbolen zu sehen ist (Turner 1992a: 143). Schöpfung und Auslegung von Bedeutung stehen aufs engste mit politischen Zwecken und Folgewirkungen in Verbindung (Babcock/MacAloon 1987: 11). Das macht Turner selbst wiederholt deutlich. Zur gleichen Zeit als er seine „Symbologie" entwickelt, beschäftigt er sich intensiv mit politischer Ethnologie. Über sein dynamisches Konfliktmodell des sozialen Dramas und angeregt von Kurt Lewins „Feldtheorie des Sozialen" führt er u. a. die Konzepte „Feld" und „Arena" ein (vgl. Swartz/Turner/Tuden 1966; Turner 1968b, 1974).[13]

Turner verweist in *Dramas, Fields and Metaphors* (1974) auf religiöse und sozialrevolutionäre Bewegungen, die verdeutlichen, welches politische Veränderungspotential Communitas-Orientierung in sich bergen kann. Die Ermordung des Erzbischofs von Canterbury Thomas Becket (1118–1170) und der Kampf um die mexikanische Unabhängigkeit, für die der charismatische Priester Miguel Hidalgo y Costilla (1753–1811) zur Schlüsselfigur wird, sind entsprechende Beispiele. Geschichte als „soziales Drama" und die Verzahnung von Religion, Politik und Recht werden damit illustriert. Dieser Zusammenhang behält seine Gültigkeit auch in der Moderne, die von einer prinzipiellen Trennung solcher Sphären ausgeht.

---

[13] Der Psychologe und Philosoph Lewin (1890–1947), der Wahrnehmung, Denk- und Lernprozesse untersuchte, erweitert die Gestalt- und Sozialpsychologie um die Dimension des Raumes. Seine „Feldtheorie des Sozialen" stellt den Einzelnen in das Zentrum von Spannungen, die seine soziale Umwelt aussenden. Dieses Umfeld, „Lebensraum" genannt, und seine Vektor-Kräfte lassen sich, so Lewin, genau bestimmen und mathematisch beschreiben, wiewohl es sich nicht um physikalische, sondern subjektiv wirksame und wahrgenommene Kräfte handelt. Individuelles Handeln ist immer Feldhandeln, jeder wirkt auf jeden. Der Konstrukt-Charakter und die Subjektivität von Weltwahrnehmung, die Entstehung von Entscheidungskonflikten, Kommunikationskanäle im sozialen Feld, aber auch die Dynamik von sozialem Handeln lassen sich in dieser Feldtheorie abbilden. Vgl. Lück 1996.

Der von Lewin benutzte Begriff „Lebensraum" wiederum stammt von dem deutschen Kulturgeographen Friedrich Ratzel (1844–1904). Der Begriff wurde im Lauf des 20. Jahrhunderts häufig aufgegriffen und sozialwissenschaftlich, aber auch politisch instrumentalisiert.

Die Revolution im Iran (1979) ist dafür ein weiteres anschauliches Beispiel. Hans G. Kippenberg zeigt in einem Aufsatz, wie über ein traditionelles Ritual, dem Ashura-Blutopfer, politische Ereignisse nicht nur kommentiert, sondern, etwa in Zeiten gesellschaftlicher Transformationen, auch in Bewegung gesetzt werden können. Ursprünglich als kollektives Erinnerungsritual an die Ermordung von Hoseyn und dessen Getreuen bei Kerbala (im Jahr 680 n. Chr.) entwickelt, erhält es im Lauf der Zeit nicht nur unterschiedliche Funktionen, sondern transportiert unterschiedliche Bedeutungsgehalte. Diese werden jedoch nur dann verständlich, wenn man gesellschaftliche Struktur- und Religionsgeschichte des Iran aufeinander bezieht. Blut und Blutopfer sind hier die zentralen rituellen Symbole, die, polysemisch, das Prinzip der Gegenseitigkeit und Klientelismus, des Verzichts, des Vergeltungsbedürfnisses enthalten. Ashura-Ritual und Symbolik spielen für die Revolution von 1978/79 eine gewichtige Rolle, da hier die Idee von Märtyrertod und Paradiesverheißung plötzlich aktualisiert werden und zwar im Kontext von Massendemonstrationen gegen den Schah. Die revolutionäre Dynamik, so schreibt Kippenberg, kann „ohne die Ritualisierung des Straßenkampfes nicht begriffen werden" (Kippenberg 1981: 248).

Das Beispiel illustriert bestens Turners Einsichten in die transformatorische Kraft von Ritual und Symbol. Die gesellschaftliche Krise, Teil des sozialen Dramas, ist begleitet von spontaner Communitas, und über rituelle Symbole von Opfer und Heilserwartung wird Reflexivität (über Machtverhältnisse) erzeugt und revolutionäre Aktion befördert. Symbolische und politische Ethnologie, das zeigen diese Beispiele, sind keine getrennten Bereiche, und Turner macht dies im Rahmen seiner Prozessanalysen immer wieder deutlich.

Die Leidenschaft für Prozesse, so schreibt Turner, sollte indes nicht vergessen machen, dass „Prozesse mit Strukturen verknüpft sind und daß für eine Analyse des sozialen Lebens eine strenge Untersuchung der Beziehung zwischen beiden unabdingbar ist" (Turner 1992a: 132). Regelhaftigkeit und Konsistenz, Kräfte der Systemerhaltung und Systemveränderung sind stets im Blick zu behalten. Gerade im Zustand größtmöglicher Strukturlosigkeit, die die liminale Phase des Ndembu-Rituals kennzeichnet, ist es besonders wichtig, „den roten Faden der ‚gemeinverständlich' konstruierten Ordnung aufrecht zu erhalten", was hier mit Hilfe von *Sacra*, normalerweise verborgen gehaltenen Symbolen bzw. Symbolkonfigurationen, geschieht. *Sacra* repräsentieren die axiomatischen Regeln und Definitionen der Kultur (Turner 1992a: 140).

Die Prozessanalyse steht methodisch mit beiden Beinen in und auf der teilnehmenden Beobachtung. Das existenzielle Sich-Einlassen gehört zum Programm. Die Tatsache, dass der Forscher dabei gerade nicht von außen auf eine Kultur blickt, sondern sozial interagiert, eine bestimmte Rolle einnimmt oder zugewiesen bekommt, in Konflikte verstrickt wird und womöglich selbst Vorurteile entwickelt (und sich dies bewusst machen muss), gilt es bei der Analyse in Rechnung zu stellen.

„Diese Art Symbolanalyse", so macht Turner unmissverständlich klar, „beruht auf Daten, die in der Hitze des Gefechts gewonnen wurden, das heißt in rituellen, juristischen, formellen, informellen, interpersonalen, häuslichen, spielerischen, heiligen und anderen Handlungsprozessen, an denen der Anthropologe als Eingeweihter beteiligt war. Solche Daten unterscheiden sich erheblich von Daten, die aus sicherer Distanz erhoben werden" (Turner 1992a: 143).

Die Ambitionen Turners im Hinblick auf eine „anthropologische Synthese" sind beachtlich. Ein Paradigmenwechsel wird angestrebt, und dieser soll über die Zusammenführung bislang isoliert arbeitender Teildisziplinen in die Wege geleitet werden. Biologische, ökologische und sozial- und kulturanthropologische Konzepte müssten systematisch zu phänomenologisch und empirisch gewonnenen Daten in Beziehung gesetzt werden. Daraus könnte ein Paradigma hervorgehen, „das auf seine Weise jenen Paradigmen vergleichbar wäre, aus denen kohärente Traditionen naturwissenschaftlicher Forschung entstanden." Das Ziel jedoch sei nur zu erreichen, wenn man „unwichtige strukturelle Differenzen begraben" würde. Voraussetzung sei die Bereitschaft sich „auf eine *Communitas* ein[zu]lassen, auf ein Verhältnis ganzer und unvermittelter Kommunikation. Eine solche *Communitas* wäre ein im wesentlichen liminales Phänomen, bestehend aus einer Mischung von Demut und Kameradschaft – geradeso wie im rituellen Prozeß der Liminare in den einfachen Gesellschaften ‚am Ende der Welt'" (Turner 1992a: 145; kursiv im Original).

Auffallend ist, dass Turner weiterhin das Ideal von naturwissenschaftlicher Modellbildung und Gesetzmäßigkeit vor Augen hat und sich hier als Enkel Radcliffe-Browns erweist. Auffallend ist aber auch das Pathos, das Egalität und Gemeinschaft beschwört, und dies in einem Milieu, in dem „Demut und Kameradschaft" alles andere als karrierefördernde Tugenden sind.

Turners Vision einer „anthropologischen Synthese" erfüllt sich nicht. Die 1980er Jahre sind geprägt durch Auflösungstendenzen der Fachidentität. Spürbar sind die Nachwirkungen positivistischer Traditionen wie etwa Neo-Evolutionismus, Neo-Marxismus, Kulturmaterialismus. Andererseits machen sich zunehmend Zweifel an den methodischen und theoretischen Grundlagen der Ethnologie breit. Machtfragen rücken ins Zentrum der Reflexion und hinterfragt wird die Rolle des Ethnologen im Feld und am Schreibtisch. Das Werk von Michel Foucault (1926–1984), das konstruktivistische Paradigma, ein poststrukturalistischer Diskurs-Begriff und eine „Theorie der Praxis", wie sie Pierre Bourdieu (1930–2002) entwirft, werden zum vieldiskutierten Trend. Die Vorstellung, dass sich geisteswissenschaftliche und naturwissenschaftliche Disziplinen unvoreingenommen und demütig verbünden, um nach gültigen Gesetzen menschlichen Zusammenlebens, Denkens und Handelns zu suchen, mutet kühn an in einer Zeit, in der „Wahrheit" als vornehmlich relative und konstruierte Kategorie gilt.

Die prozessuale Symbolanalyse von Victor Turner darf dennoch einen bedeutenden Stellenwert in den Kulturwissenschaften beanspruchen. Die 1960er Jahre sind Gründerjahre der „symbolic anthropology". Abgelöst werden die Kategorien „System", „Funktion" und „Gesellschaft" durch „Kultur", „Bedeutung" und „Verstehen". Victor Turner steht hier direkt neben dem wohl bedeutendsten, zumindest weltweit bekanntesten Ethnologen der Nachkriegszeit, Clifford Geertz (1926–2006). Hält man die Symbolauffassung beider Ethnologen nebeneinander, wie dies Sherry B. Ortner (1984) tut, treten deutliche Unterschiede hervor. Geertz versteht Symbole als Gefäße von oder Fenster auf „Kultur". Symbole ermöglichen Einblicke in das Weltbild und vor allem in das Ethos einer Kultur. Unter Ethos versteht Geertz die „Tönung" einer Kultur und meint damit in erster Linie moralische Grundstimmung und ästhetischen Stil (Geertz 1957). Symbole prägen, so die Überzeugung von Geertz, das Sehen, Fühlen und Denken der sozialen Akteure (Ortner 1984: 129). Allerdings geht er nicht davon aus, es gäbe bestimmte Schlüsselsymbole, deren Kenntnis dann das Tor zu einer Kultur öffnet. Die Idee von überhistorischen, universalen Symbolen, die das Grundmenschliche ansprechen, ist für Geertz eine abwegige Vorstellung. Eine fremde Kultur ist kein abstraktes System und der Schlüssel zu ihr ist die Aktion, nicht allein das Symbol. Von Max Webers Handlungstheorie beeinflusst, versteht Geertz Kultur als Bedeutungszuschreibung durch handelnde Menschen. Die Handlungslogik der Akteure, die sich in einer von Zufälligkeiten geprägten Welt zurechtfinden müssen, folgt weder einer Logik in der Art des Schachspiels noch der einer auf Gewinnmaximierung bedachten Ökonomie. Symbole und symbolisches Handeln hingegen nimmt für Sinnbildungsvorgänge eine wichtige Rolle ein.

Turner hingegen, von Durkheim beeinflusst und bemüht, ein strukturfunktionalistisches Gesellschaftsmodell weiterzuentwickeln, interessiert sich für Symbole als „Operatoren" in sozialen Prozessen. Symbole bewirken, in bestimmten Arrangements und rituellen Kontexten, soziale Transformationen: Initiations-, Jagd- und Heilungsrituale versetzen Akteure in einen neuen sozialen Status, lösen Konflikte, vermitteln gesellschaftliche Werte und Normen (Ortner 1984: 131). Ein weiterer Unterschied liegt im Umgang mit der Kategorie „Bedeutung". Geertz sieht in „Bedeutung" etwas durchweg Dynamisches, das eingehende Problematisierung erfordert. Bedeutung hat mit Interesse, Zweck, Wiederholung und subjektiver Erfahrung zu tun. Die Bedeutung des Hahnkampfes für die Balinesen wird hergestellt durch wiederholtes Zuschauen, emotionales Engagement, durch Reflexion früherer Erfahrung. Für Geertz ist Bedeutungszuschreibung kein einmaliger Vorgang, sondern ein Prozess, den er vergleicht mit der wiederholten Lektüre eines Buches oder Schauspiels (Ortner 1984: 131; Geertz 1995: 256).

Für Turner ist symbolische Bedeutung der Hinweis auf etwas anderes: das Symbol bedeutet ‚Blut' oder ‚Matrilinearität' oder ‚Männlichkeit'. Er übernimmt hier das konventionelle Zeichenmodell der Sprachwissenschaft, das auf Ferdinand de Saussure (1857–1913) zurückgeht. Demzufolge wird zwischen Bezeichnetem (Signifié, Signifikat) und Bezeichnendem (Signifiant, Signifikant) eine Beziehung hergestellt. Turner spricht zwar von Mehrfachbedeutungen, die Symbole haben können, und von kontextabhängiger Bedeutung. Er kategorisiert Bedeutungsebenen (exegetisch, operational, positional), verharrt letztlich aber im semiotischen Verständnis und unterzieht den Begriff „Bedeutung" keiner weitergehenden Reflexion, die mit jener von Clifford Geertz vergleichbar wäre.

Weit mehr als Geertz richten Turner und seine Schülerinnen und Schüler die Aufmerksamkeit auf die Wirkmächtigkeit, ja Eigenwilligkeit von Symbolen, auf ihre emotionale Resonanz und ihre Pragmatik. Symbole, das ist hier eine geteilte Grundüberzeugung, verfügen über „agency". Zentral ist für die Turner-Schule die Frage, „wie Symbole das tun, was Symbol-Ethnologen von ihnen behaupten, nämlich als aktive Kräfte im sozialen Prozess zu agieren" (Ortner 1984: 131; meine Übersetzung).

Dass man mit gewisser Berechtigung von einer Turner-Schule sprechen kann, ist sicherlich dem Ehrgeiz von Turner selbst zuzuschreiben. Für die Außenwahrnehmung von akademischen „Schulen" ist der Faktor Verlagspolitik nicht zu unterschätzen. Vor diesem Hintergrund initiiert Victor Turner 1973 bei der renommierten Cornell University Press (Ithaca) eine Reihe unter dem Titel „Symbol, Myth, and Ritual Series". Hier werden Turners wichtige Arbeiten *Dramas, Fields and Metaphors* (1974), *Revelation and Divination in Ndembu Ritual* (1975) und Neuauflagen von *The Ritual Process* (1977, 1979) veröffentlicht. Hier werden Schriften von befreundeten Kollegen, vor allem aber von Schülerinnen und Schülern publiziert, u. a. von Nancy D. Munn, Eva Hunt, Sally Falk Moore, Barbara G. Myerhoff, Barbara A. Babcock, Frank Manning, Roy Wagner, Ronald L. Grimes. Aufnahme finden zudem Arbeiten von Raymond Firth, Mircea Eliade und dessen Schüler Alf Hiltebeitel.[14] Die regionale Bandbreite der hier vorgelegten Studien

---

[14] Vgl. Nancy D Munn: *Walbiri iconography: graphic interpretation and cultural symbolism in a Central Australian society* (1973); Sally Falk Moore und Barbara G. Myerhoff: *Symbol and Politics in Communal Ideology* (1975); Barbara G. Myerhoff: *Peyote Hunt: The Sacred Journey of the Huichol Indians* (1976); Eva Hunt: *The Transformation of the Hummingbird: Cultural Roots of Zinacantecan Mythical Poem* (1977); Barbara A Babcock: *The Reversible World: Symbolic Inversion in Art and Society* (1978); Roy Wagner: *Lethal speech: Daribi myth as symbolic obviation* (1978); Frank Manning: *Black Clubs in Bermuda; Ethnography of a Play World* (1973); Ronald L. Grimes: *Symbol and Conquest: Public Ritual and Drama in Santa Fe, New Mexico* (1976); Raymond Firth: *Symbols: Pu-*

ist beachtlich. Sie reicht von Papua Neuguinea, Australien über Indien, Mexiko und die Karibik bis in die USA. Innerhalb eines Jahrzehnts wird somit der Facettenreichtum einer Ritual- und Symbolforschung sichtbar, die wesentlich von den Inspirationen Victor Turners geprägt und getragen ist.

blic and Private (1973); Mircea Eliade: *Australian Religions: An Introduction* (1973); Alf Hitelbeitel: *The Ritual of Battle: Krishna in the Mahabharata* (1976).

Image and Pilgrimage:
Edith und Victor Turner auf Pilgerfahrt

Die Jahre in Chicago sind für die Turners eine bewegte Zeit. Die häuslichen Donnerstag-Abend-Seminare sind der Entwicklung einer vergleichenden Symbologie förderlich. Sie fungieren gewissermaßen als antistrukturelle Keimzellen eines neuen Denkens jenseits ausgetretener Pfade und disziplinärer Selbstbeschränkungen. Eine bestimmte Art der Weltbetrachtung wird eingeübt und gleichzeitig feiert sich die Gemeinschaft der Gleichgesinnten. Außerhalb dieser geschützten Bühnenräume für die Erprobung des Antistrukturellen findet die Revolte im großen Stil statt, an vielen Orten, weltweit.

Die Chronik des Jahres 1968 ist voller Gewaltexzesse: der Vietnamkrieg sorgt für Schlagzeilen durch die Tet-Offensive (Januar) und das My Lai Massaker durch US-Truppen (März), am 1. Februar tötet der Polizeichef von Saigon einen Vietcong vor laufender Kamera, am 4. April wird Martin Luther King ermordet, Rudi Dutschke überlebt nur knapp einen Mordanschlag (11. April), im Mai toben Straßenschlachten im Zentrum von Paris und ein Generalstreik erfasst ganz Frankreich, am 5. Juni wird der Präsidentschaftskandidat Robert F. Kennedy erschossen, im August rollen russische Panzer in die Tschechoslowakei und beenden den „Prager Frühling", am 2. Oktober reagiert die mexikanische Regierung auf die anhaltende Studentenproteste mit einem Massaker, am 5. November wird Richard Nixon zum Präsidenten der USA gewählt.

Der Campus der Universität Chicago bleibt von diesen Turbulenzen nicht verschont. Es ist Wahlkampf und im August 1968 finden gleichzeitig mehrere Großereignisse in Chicago statt, die von massivem Polizeiaufgebot begleitet sind: der Parteitag der Demokratischen Partei und ein studentisches Happening, das Pigasus, einen alternativen Präsidentschaftskandidaten, kürt. Diese ironisch in Szene gesetzte Aktion wird von dem Anti-Vietnam-Aktivisten Jerry Rubin und Phil Ochs, einem bekannten Folk-Sänger, angeführt und führt zur Verhaftung der Protagonisten, die alsbald als die „Chicago Seven" bekannt werden. Aus SpaßGuerilla wird im Lauf einer Woche ein Massenaufstand, der sich zwischen Polizei und Studenten hochschaukelt. Protestkundgebungen, Tränengas und Schlagstockeinsatz sind die Folge. Nach den August-Unruhen spitzt sich die Lage im Februar 1969 erneut zu, als die populäre Feministin, Marxistin und umstrittene SoziologieProfessorin Marlene Dixon entlassen werden soll. Im Laufe des zwei-wöchigen Sit-Ins wird die Verwaltung der Universität Chicago besetzt mit der Forderung, diese Entscheidung rückgängig zu machen. Die Solidaritätsaktion erreicht ihr Ziel nicht, spaltet indes die Universität. Nervosität und Anspannung, Chaos und latente Gewalt liegen in der Luft. Kaum in Chicago angekommen überfällt die Turners ein Fluchtreflex. Beide fühlen sich mit den Studierenden solidarisch, identifizieren sich mit ihnen wie Eltern mit ihren Kindern. Der unverhältnismäßig gewaltsame Polizeieinsatz scheint Edith ein Verrat an der Jugend, und sie hat das Gefühl, das Ganze „explodiere alsbald" (Engelke 2004: 32; 2000: 848).

In diesen Tagen entsteht die Idee zu einem gemeinsamen Forschungsprojekt, das eine Art Kompromiss zwischen Fluchtreflex und akademischer Karriere darstellt. Intellektuell attraktiv wird die Idee der Reise, angeregt durch die Lektüre von Dantes *Göttlicher Komödie*, in der eine Reise durch die drei Jenseitswelten, Hölle, Purgatorium und Paradies, beschrieben wird. Angeknüpft wird gleichzeitig an die Konzepte Liminalität und Communitas, wie sie in *The Ritual Process* (1969) entwickelt worden sind. Auf Drängen von Edith Turner wird die Pilgerfahrt zum Forschungsgegenstand der kommenden Jahre. Die Forschung beginnt bereits Sommer und Herbst 1969 in Mexiko. Zwischen 1969 und 1972 werden insgesamt vier längere Feldforschungsperioden durchgeführt, jeweils zwei in Mexiko (1969, 1970) und zwei in Irland (1971, 1972). Das Literaturstudium ergänzt Feldforschung und Fallbeispiele und erweitert die Studie um die historische Dimension und den wichtigen Aspekt geschichtlichen Wandels.

Das Forschungsprojekt ist in mehrfacher Hinsicht ungewöhnlich. Zum einen handelt es sich nicht um eine klassische Forschung, die stationär angelegt ist und auf intensivem sozialem Kontakt mit Menschen basiert. Pilger kann man nicht festhalten, das Transitorische wird zur Herausforderung. Zum anderen sind es ausschließlich katholische Pilgerstätten, die ausgewählt werden, gerade weil beide selbst Katholiken sind. Als „indigene" Teilnehmer von Pilgerfahrten wird für sie die Grenze zwischen Forschung und religiöser Handlung durchlässig oder auch verwischt. Das Persönliche und das Akademische fallen hier zusammen. Dies wird nicht als Schwäche, sondern durchweg als Stärke befunden. Pilgerforschung, so sieht es Edith im Nachhinein, ist für überintellektualisierte Ethnologen und Religionswissenschaftler jener Zeit etwas Dubioses; etwas, das mit mittelalterlichem Aberglauben identifiziert wird, mit dem man als Gelehrter nicht in Zusammenhang gebracht werden will (E. Turner 2006: 105). Genau diese Marginalisierung des Themas scheint beiden attraktiv, zumal *The Ritual Process* (1969) zu einer Art Untergrundlektüre ihrer Hippie-Studentenschaft wird, die das Antistrukturelle hoch leben lässt. Edith und Victor fühlen sich bestätigt und identifizieren sich mit dieser Subkultur. Das Pilgern, schreibt Edith Turner, sei ebenso antistrukturell und befreiend wie die Mysterien von Schwellenzuständen in Übergangsriten (E. Turner 1995: xiii).

Das Motiv der Reise als Weg zu sich selbst gehört fraglos zum Inventar der *Counter-Culture* der 1960er und 1970er Jahre. Die bereits erwähnte Popularität von Jack Kerouacs *On the Road* und Hermann Hesses *Siddartha* sind hierfür charakteristisch, ebenso die Widerentdeckung von Joseph Campbells *The Hero with a Thousand Faces*. Das bereits 1949 erschienene Buch wird in den 1960er Jahren zur „Pflichtlektüre" eines jeden Hippie. Joseph Campbell (1904–1987) entwirft darin die Stationen der Heldenreise, wie sie sich ihm durch ein vergleichendes Mythen-Studium offenbart. Die Phasen von Aufbruch, Initiation, Rückkehr, Verwandlung werden in zwölf Stufen untergliedert, die einen archetypischen Transformationsprozess beschreiben.[15] Campbells Heldenfahrt fasziniert eine Jugend, für die Selbstfindung innere Notwendigkeit und Abenteuer zugleich ist und die das Pilgern für sich selbst neu entdeckt. Das literarische Motiv der Selbstfindung befördert nicht nur die Reise nach innen, sondern motiviert auch äußere Suchbewegungen. Man begibt sich, in durchaus ansehnlichen Massen und mit Hesse und Campbell im Gepäck, auf den Weg nach Osten. Der neue Pilger-Pfad führt von Amsterdam über Istanbul und Kabul bis nach Kathmandu und Goa. Die Beatles, die sich 1968 zusammen mit Donovan, Mike Love von den Beach Boys, Clint Eastwood und Mia Farrow im Ashram des Guru Maharishi Mahesh Yogi in Rishikesh einfinden, begründen keinen Trend, sondern bestätigen ihn medienwirksam.

Vor dem Hintergrund dieses Zeitgeistes und der Neuerfindung des Pilgerns aus zivilisationskritischen Impulsen muss auch die Pilgerforschung der Turners verortet werden. Allerdings sind die Turners auch in dieser Sache eigenwillig. Es geht ihnen um das *katholische* Pilgern, und Edith Turner betont, dass man dies nicht tut, weil es „in" ist, sondern weil man sich berufen fühlt. Das gemeinsam verfasste Buch *Image and Pilgrimage in Christian Culture* (1978) ist, wie sie weiterhin hervorhebt, ein intellektuelles Buch und das Ergebnis tiefen Nachdenkens, also weder ein Buch für die breite Öffentlichkeit noch für das noch verbliebene *Counter-Culture* Publikum. Es sei im Wesentlichen eine Verteidigungsschrift der Religion des „kleinen Mannes" (E. Turner 1995: xiv). Das Buch ist Max Gluckman gewidmet, „dem Lehrer und Freund", der 1975 verstorben ist. Mit ihm sind die Turners bis zuletzt verbunden, wenngleich auf durchaus ambivalente Weise (Engelke 2004: 32).

Um was geht es in *Image and Pilgrimage*? Im Mittelpunkt stehen einerseits die analytischen Kategorien Communitas und Liminalität, die auf das Phänomen

---

[15] Die immense Popularität von Campbells Typologie der Helden-Quest hatte einen nachhaltigen Rückkoppelungseffekt auf die Mythenfabrik Hollywood. Die *Star Wars* Erzählung folgt direkt dem Stufenmodell Campbells. Viele Drehbuchautoren benutzen dieses Schema für ihre Zwecke bis heute, und auch die Quests vieler PC-Adventure-Games folgen diesem Muster.

Pilgerwesen angewendet werden und in die Entwicklung einer neuen Kategorie, des *Liminoiden* nämlich, münden.

Auf der anderen Seite soll die Leistungsfähigkeit einer prozessualen Symbolanalyse unter Beweis gestellt werden. In einem Appendix finden sich systematische Stichworte wie „dominant symbol", „root paradigm", „processual form of ritual", „types of communitas" (Turner/Turner 1978: 243–255). Diese Systematisierung zentraler Begriffe und das Bemühen um definitorische Präzisierung sind für das Turner'sche Werk bemerkenswert, das sich ansonsten durch essayistische Offenheit auszeichnet und eher vermeidet, an abgezirkelten Definitionen festzuhalten.

Im Vorwort wird erläutert, was die Studie nicht leisten kann. Weder die bislang bewährte Methode der Fallstudie – „extended case study" – noch das Analyse-Schema des sozialen Dramas werden eingesetzt. Es handelt sich auch nicht um den Versuch, eine Geschichte des christlichen Pilgerwesens vorzulegen. Es geht auch nicht um „individuelle Fragen", nicht um die Natur von bewussten und unbewussten Motiven von Pilgern, was eine medizinisch-psychologische Erörterung von Schuld und Angst notwendig gemacht hätte.

Vielmehr wird Pilgerschaft von der institutionellen Seite her angegangen. Ausgeleuchtet werden sollen die „objektiven Koordinaten des kulturellen Feldes" und eben nicht die individuellen und subjektiven. Den institutionellen Strukturen des Pilgerwesens, ausgeprägt in den sogenannten Weltreligionen, und der hintergründigen Bedeutungsebene des Pilgerverhaltens gilt die Aufmerksamkeit. Symbole sind hier wichtig, insofern sie das Geschehen rahmen und Handeln motivieren (Turner/Turner 1978: xxiv f.).

In der umfangreichen Einleitung werden das Forschungsprogramm und die dazugehörigen analytischen Instrumente und Modelle erläutert. Endpunkt der Argumentationslinie ist die These, das Pilgerwesen sei ein quasi-liminales, ein *liminoides* Phänomen. Um diesen Gedankengang plausibel zu machen, wird zunächst der Liminalitätsbegriff präzisiert. In van Genneps Modell ritueller Sequenzen beschreibt Liminalität einen raum-zeitlichen Schwebe- und Übergangszustand. Solche Übergangszustände bewirken einen Wandel auf individueller Ebene, verbunden mit neuer Statuszuschreibung. Aus den Ritualen tribaler, vor-moderner Gesellschaften übernommen, zeigt sich, dass in bestimmten geschichtlichen Momenten *limina* – symbolische Umkehrung säkularer Normen – sozialen Wandel im größeren Stil nach sich ziehen. Verfügbar werden neue philosophische Systeme, wissenschaftliche Hypothesen, politische Programme, Formen der Kunst. In einer Art „kultureller Selektion" wird das Neue getestet und gegebenenfalls in Gesellschaft und Kultur eingespeist. Liminalität beinhaltet demzufolge nicht nur *Übergang*, sondern auch *Potentialität* – nicht nur das, was „sein wird", sondern auch das, was „möglich sein kann" jenseits des Alltäglichen und Gewöhnlichen (Turner/Turner 1978: 3).

In dem Buch *The Ritual Process* (1969) ist versucht worden, eine Analogie zwischen der Liminalität archaischer Gesellschaften und der Liminalität religionshistorischer Episoden und religiös-sozialrevolutionärer Bewegungen herzustellen. Dieses Test-Verfahren wird nun auf die Riten der katholischen Kirche, insbesondere auf das Pilgerwesen angewandt. Erkennbar werden Gemeinsamkeiten, vor allem aber die Grenzen der Übertragbarkeit. Rituelle Komplexität und räumliche Absonderung (Seklusion), zentrale Merkmale von Liminalität, sind in archaischen Gesellschaften weit ausgeprägter und effektiver als in der katholischen Kirche, in der allenfalls der Lebensstil von Ordensleuten eine vergleichbare Größe darstellt. Dennoch existiert im Christentum Liminalität auch für Laien. Die Pilgerfahrt macht dies augenfällig. Die Reise zur Wirkungsstätte Christi in Jerusalem oder zu einem entfernten Heiligenschrein in Rom, in Santiago de Compostela in Spanien, oder nach Lough Derg in Irland sind große liminale Erlebnisse. Mystizismus sei verinnerlichtes Pilgern, Pilgern hingegen veräußerlichter Mystizismus (Turner/Turner 1978: 7). Zugrunde liegt das Paradigma der *Via Crucis* – des Kreuzwegs und das Motiv der Buße. Der Pilger verlässt die Geborgenheit und Routine des Gewohnten, d.h. auch die Routine sündhafter Versuchung. Der Aufbruch ist verbunden mit zahlreichen Gefahren des Weges: Kälte, Hitze, Hunger, Krankheit, Diebstahl, Mord. Während der Reise sind alle Sicherheiten und Statuszuschreibungen aufgehoben. Der Pilger ist Initiand, der eine neue, tiefere Ebene der Existenz erfährt. Wie der Initiand eines archaischen Übergangsrituals erlebt der Pilger harte Entbehrung und Prüfungen, und am Ende wartet auf ihn (wie auf den Novizen in archaischen Gesellschaften) die Begegnung mit den mächtigen *Sacra* seiner Religion – Bilder, Reliquien, Kirchenarchitektur, heilkräftiges Wasser, liturgische Feier. Als Verwandelter kehrt der Pilger zurück in die gewohnte Struktur, häufig verbunden mit einer veränderten Statuszuschreibung.

Nachdem die Analogie von Liminalität archaischer Übergangsrituale und der Liminalität der katholischen Pilgerfahrt auf diese Weise plausibel gemacht wird, erfolgt im nächsten Schritt der Verweis auf markante Unterschiede.

Die Differenz, so die Argumentation, ist markant und verläuft zwischen Individuum und Gemeinschaft, zwischen Freiwilligkeit und Zwang, zwischen öffentlich und privat. Die Pilgerfahrt wird nach einer individuellen Entscheidung aufgenommen und beruht demzufolge auf Freiwilligkeit. Der Novize einer Stammes-Kultur wird gezwungen, sich dem Passage-Ritual zu unterziehen. Tribale *Sacra* sind geheim, die *Sacra* der katholischen Kirche sind öffentlich. Im Katholizismus (und den anderen Weltreligionen) ist das Individuum die moralische Einheit, das Befreiung von Sünde sucht und auf die Erlösung im Jenseits hofft. In archaischen Gesellschaften verkörpert die soziale Gruppe die Moral und das Ziel ist der Erwerb eines neuen sozialen Status. Während der Pilger zeitweilige Befreiung von einengenden sozialen Strukturen sucht, sucht der archaische Initiand eine tiefere Verbindung mit Werten und Normen seiner lokalen Gemeinschaft. Kurz: Im christlichen Kontext stellt die Pilgerfahrt die Essenz freiwilliger Liminalität dar (Turner/Turner 1978: 9). So wie Christus seinen Leidensweg aus freiem Willen beschritten hat, so folgt ihm der Pilger nach.

Geleitet wird der Pilger durch symbolische Wegmarken. Sie lenken Wahrnehmung, Gedanken und Gefühle: Gebäude, Bilder, Skulpturen, die sakrale Topographie, die ihrerseits durch Legenden geformt wird. Aufgegriffen wird hier das Konzept des Wurzelparadigmas, *Root Paradigm*, das Victor Turner erstmals in *Dramas, Fields and Metaphors* präsentiert hatte (Turner 1974: 67 f.). Victor Turner stößt auf die Idee zu diesem Konzept als er sich mit dem Martyrium des Thomas Becket beschäftigt. Die Untersuchung der isländischen Saga-Literatur, der historischen Quellen zum Leben Beckets und zur Entstehung der Becket-Wallfahrt lässt ein solches Wurzelparadigma, das des Martyriums nämlich, erkennbar werden. Dieses Wurzelparadigma verknüpft die Symbolik der Farbe Rot/Blut/Tod mit symbolischen Verweisen auf das Paradies. Als Becket im Jahr 1170 in der Kathedrale von Canterbury auf seine Mörder trifft und keiner ihrer Forderungen nachkommt, folgt seine Entscheidung dem Muster dieses Paradigmas (Turner 1974: 87).

Unter Wurzelparadigma im weiteren Sinne versteht Turner ein kulturelles Modell, das über dem Symbol steht. Es stellt eine Art allgemein bekanntes Drehbuch dar, das nach dem Muster eines sozialen Dramas verfasst ist, und das für die Akteure handlungsleitend und sinnstiftend ist. Enthalten sind grundlegende Annahmen über Ziele und Bestimmung „des" Menschen als Individuum und Teil der Gemeinschaft. Ein *Root Paradigm* wird bewusst für den eigenen Handlungsvollzug gewählt ohne im Kognitiven und Vernunftmäßigen aufzugehen. Wurzelparadigmen überschreiten das Bewusste, sogar das Moralische, und zielen auf Existenzielles, letztlich auf Leben und Tod. Sie entstehen in individuellen oder auch kollektiven Krisen und zeitigen tiefgehende, meist gar nicht vorhersehbare Konsequenzen für jene, die dem Paradigma folgen. *Via Crucis* – der Weg des Kreuzes – ist ein solches Wurzelparadigma, und im christlichen Kulturkreis, so schreiben die Turners, hat das Kreuzweg-Wiederaufstehungs-Paradigma das Verhalten vieler bedeutender Persönlichkeiten geprägt (Turner/Turner 1978: 248 f.). Das Wurzelparadigma des Christentums entsteht aus den Lebenskrisen des Begründers dieser Religion – Geburt, Jugend, Tod. Die symbolische Übertragung dieser Lebensstationen säumt als Bildprogramm den Pilgerweg und enthält, insgesamt betrachtet, die Botschaft von den zentralen Werten dieser Religion. Der Pilger, so erläutern die Turners die Wirkung des Symbolkomplexes, identifiziert sich nach und nach mit den affektiven Erfahrungen der Gründerfigur und jenen Personen, die ihm nahestanden. Schmerz, Hass und Liebe werden durchlebt. Aufgrund der liminalen Ausnahmesituation entfalten religiöse Bilder eine unmittelbare Wirkung. Die „Pforten der Wahrnehmung" werden gereinigt, die paradigmatische Struktur der christlichen Botschaft direkt und in Reinform erkannt. Das scheinbar Altbekannte wird plötzlich mit „neuen Augen" wahrgenommen (Turner/Turner 1978: 11).[16]

Der Vergleich christlicher Pilgerfahrten mit Leidensritualen – *Rituals of Affliction* – von Stammeskulturen zeigt Gemeinsamkeiten. In beiden Ritualen werden Fragen von gut und böse, Schuld und Sühne, von Krankheit und Heilung verhandelt. Gleichzeitig stellt das christliche Pilgerwesen eine Art Umkehrung eines archaischen Leidensrituals dar. Bezugspunkt ist eben nicht die Gemeinschaft, sondern der Wille des Einzelnen und individuelle Erlösung. Während Heilung in archaischen Leidensritualen systematisch und pragmatisch „zum Programm" gehört und als Ergebnis magischer Praktiken gelten kann, ist Heilung im Rahmen der Pilgerschaft eine ausgesprochen nicht-magische Angelegenheit. Heilung ist hier Gnadenerweis Gottes und kann daher nicht als Selbstzweck verstanden werden (Turner/Turner 1978: 14).

Was den Gemeinschaftsaspekt betrifft, so ist die Pilgergemeinschaft der Weltreligionen eine zufällige, keine Primärgemeinschaft etwa der Familie oder der Altersklasse. Die primären Bande der Gemeinschaft, verwandtschaftlich und lokal, werden absichtlich aufgegeben, um an einem fernen Ort körperliches und geistiges Heil zu finden. In Stammesritualen werden die Gemeinschaft der Novizen und die lokale Arena gerade nicht verlassen. In beiden Fällen jedoch wird Communitas – unmittelbare Ich-Du-Beziehung – erfahren. Der Pilger gerät am Endpunkt seiner Reise in das Gedränge einer zufälligen Menschenansammlung, aber, so wird betont, es ist ein Gedränge und eine Menge von Gleichen. Das intensive Gefühl, Nähe und Gemeinschaft zu teilen, wird erzeugt über die Präsenz des Symbolischen, über die Eucharistiefeier. Die großen Pilgerzentren des Christentums wie des Islam sind große soziogeographische Einzugsgebiete und Auffangbecken von Individuen, die hier eine Verwandlung durchleben. Diese Verwandlung hin zur Teilhabe an einem größeren Ganzen kann deswegen stattfinden, da ein hohes Maß und eine bestimmte Art an emotionalem Engagement gegenwärtig sind (Turner/Turner 1978: 13). In erster Linie hat die Pilgerfahrt die

---

[16] Angespielt wird hier auf ein Zitat von William Blake (aus *The Marriage of Heaven and Hell*, 1790–1793): „If the doors of perception were cleansed, everything would appear to man as it is, infinite." Das Blake-Zitat wiederum greift Aldous Huxley auf, der seine Erfahrungen mit der halluzinogenen Droge Meskalin unter dem Titel: *The Doors of Perception* (Die Pforten der Wahrnehmung) veröffentlicht. Das Buch erscheint 1954 und wird in den 1960er Jahren zum *Counter-Culture*-Handbuch für Drogenexperimente.

Qualität einer Initiation, die weit bedeutender ist als Krankheit und Heilung. Der Mensch, der sich auf die Pilgerreise begibt, erfährt in der Fremde mehr über die zentralen Elemente des Glaubens. Nach seiner Rückkehr gliedert sich der Pilger wieder ein in seine alltägliche Existenz, ohne dass (in aller Regel) eine Statuserhöhung die Folge ist. Seine Mitmenschen schreiben ihm jedoch einen Fortschritt auf spiritueller Ebene zu (Turner/Turner 1978: 17).[17]

Der Vergleich zwischen archaischer und Pilger-Liminalität schließt mit dem Hinweis auf die Geschichtlichkeit des Pilgerwesens der Weltreligionen. Während Rituale in Stammesgesellschaften keinen Anfang kennen, oder nur den Verweis auf mythische Ursprünge jenseits der geschichtlichen Zeit, werden Pilgerstätten im Christentum, Islam, Hinduismus und Buddhismus mit historischen Ereignissen verbunden. Typisch ist hier die Gründungslegende.

Edith und Victor Turner entwickeln eine Klassifikation des Pilgerns nach folgendem Schema:

1) *Prototypische Pilgerfahrten.* Sie werden unmittelbar auf Religionsstifter oder ihre Schüler und Gefolgsleute zurückgeführt. Beispiele sind Jerusalem (Christentum), Mekka (Islam), Benares und Mt. Kailas (Hinduismus), Kandy (Buddhismus).

2) *Archaische Pilgerfahrten.* Die besuchten Pilgerorte sind gekennzeichnet durch eine Mischung aus älteren und neueren religiösen Traditionen und Symbolen. Glastonbury (England) ist ein christliches Wallfahrtsziel, gleichzeitig aber auch bekannt für pagane keltische Traditionen und Überlieferungen wie etwa die Gralslegende. In Chalma (Mexiko) wird der schwarze Christus verehrt, war aber bereits in präkolumbischer Zeit Wallfahrtsort zu Ehren des Gottes Oztoteot. In Pandhapur (Maharashtra, Indien) gilt die vielbesuchte Göttin Vithoba einerseits als Inkarnation Vishnus, andererseits werden Verbindungen zu Jainismus, Buddhismus und vor-indoeuropäischer Religion hergestellt.

3) *Mittelalterliche Pilgerfahrten.* Viele der berühmten europäischen Pilgerstätten, wie Canterbury, Walsingham (England), Santiago de Compostella (Spanien), Chartres (Frankreich), Loreto, Assisi (Italien), Köln, Altötting (Deutschland), Einsiedeln (Schweiz) sind mittelalterliche Gründungen. Scholastische Theologie spielt für das Bildprogramm und Architektur eine wichtige Rolle.

4) *Moderne Pilgerfahrten.* Gemeint sind hier Pilgerstätten des europäischen Katholizismus, die sich nach der reformatorischen Spaltung etablieren. Spe-

---

[17] Im Islam nimmt der aus Mekka zurückgekehrte Pilger – haji – eine veränderte, d. h. erhöhte Statusposition ein. Dies betrachten die Turner als die Ausnahme, nicht die Regel (Turner/Turner 1978: 15).

ziell während des Modernisierungsschubes im 19. Jahrhundert entstehen solche Pilgerorte. Sie zeichnen sich vor allem durch die Nutzung von modernen Transportmitteln, Massenmedien und Technik aus. Lourdes (Frankreich) ist dafür ein herausragendes Beispiel. Der Begriff „modern" ist jedoch insofern zwiespältig, als an diesen Orten „mittelalterliche Frömmigkeit" propagiert wird. Marien-Erscheinungen, Visionen und die Bezeugung von Wundern werden in einer Welt, die beherrscht ist von wissenschaftlicher Vernunft und Fortschrittsgläubigkeit, zu anti-modernen Stellungnahmen (Turner/Turner 1978: 17 ff.).

Die vier Typen des Pilgerwesens werden an Fallbeispielen aus Mexiko, Irland, England und Frankreich historisch wie auch ethnologisch untersucht. Die historische Betrachtung zeigt die Möglichkeit, dass im religiösen Feld des katholischen Christentums alle vier Typen zusammenfallen können. Glastonbury dient hier als Beispiel für ein solches Kernparadigma – *Nuclear Paradigm.* Seit seiner mittelalterlichen Entstehung als Wallfahrtsort sind immer auch prähistorisch pagane und keltische Überlieferungen präsent, literarisch vermittelt im Sagenkreis um König Artus und Avalon. Die Mischung aus christlichen, keltischen und prähistorischen Traditionen wird in der Moderne, etwa in der *Counter-Culture* (heute würde man von der *New Age* Bewegung sprechen) fortgeführt. Ufo-Gläubigkeit und die Vorstellung des untergegangenen Atlantis sind hier gleichermaßen präsent.

Der spezifisch ethnologische Ansatz der Pilgerforschung betrachtet das Pilgerwesen systemisch. Die Turners bemühen hier die aus dem Strukturfunktionalismus vertraute Organismus-Analogie und sprechen von einem Organismus-Umwelt-Feld („organism-environment field"). Der *Organismus* des Pilgerwesens enthält alle heiligen Aspekte: religiöse Ziele, Repräsentanten, Rituale, Regeln, Sitten, Werte und Wertorientierung. *Umwelt* meint die Dienstleistungs-Infrastruktur: Markt, Hospitäler, militärischer Schutz, rechtliche Institutionen, Kommunikations- und Verkehrsmittel, aber auch die bedrohliche Seite der Umgebung: Glaubensfeinde, Räuberbanden, Taschendiebe, abtrünnige Pilger. Das voll entfaltete Pilgersystem lässt sich, so die Turners, als eine Anzahl sich überlappender Ellipsen verstehen, die sich im Pilgerschrein verdichten. Jede Ellipse ist in diesem Modell eine Pilgerroute mit dem entsprechenden soziogeographischen Kontext (Turner/Turner 1978: 22).

Die Erforschung der zeitlichen Dimension lässt das spezifische diachronische Profil von Pilgerstätten hervortreten. Lokale, regionale, mitunter auch nationale oder gar internationale Geschichte bestimmen dieses Profil. Die Untersuchung von Pilgerstätten und Pilgerfahrten und ihren sozio-kulturellen Dynamiken über lange historische Phasen hinweg hat den Vorteil Dynamiken des ideologischen Wandels oder ihres Beharrungsvermögens herauszuarbeiten. Zudem treten markante Sequenzen hervor: Das Gründungsereignis in Form von Vision, Wunder oder Märtyrer-Tod, der spontane Zustrom von ersten Pilgern als „Abstimmung mit den Füßen", fortschreitende Routine und Institutionalisierung der Pilgerreise mit begleitenden Märkten und sekundären Festivitäten.

Diesen Prozess herauszuarbeiten, von der Vision zur institutionalisierten Routine, von Anti-Struktur über Gegen-Struktur bis hin zur Struktur, ist das ausgesprochene Ziel der Turner'schen Pilgerforschung. Zwei Zeitlinien sind zu berücksichtigen: die äußere Geschichte, die mit gesellschaftlichen Strukturen, Institutionen und Ideologien zusammenfällt und die innere Geschichte des spezifischen Pilgerortes und des Pilgerns. Die Turners sprechen von einer Entelechie, einer unverwechselbaren zielgerichteten Kraft, die jedem Pilgerort innewohne. Beide Zeitschienen stehen in dialektischer Verbindung. Am Ende steht die Darstellung von Dimensionen der Beharrung und des Wandels von Pilgerreise und Heiligenverehrung, wie sie an konkreten Fallbeispielen greifbar werden. Die Turners sind fasziniert von dem Beharrungsvermögen, das viele Pilgerstätten aufweisen und sie betonen den Umstand, dass das Pilgern nie populärer gewesen sei als gerade in der Gegenwart. Das Pilgern, so die daraus abgeleitete Schlussfolgerung, berührt etwas Wesentliches der menschlichen Natur. Es sind in erster Linie die Armen, die den enthaltenen Wurzelparadigmen folgen. Wurzelparadigmen, wie etwa Christi Kreuzweg im Christentum, seien Elemente im Pilgersystem, die für Kontinuität stehen (Turner/Turner 1978: 26, 30). Die treibende Kraft von Heiligenverehrung und Pilgerwesen ist demokratisch, nicht hierarchiefixiert. Während das sakramentale System der katholischen Kirche als Mittel von sozialer Kontrolle verstanden werden kann, fehlt diese beim Pilgerwesen. An den Fallbeispielen arbeiten die Turners das Argument heraus, wonach das Pilgerwesen im Kern eingefleischt populistisch, anarchistisch, manchmal anti-klerikal ist. Nicht selten sind Pilgerfahrten und Pilgerstätten mit populärem Nationalismus, mit bäuerlichen und anti-kolonialen Erhebungen und Heilserwartungsbewegungen verbunden. Pilgern sei der Ausdruck der Communitas-Dimension einer jeden Gesellschaft. Hier entfalte sich spontane Zwischenmenschlichkeit und der Geist, „der weht wo er will".[18] Diese Unberechenbarkeit von Communitas sei für alle, die an Strukturerhalt interessiert sein müssen, potentiell subversiv (Turner/Turner 1978: 32).

Die Entfaltung des Forschungsprogramms mündet in die These, wonach Pilgerschaft als liminoid bzw. als quasi-liminal zu charakterisieren sei. Ohne Frage hat Pilgerschaft Eigenschaften des Liminalen, wie die Turners dies in vielfacher

---

[18] „Pilgrimages are an expression of the Communitas dimension of any society, the spontaneity of interrelatedness, the spirit which bloweth where it listeth" (Turner/Turner 1978: 32). Die Turners spielen hier auf Johannes 3,8 an (in der Version der King James Bibel): „The wind bloweth where it listeth, and thou hearest the sound thereof, but canst not tell whence it cometh, and whither it goeth: so is every one that is born of the Spirit."

Hinsicht plausibel machen. Doch die entscheidende Differenz zur Liminalität im Sinne van Genneps liegt im Moment von Individualität und Freiwilligkeit. Die Unterscheidungen der westlichen Moderne von Arbeit und Freizeit, von Arbeit und Spiel fehlen in Stammesgesellschaften. Im Ritual, besonders in deren liminalen Bereichen, fällt das Ludische (Spielerische) wie z.B. clowneske Scherze, Rätselaufgaben, Obszönitäten, Witze und feierlicher Ernst zusammen. Religion ist, so das Argument, in den postindustriellen Gesellschaften in die Freizeitsphäre gewandert und gleichzeitig eine individuelle Angelegenheit geworden. Die Teilnahme am Sonntagsgottesdienst ist Privatsache und die Unterlassung nicht länger Sünde. Sport, Hobbies, Tourismus, Massenmedien, diverse Unterhaltungsangebote stehen in Konkurrenz untereinander und werden häufig mit demselben Ernst und Zuwendung wie die Arbeit betrieben. Religion folgt dieser Logik. Religiöse Aktivitäten fallen in die Freizeitsphäre, bleiben dabei jedoch eine ernstzunehmende Angelegenheit. Die Geschichte des Pilgerwesens lässt diese Entwicklung vom Liminalen zum Ludischen deutlich werden. Die großen Pilgerstätten im Christentum und im Islam sind frühzeitig immer auch Orte ausgelassenen Markttreibens und sinnlicher Zerstreuung. Gemeinsames Gebet und gemeinsames Spiel gehören zusammen.[19] Pilgerwesen, Marktgeschehen, weltliche Belustigung sind ein wiederkehrendes Muster. Aus ethnologischer Sicht kann das Ludische nicht vom Pilgerwesen abgetrennt werden; Spiel und Ernst sind gleichermaßen präsent. Das ludische Element ist dabei regelmäßig Ziel von Kritikern, wie etwa Erasmus, Bischof Hugh Latimer oder Johannes Calvin. In der Moderne wird die Pilgerfahrt zu einem liminoiden Genre symbolischen Handelns. Wie andere vergleichbare liminoide Genres (z.B. Theater, Film, darstellende Kunst) fungiert auch das Pilgern als implizite Kritik an der allgemeinen sozialen Struktur. In jedem Fall kann das Pilgern im postindustriellen Zeitalter als „metasozialer Kommentar" (Geertz 1995: 252) zur eigenen Gesellschaft verstanden werden. Die Betonung von transzendenter Tiefe, die Erfahrung von Communitas, die Suche nach den Wurzeln alter Tugenden von Gemeinschaftlichkeit – all dies macht die gegenwärtige Attraktivität des Pilgerns aus, behaupten Edith und Victor Turner, und sehen in der Sehnsucht nach Communitas weit mehr als im Bußgedanken die treibende Kraft. Im Pilgerwesen der Moderne lebe ein Modell von Einheit, das anderswo längst verloren sei. Die Alltagserfahrung sei gekennzeichnet durch kalte Bürokratie, soziale Unterschiede und Unübersichtlichkeit im Ethnischen, Politischen und Kulturellen (Turner/Turner 1978: 39).

Die hier skizzierten Grundgedanken werden an Beispielen ausgeführt. Das Verhältnis von Mythen und Geschichte wird am Thema mexikanischer Heiligen-

---

[19] „Those who journey to pray together also play together in the secular interludes between religious activities" (Turner/Turner 1978: 37).

verehrung ausgeleuchtet. Die Auseinandersetzung mit der Kolonialgeschichte steht hier im Mittelpunkt und von zentraler Bedeutung ist die Marienverehrung in Gestalt der Jungfrau von Guadelupe und der Nuestra Señora de los Remedios. Die Jungfrau von Guadelupe wird als Beispiel für ein dominantes Symbol (Kern-, Meister-, Schlüsselsymbol) eingeführt. Charakteristisch für das dominante Symbol sei seine Autonomie und die konstante Bedeutung im gesamten Symbolsystem. Es handelt sich um ein „zeitloses" Objekt („eternal object"), das zwar nicht im wörtlichen Sinne „ewig", sondern den historischen Kräften des Wandels entzogen ist. Dominante Symbole sind Knotenpunkte des Rituals und verknüpfen zudem die soziale und kulturelle Struktur einer Gesellschaft (Turner/Turner 1978: 245 f.). In der Jungfrau von Guadelupe konzentrieren sich die Identität und vor-spanische Geschichte der Mestizo-Mexikaner und sogar ganz Lateinamerikas, während die Señora de los Remedios als spanisches Erbe gelten muss.

Am Beispiel St. Patrick (Irland) verfolgen die Turners die Frage nach Christentum und Nationalismus und die historischen Entwicklungen, die den Heiligen zum Nationalheiligen des Landes werden ließen.

Das vierte Kapitel befasst sich mit christlicher Bildverehrung und Bildzerstörung – Ikonoklasmus. Das Marien-Bild wird zum Leitmotiv der Untersuchung. Christus gilt als Vermittler zwischen Mensch und Gott, Maria als die große Fürsprecherin. Die theologische Doktrin von der Gemeinschaft der Heiligen wird in Marienwallfahrten betont. Maria als Mutter Gottes wird zur Personifikation der universalen Gemeinschaft, die theologisch und kirchenpolitisch in Anspruch genommen wurde. Dies bildet sich im normativen Pol des Mariensymbols ab, während der affektive Pol durch Stichworte wie Weiblichkeit, Verletzlichkeit, Leidensfähigkeit, Gnadenspenderin und Wunderwirkerin wiederzugeben ist. Diese Seite bildet somit auch das Andere in einer patriarchalen Gesellschaft. Theologische Deutungen wiederum und die Kritik an ihnen werden über Bild-Semantiken ausgetragen. In Bildern kristallisieren sich Glaubensvorstellungen und die Vertreter der Orthodoxie sind bemüht, Glauben rein zuhalten. Demgegenüber steht der „Instinkt der Massen". Ikonoklasmus, so die Turners, besteht in einer sehr schlichten Aktion. Um die Lehre rein zu halten und um das Populäre zu zähmen, werden ihre sichtbaren Vehikel vernichtet. Dies wiederum führt nicht zur Auslöschung, sondern befördert Vorgänge von Erneuerung (Turner/Turner 1978: 144). Auch am Beispiel der Marienverehrung betonen die Turners Kontinuität und den Communitas-Aspekt. In den großen Marienpilgerstätten wie Lourdes, Guadelupe, Fátima, Knock, Einsiedeln und Czestochaw wird nicht nur Glaube bestätigt, sondern auch globale Communitas erfahren. Die Gefahr der Marienverehrung besteht in ihrer Instrumentalisierung für lokale, regionale oder nationale Interessen. Wann immer Maria zum Symbol für lokale Xenophobie geworden ist, haben politische Strukturen Communitas untergraben (Turner/Turner 1978: 171).

In Kapitel fünf werden Entwicklungen des mittelalterlichen Marien-Pilgerwesens zwischen Lokalisierung und Universalisierung nachverfolgt. Das Phänomen der „Erscheinung" ist für die Marienverehrung und die Etablierung eines lokalen Kultes ausschlaggebend. Ihre Deutung und kirchenpolitische Inanspruchnahme, lokale Einbettung und universaler Anspruch werden am Beispiel von Walsingham und Loreto untersucht. Die lokale Kulturorganisation bildet einen scheinbaren Widerspruch zum Universalitätsanspruch der katholischen Kirche. Das christliche Motto *Einheit in Vielfalt* wird, so die Turners, über die Struktur dominanter religiöser Symbole ausgedrückt. Dominante Symbole zeichnen sich durch eine dialektische Polarität aus. Theologische Uniformität bildet einen Pol, lokale und kulturelle Diversität den anderen Pol, der wiederum die (exegetische, operationale und positionale) Deutung vervielfacht (Turner/Turner 1978: 190).

Nach den Erörterungen zum Typus mittelalterlicher Pilgerfahrten wenden sich die Turners abschließend dem modernen Pilgerwesen zu. La Salette, begründet 1846, und Lourdes, begründet 1858, sind Beispiele, an denen Fragen aktueller Sinnzuschreibungen diskutiert werden. Insgesamt nimmt die Bedeutung lokaler und regionaler Pilgerstätten seit dem 19. Jahrhundert kontinuierlich ab. William A. Christian (1972) erklärt dies mit Begleiterscheinungen der Moderne, wie Massenmedien, Mobilitätszwänge, Urbanisierung, Industrialisierung, verändertem Arbeits- und Lebensrhythmus. Nicht zuletzt ist es die Reform des Katholizismus selbst, angestoßen durch das 2. Vatikanische Konzil (1962–1965), welche die traditionelle katholische Lebensweise untergräbt. Die traditionelle Verbindung eines Heiligen mit einem spezifischen Territorium wird aufgelöst. Der moderne Lebensstil lässt das Lokale an Gewicht einbüßen und erschwert insgesamt die Aktivität des Pilgerns (Turner/Turner 1978: 207). Die Turners halten dieser Diagnose eine Reihe von Beispielen entgegen, insbesondere die Marienerscheinungen und Wunderbezeugungen von La Salette in den französischen Alpen und von Lourdes in Südwestfrankreich. Die Entwicklung des Pilgerortes Lourdes stellt die hohe Attraktivität der Marienverehrung gerade in der Moderne unter Beweis. Der Zustrom von Pilgern aus der ganzen Welt ist nach wie vor im Steigen begriffen. 1972, als die Turners Lourdes besuchen, sind es 3 Millionen, mittlerweile zählt die Jahresstatistik 6 Millionen. Heitere Schlichtheit und innige Gemeinschaft, gelebte Communitas eben, seien an diesem Ort überall spürbar, schreiben die Turners, gleich ob in den abendlichen Kerzenlichter-Prozessionen oder in den Straßenkaffees der Kleinstadt (Turner/Turner 1978: 230).

Der Leser sieht am Ende des Buches Edith und Victor Turner durch Lourdes flanieren, ergriffen vom Geist der kleinen Bernadette Soubirous, die im Februar 1858 die Lichtgestalt Mariens erblickt. Dieser Effekt ist durchaus beabsichtigt. Persönliche Einfühlung ist methodisches Leitprinzip der Turner'schen Pilgerforschung. Sie mündet nicht nur in die Betonung des individuellen und existenziellen

Erlebens und des liminoiden Charakters von Pilgerschaft, sondern auch in einen Lobpreis von Communitas. Pilgerschaft generiert Communitas. Sie ist Wesenskern aller Formen religiöser Pilgerschaft. Am Ende steht die Vision einer alle Grenzen überschreitenden Universalreligion.

Das Pilger-Buch von Edith und Victor Turner trägt durchweg die Ambivalenz von Kulturwissenschaft und Theologie in sich. Dies wird dann deutlich, wenn historische und ethnologische Analysen übergehen in die Auslegung katholischer Heilslehre. Im Christentum ist es die katholische Kirche, so die Turners, die sich traditionell am intensivsten der Pilgerschaft verpflichtet hat. Der Kampf um das Heil wird hier als ein lebenslanges Drama verstanden, dessen Schauplatz die Seele des Individuums bildet, unter Beteiligung zahlreicher Akteure: Gott, Maria, Engel, die Heiligen und die Gemeinschaft aller Gläubigen, die erlösten Seelen im Himmel (ecclesia triumphans), die büßenden Seelen im Fegefeuer (ecclesia penitens) und die lebenden Menschen, die mit den irdischen Versuchungen ringen (ecclesia militans) (Turner/Turner 1978: 16). Betont wird mehrfach der anti-magische Grundzug des (katholischen) Pilgerwesens, bei dem die Berührung der Reliquie, das Trinken von gesegnetem Wasser oder das mühevolle Abschreiten einer bestimmten Wegstrecke nicht als Selbstzweck gelten kann. Wenn sich Belohnung, etwa Heilung, einstellt, dann ist dies ein Gnadengeschenk Gottes und kein Effekt magischer Manipulation.

Das ist orthodox theologische Auslegung, die, so dürfen Ethnologen vermuten, nicht unbedingt die innere Haltung der Pilger wiedergibt. Entlang der theologischen Linie wird auch die Heilslehre erläutert. Katholiken dürfen bis zum letzten Atemzug auf ihre Erlösung hoffen, so wird hervorgehoben. Der freie Wille des Menschen und Gottes Gnade gehören zusammen und unterschieden wird, theologisch korrekt, zwischen „Gebot" und „Ratschlag". Die Befolgung von Ratschlägen ist indes nur dann heilsfördernd, wenn sie aus dem Bedürfnis nach Erlösung geschieht und nicht aus Eitelkeit oder dem Bedürfnis nach sozialer Anerkennung. Der Entschluss zur Pilgerfahrt ist demnach das Befolgen eines heilsfördernden Ratschlages der Kirche. Diese theologischen Ausführungen sollen, so die Turners, klar machen, dass die Pilgerfahrt nicht als Initiationsritual in vollem Umfang gelten kann (Turner/Turner 1978: 31). Auch hier wird die orthodox theologische Lesart über ethnologisch, soziologisch oder sozialhistorisch beigebrachte Innensichten gestellt. Schließlich ist es die deutliche Kritik am Reformkatholizismus, die die Turners als leidenschaftlich orthodoxe Katholiken ausweist. Mit dem 2. Vatikanischen Konzil, das Papst Johannes Paul XXIII. 1962 einberuft und das 1965 unter Papst Paul VI. endet, wird die Struktur der katholischen Kirche in einigen wesentlichen Punkten verändert. Am offensichtlichsten tritt der Modernisierungswille in der Liturgie-Reform zu Tage. Latein als Sprache der Sonntagsliturgie ist ersetzt durch die jeweilige Landessprache. Der Priester zelebriert die Messe zum Volk gewandt. Die Zulassung von Mädchen als Mess-Dienerinnen wird vorbereitet. Befürwortet werden zudem die Mitbestimmung durch Laien, die Öffnung hin zur Welt, der Dialog mit Nicht-Christen und Vertretern der Wissenschaft.

Die Turners sehen diese Entwicklung mit großer Skepsis und befürchten, dass damit die Wurzeln religiöser Hingabe und Innigkeit abgehackt würden (Turner/Turner 1978: 29, 207). So sehr sie sich als Linksliberale und ehemalige Marxisten für soziale Wandelprozesse interessieren und sich mit dem einfachen Volk solidarisieren, für die innerkirchliche Reformen des Katholizismus können sie sich nicht begeistern. „Ihr" Katholizismus, getragen von der Liebe zur Materialität der Messe und der enthaltenen tiefen Spiritualität, gerät in Gefahr. Edith Turner schreibt rückblickend, das Zweite Vatikanum hätte vor allem Hippie-Priester und „Liturgiologisten" hervorgebracht, die wertvolle Riten zerstörten und Kindern die ebenso säkulare wie banale Ethik eines „Sei-nett-zu-Johnny-nebenan" verkündeten. Für das Blut Christi werde mittlerweile Weißwein verwendet, keiner wüsste mehr so recht, worum es eigentlich im christlichen Ritual der Wandlung ginge (E. Turner 2006: 99).

Das Ende der 1960er Jahre begonnene Projekt der Pilgerforschung ist eine Antwort auf die Umbrüche dieser Epoche, die nun gerade für die christlichen Kirchen besonders spürbar werden. Die Suche nach dem Wesenskern von Pilgerschaft ist für die Katholiken Victor und Edith Turner die Suche nach religiöser Selbstvergewisserung und individueller Sinnstiftung. Somit spiegelt sich in dem Projekt auch ein Merkmal dieser Zeit. Religion wird seit den 1960er Jahren mehr als je zuvor Privatsache und die Institution Kirche verliert an Bindekräfte, so der soziologische Befund, der zumindest für Europa Gültigkeit beanspruchen kann. Dass die Turners das Individuelle des Pilgerns gerade an Beispielen katholischer Wallfahrtsstätten hervorkehren, ist dafür bezeichnend.

Vom Ritual zum Theater – und zurück

1977 nimmt Victor Turner einen Ruf an die Universität von Virginia in Charlottesville an und verlässt Chicago. Er ist zu diesem Zeitpunkt ein international anerkannter Kulturwissenschaftler und dieser Umstand ermöglicht ihm, Privilegien auszuhandeln. Die angebotene William R. Kenan Professur für Ethnologie und Religionswissenschaft ist mit einer zweijährigen Lehrbefreiung verbunden und die bürokratischen Verpflichtungen sind auf ein Minimum reduziert. Turner kann sich dementsprechend auf weitere Forschungen konzentrieren. Forschen bedeutet für ihn nicht Rückzug und eremitische Isolation. Der Austausch von Gedanken, die Begegnung mit anderen Wissenschaftlern sind notwendig und produktiv. Konferenzbesuche führen nach Tuscon, Houston, Minneapolis, Chicago, New York, Los Angeles und London. Konferenzorganisation und Vortragstätigkeit werden häufig von der prestigeträchtigen Wenner-Gren Foundation gefördert und begünstigen wissenschaftlichen Austausch und Netzwerkbildung. Die ihm noch verbleibenden sechs Jahre bis zu seinem Tod 1983 sind zudem von reger Reisetätigkeit begleitet, vielfach verbunden mit Einladungen durch ehemalige Schüler und Kollegen. Besucht werden Indien, Sri Lanka, Brasilien, Japan und Israel. Mit der Publikation von *Image and Pilgrimage in Christian Culture* (1978) ist das Thema Pilgerfahrt keineswegs erledigt und die Reisen führen dementsprechend immer auch an Pilgerorte, gleich ob diese buddhistisch, shintoistisch oder katholisch sind.

Die Pilgerforschung entwickelt sich zu einer Überprüfung der Kategorien Liminalität und Communitas unter den Bedingungen der Moderne. Das rituelle Labor der Ndembu, das ist offensichtlich, gründet auf gänzlich anderen soziostrukturellen Fundamenten wie die rituellen Nischen moderner Industriegesellschaften. Übergangszonen und Transformationsräume, in denen das normativ Selbstverständliche in Frage oder gar „auf den Kopf" gestellt wird und alternative Werthaltungen und soziale Praktiken erfunden werden, sind jedoch auch in der westlichen Moderne nicht unbekannt. Der zeitgenössische Pilger, der nach vielerlei Entbehrungen sein fernes Ziel erreicht, unter „Wildfremden" das Glück bedingungsloser Zusammengehörigkeit erfährt und ein neues „Selbstbild" entdeckt, befindet sich in einem solchen liminoiden Zwischenraum, so die Turner'sche These. Das Liminoide unterscheidet sich vom Liminalen aufgrund der Kriterien Freiwilligkeit und Individualismus.

Die Bestimmung von Ort und Qualität des Quasi-Liminalen in der Moderne ist damit zu einer neuen Forschungsaufgabe von Victor Turner geworden. Zwar

fehlt die strikte Verbindlichkeit von Übergangsritualen, wie sie van Gennep beschreibt und Turner sie in Afrika erlebt hatte, dennoch existiert das Bedürfnis
nach Ritualen und quasi-liminalen Zuständen auch in der Moderne. Das Liminoide, auch das ist ein Charakteristikum, ist dabei nicht zwangsläufig an Religion gebunden. Um diese Vorgänge und Erlebnishorizonte besser erschließen
zu können, erweitert Turner das Begriffsinstrumentarium. Die Kategorie des
Liminoiden ist, wie bereits erwähnt, eine wichtige Kategorie. Der Begriff ‚Ritual' erfährt eine neue Akzentuierung in Richtung ‚Performance', und ‚Erfahrung'
als kulturelle und psychische Dimension wird nun intensiver als bislang problematisiert. Das Spiel und das Spielerische erhalten einen eigenen Stellenwert und
müssen kulturwissenschaftlich ernst genommen werden. „Anthropology of Performance" und „Anthropology of Experience" sind die programmatischen Über-
schriften seiner letzten Jahre. Turners Buch *From Ritual to Theatre. The Human
Seriousness of Play* erscheint 1982 und liefert eine erste Synthese (Turner 1989b).
Weitere Forschungserträge werden in Buchform erst nach seinem Tod publiziert
(vgl. Turner 1985a, 1987; Turner/Bruner 1986).

From Ritual to Theatre, so erklärt Turner seinen Lesern, versammelt Essays,
die eine Entdeckungsreise skizzieren, die von der traditionellen Ritualforschung
zum modernen Theater, speziell zum experimentellen Theater, führt. Diese Entdeckungsreise ist auch eine „Rückkehr des Verdrängten", war doch seine Mutter
Violet Winter einer überaus ambitionierte Schauspielerin am schottischen Natio-
naltheater, der Vater hingegen Elektroingenieur und erfinderischer Geschäfts-
mann, der wenig Verständnis für das Theater aufbrachte. Diese beiden Pole,
Poesie, schöne Literatur, Theater einerseits, und exakte Wissenschaft andererseits
schwingen gleichzeitig in Turners Seele. Seine Entscheidung, Ethnologie zum Beruf zu machen, deutet er selbst als einen Akt der Versöhnung, denn die Ethnologie
ist selbst eine unsicher zwischen zwei Polen schwankende Wissenschaft (Turner
1989b: 9). Es ist nicht allzu verwegen, dahinter auch den Versuch zu sehen, Ver-
letzungen, die die Trennung der Eltern bewirkten, zu heilen.

Seine Forschungen über die Macht der Symbole in menschlicher Kommunikation sind frühkindlich vorbereitet. Die erste Theateraufführung, die er erinnert,
ist Shakespeares *Der Sturm*, und dieses Erlebnis, wie er schreibt, sensibilisiert
ihn für das „theatralische Potential" des sozialen Lebens, insbesondere bei den
von ihm besuchten afrikanischen Dorfgemeinschaften. Die Analogie, mehr noch
Homologie, „zwischen den Sequenzen vermeintlich ‚spontaner' Ereignisse, die
die in solchen Dörfern bestehenden Spannungen zum Ausdruck bringen, und der
charakteristischen ‚Verlaufsform' des europäischen Dramas seit Aristoteles […]
war nicht zu übersehen" (Turner 1989b: 11).

Turner betritt die Bühne der Wissenschaft mit einer für die Ethnologie neuen
Idee, jener vom „sozialen Drama". Das im Dorfleben der Ndembu gewonnene Mo-

dell lässt sich in die modernen Massengesellschaften übertragen. Die Modernen ist übervoll von strukturellen Gegensätzen, Konflikten und Krisen: „Das soziale Leben ist also, selbst in seinen scheinbar ruhigsten Augenblicken, charakteristischerweise reich an sozialen Dramen. Es ist, als ob jeder von uns ein ‚Kriegsgesicht' und ein ‚Friedensgesicht' hätte, wir zur Kooperation programmiert, aber auf Konflikt vorbereitet seien. Das soziale Drama stellt die ursprüngliche, alle Zeiten überdauernde Form der Auseinandersetzung dar" (Turner 1989b: 14). Die Analogie *Drama – soziales Leben* scheint außerordentlich tragfähig und wird vielfach aufgegriffen, bleibt indes nicht unwidersprochen.

Clifford Geertz, der für den Vorschlag einer anderen Analogie berühmt wird, nämlich Kulturen als Texte lesen zu lernen, schätzt und kritisiert Turner gleichermaßen. In seinem weithin bekannten Text *Blurred Genres. The Refiguration of Social Thought* (1983) unterstreicht er die grundsätzliche Bedeutung von geisteswissenschaftlichen Analogien für das sozialwissenschaftliche Verstehen, und verweist insbesondere auf den Literaturwissenschaftler, Schriftsteller und Philosophen Kenneth Burke (1897–1993). Dieser begreift soziale Interaktion als symbolisches Handeln und ihn beschäftigt der Zusammenhang zwischen Rhetorik und Überredung. Frühzeitig und maßgeblich propagiert er die These, wonach Literatur und Wirklichkeit nicht getrennt sind, dass soziales Handeln dramatisch strukturiert ist und literarische Dramen sozial strukturiert sind. Beide, Geertz und Turner, beziehen sich auf Burke, wenngleich auf unterschiedliche Weise. Geertz betrachtet Turner als Vertreter einer *Ritualtheorie des Dramas*, die er einer *Theorie symbolischer Handlung* gegenüber stellt.

Geertz zählt auf, welch vielfältigen Phänomene Turner und seine Schülerinnen und Schüler mit diesem weiträumigen Schema beschreiben: tribale Übergangsriten, Heilungszeremonien, Gerichtsprozesse, mexikanische Aufstände, isländische Sagen, Thomas Beckets Schwierigkeiten mit Heinrich II., pikareske Erzählungen, millenaristische Bewegungen, karibische Karnevals und indianische Peyote-Jagden. Geertz beendet die Aufzählung mit einer ironischen, wenn nicht boshaften Spitze. Das soziale Drama Turners sei „eine Form für alle Zeiten" („a form for all seasons") (Geertz 1983: 28; Turner 1989b: 168).

Geertz zielt damit auf Turners theoretische Ambitionen, die zu sehr „auf die allgemeine Bewegung der Dinge" gerichtet seien, und damit die Mannigfaltigkeit kultureller Inhalte, die Gefühle und Werte *spezifischer* Kulturen, nicht erfassen können. Victor Turner setzt sich in seinem Buch *Vom Ritual zum Theater* mit Geertz' Kritik auseinander und macht einmal mehr deutlich, um was es ihm mit seiner Drama-Analogie geht. Dabei wird ein Bogen von Stammesritualen und ihrer entwickelten Symbolik hin zu den komplexen westlichen Gesellschaften der Moderne gespannt (1989b: 161–195). Ndembu-Rituale, gleich ob Leidens- und Heilungsrituale, Übergangsrituale (Geburt, Heirat, Tod) oder Jahreszeitenrituale sind Antworten auf Konflikte. Dramatisiert finden sich Spaltungen und Gegensätze zwischen Männern und Frauen, zwischen mütterlicher Abstammungslinie und männlicher politischer Macht. Dabei handelt es sich nicht um beliebige oder zufällige Konflikte, sondern um dauerhafte. Es ist der „strukturelle Konflikt zwischen weiblicher Strukturkontinuität und männlicher Autorität" und genau das „ist der ‚unsterbliche Lindwurm' der Ndembu-Kultur, auch wenn Ritual, Mythos und Symbol alles daransetzen, ihn zu verschleiern, zu verhüllen, von ihm abzulenken oder ihn wegzuerklären" (Turner 1989b: 175).

Somit sind „soziale Dramen" auf Dauer geschaltet und lassen ein bestimmtes Muster erkennen (Bruch, Krise, Krisenbewältigung, Versöhnung bzw. Spaltung), das Turner ins Allgemeine wendet. Die Übertragung in die Moderne und auf völlig andersartige Gesellschaftsformen ist der nächste Schritt: „Die performativen Gattungen komplexer Industriegesellschaften ebenso wie viele ihrer forensischen und juristischen Institutionen, die Theaterbühne und der Gerichtshof, sind tief im menschlichen sozialen Drama, vor allem in der Bewältigungsphase, verwurzelt – dem Drama, das unmittelbar dem soziostrukturellen Konflikt, hinter dem sich vielleicht eine endemische, revolutionäre Ruhelosigkeit verbirgt, entspricht; wir Menschen scheinen nämlich eine Spezies zu sein, die sich selbst mit ihren vorteilhaftesten kulturellen Adaptionen leicht langweilt" (Turner 1989b: 175 f.).

In komplexen Gesellschaften herrscht Pluralismus in Religion, Politik, Philosophie vor. Um angesichts solcher Vielstimmigkeit Sinn und Konsens zu stiften, bedarf es rhetorischer und anderer Mittel des Überzeugens. Der Erfolg jedoch ist ungewiss und daher bietet sich allzuhäufig Waffengewalt als Beendigung sozialer Dramen an und die Machthaber bemühen sich, ihre Position und ein vereinfachtes Glaubenssystem mit Hilfe von säkularen Ritualen zu festigen. Turner beobachtet in der Moderne eine durchgehende Retribalisierung auf der Ebene totalitärer Gesellschaftssysteme. Die dort auftretenden Widersprüche, die sich aus dem Wandel von Produktionsverhältnissen ergeben, führen zu immer neuen sozialen Dramen. Nicht nur Gewalt, vor allem die „Reritualisierung der dritten Phase des sozialen Dramas, der Bewältigungsphase" dient dazu, die Krise in den Griff zu bekommen (ibid.). Beispiele sind die stark ritualisierten Prozesse gegen Häretiker und politische Abweichler, und Turner hat hier den Prozess gegen die „Viererbande" in China[20] vor Augen. Stammesrituale wie auch die Retribalisierung in modernen Gesellschaften betonen die Sozialstruktur und ihre hierarchischen Bestandteile wie Rollen, Status, Positionen. Dies geschieht jedoch auf Kosten des Individuums.

---

[20] Die Viererbande, eine Gruppe aus dem linken Flügel der chinesischen KP, kam nach 1966 an die Macht und gestaltete maßgeblich die Kulturrevolution. Kurz nach dem Tod Mao Zedongs, 1976, wurde ihr Einfluss gebrochen, die Mitglieder verhaftet. In einem Schauprozess, 1980–1981, machte man die Viererbande, darunter Maos Witwe Jiang Qing, für Missstände und Gräuel der Kulturrevolution verantwortlich und sprach lebenslange Haftstrafen aus.

Turner behauptet nun, dass die liminale Phase der Übergangsrituale die Möglichkeit der Individuation – der Selbstwerdung – bietet. Das Individuum kommt in diesem Schwellenzustand, der von Doppeldeutigkeit und Unbeständigkeit gekennzeichnet ist, dazu, über sich und seinen sozialen Ort nachzudenken, über gesellschaftliche Normen zu reflektieren, und erfährt Alternativen zum Bestehenden. In modernen Gesellschaften bietet das Theater solche Schwellenräume. So könnte man, wie er schreibt, „das ,absurde Theater' von Ionesco, Arrabal und Beckett als ,liminal' auffassen, obwohl ich hier den Begriff ,liminoid', ein zugegebenermaßen schwerfälliger Neologismus, vorziehen würde, da dieses Theater zwar einerseits dem Liminalen in tribalen und feudalen Ritualen ähnelt und vielleicht sogar von ihm abstammt, gleichzeitig aber sich insofern von ihm unterscheidet, als es eher die Schöpfung individueller als kollektiver Inspiration ist und den Zielen der bestehenden Sozialordnung eher kritisch als fördernd gegenübersteht" (Turner 1989b: 180).

In westlichen, liberal-kapitalistischen Gesellschaften ist Theater ein liminoider Prozess in der liminoiden Freizeit. Ursprünglich ist das Theater aus dem Ritual hervorgegangen mit der Funktion, u. a. kollektive Krisen zu bewältigen und „scheinbar willkürlichen und oft grausam erscheinenden Ereignissen *Bedeutung* zu verleihen" (Turner 1989b: 182). In vor-modernen Gesellschaften herrscht eine Symmetrie von Alltagsleben und Ritual. Das Spielen einer Rolle und das Zur-Schau-Stellen eines Status ist alltäglich und prinzipiell von der gleichen Art wie das rituelle Rollenspiel. Mit der Renaissance, so entfaltet Turner die Entwicklungslinie, trennt sich „Leben" vom „Theaterspiel", gleichzeitig tritt jedoch ein Paradox in Erscheinung. Einerseits steht das Theater als Kunstform dem Alltäglichen, bestimmt durch den Zwang zur Arbeit, gegenüber. Arbeit gilt als Notwendigkeits- und Wirklichkeitsform, das Spiel als Möglichkeits- und Wunschform der Kultur. Andererseits wird das Theater zum Raum der Selbstverwirklichung. Getrennt wird zwischen *persona* und Individuum; die *persona* „arbeitet", das Individuum „spielt". Zwar hat sich das Theater längst vom Ritual gelöst, nimmt aber trotzdem „für sich in Anspruch, ein Mittel der Kommunikation mit unsichtbaren Mächten und der letzten Wirklichkeit zu sein" (Turner 1989b: 184). Das Theater ist Domäne des Individuums, des „wahren Selbst" geworden, denn im „modernen Theater untergraben Bühnenrollen tatsächlich die Rollen des Alltagslebens, indem sie diese als ,unecht' erklären. Aus dieser Perspektive betrachtet, ist die *prosaische* Welt, die Heimat der *persona*, falsch und trügerisch, das Theater aber, die Welt des *Individuums*, real und allein schon durch seine Existenz eine ständige Kritik an der Heuchelei aller Sozialstruktur, die den Menschen nach dem Bild abstrakter sozialer Statusrollen formt, in dem sie ihn oft psychisch und physisch verstümmelt (z. B. durch das Binden der Füße, durch Korsetts oder unverdauliche Nahrung)" (Turner 1989b: 184 f.).

Die Entstehung des modernen und post-modernen Theaters, so die These
Turners, trägt „den Samen einer fundamentalen Kritik an *allen* bisher bekannten Sozialstrukturen in sich" (ibid.). Die daran anknüpfende These ist noch küh-
ner und behauptet, dass sich in der Moderne eine grundsätzliche Verschiebung
von Orten des Wahren und Wirklichen vollzogen hat. Die Handlungswelt der
„Indikativ"-Bereiche Wirtschaft und Politik verlagert sich in die „Welt des Spiels,
der Phantasie, der Illusion und Unterhaltung", und zwar deswegen, weil im Verlauf der Geschichte das religiöse Ritual all seiner ludischen Bestandteile (heilige
Narren, Trickster, Rätselgeschichten) beraubt wird und einen Bedeutungsverlust
erlebt. Aus religiösem Ritual wird strenges Zeremoniell. Im Raum der Unterhaltung jedoch, speziell im Theater, ist die Kraft des Ludischen präsent. „Kon-
junktivisches ‚Theaterspielen' ist nun das ‚Reale', ‚Authentische'; indikativisches
‚Theaterspielen' in der sogenannten ‚wirklichen Welt' wird als ‚heuchlerisch', ‚un-
echt', ‚bürgerlich', ‚verderblich' aufgefaßt [...]" (Turner 1989b: 185).

Turner preist hier das experimentelle Theater und das dort entwickelte Spiel
mit Grenzüberschreitungen von Alltag und Theater. Erinnert wird an Wegbereiter
wie Stanislawski, Delsarte, Meyerhold, Artaud und genannt werden zeitgenössische Vertreter wie Peter Brook (geb. 1925), Richard Schechner (geb. 1934) und
Tadashi Suzuki (geb. 1933).

Am radikalsten sind die Experimente des polnischen Theaterreformers Jerzy
Grotowski (1933–1999). Er löst die Trennung von Schauspieler und Zuschauer auf
und bietet stattdessen „ritualisierte Erlebnisse". Exotische Spielorte und exklusive
Teilnehmergruppen befördern Formen „spontaner Gemeinschaft". Seine Insze-
nierungen tragen Titel wie „Nachtwache", „Der Weg", „Der Bereich der Furcht",
„Der Kreis des Rhythmus", „Der Kreis der Dunkelheit und der Stimme", „Das
Schneiden". Begünstigt wird damit „ein Klima von Intimität und fast religiöser
Solidarität [...] durch gemeinsame Übungen, gruppendynamische Techniken und
totale Unterordnung unter einem starken Führer". Analogien zu „amerikanischen
Selbsterfahrungstherapien, Selbsthilfegruppen und traditionellen Initiationsriten"
sind unübersehbar (Schechner 1990: 100).

Grotowski befürwortet und befördert in solchen Arbeiten Grenzüberschreitungen physischer und psychischer Art. Das Private gilt nicht länger als geschütz-
ter Bereich. Performance ist Transgression und dies betrifft auch das intime
Innere eines Menschen. Grotowski kehrt vom Theater zurück zum Ritual, die
er selbst „paratheatralische Experimente" oder auch „Kulturforschungen" nennt.
Diese Rituale erinnern Turner an rigide Pubertätsrituale zentralafrikanischer Eth-
nien, die keine Wahlfreiheit kennen und im Wortsinne „einschneidende" Spuren
hinterlassen. Er sieht hier eine verhängnisvolle Reliminalisierung am Werk. Ver-
hängnisvoll, weil „das schwer erkämpfte Konzept der Individualität" in Gefahr
steht. Turner assoziiert mit Grotowskis Projekten keine Emanzipation oder refle-

xive Selbstfindung, sondern den „Triumph des Willens" und totalitäre Zugriffe auf das Selbst. Grotowski wird zum krypto-religiösen Führer, der auf Körper und Psyche der Darsteller disziplinierend und formend zugreift (Turner 1989b: 187). Für Turner hingegen ist Trennung von Publikum und Darstellern eine wertvolle (abendländische) Errungenschaft, die auch Befreiung des Theaters von Kosmologie, Ideologie und Theologie bedeutet (Turner 1989b: 188, 1977b: 54). Die unterschiedlichen Qualitäten des Liminalen und Liminoiden sind, so die Schlussfolgerung, der Entwicklung vom Ritual hin zum Theater geschuldet. Der Weg zurück zu einer Reritualisierung und Reliminalisierung sei irreführend, so warnt Turner. Man könne die Anziehungskraft des Grotowski'schen Programms nachvollziehen, schreibt Turner:

„Laßt uns eine ‚Hülle' des liminalen Orts und der liminalen Zeit oder ein Wallfahrtszentrum schaffen, scheint er zu sagen, wo Menschen darin erzogen werden oder sich selbst erziehen, die falsche Person abzustreifen, die das innere Individuum erstickt. Es muß ein starkes Gefühl der Erleichterung oder Befreiung sein, wenn der innere Mann und die innere Frau zum Vorschein kommen und erkannt werden. Damit geht eindeutig die Vorstellung von einer Rückkehr zur Natur einher. Ethnologen haben jedoch die Erfahrung gemacht, daß der Initiationsprozeß große Gefahren in sich birgt. Der Initiand wird gewöhnlich in etwas *hinein* initiiert: er mag aus einem Status- und Rollengefüge befreit werden, doch nur um so fester in ein anderes eingebunden zu werden" (Turner 1989b: 191 f.).

Turner sieht in Schechners Theater-Experimenten einen vielversprechenden Ansatz, Grotowskis Vision des klassenlosen und „unentfremdeten" Menschen umzusetzen. Schechner erkennt die Gefahr, vom Regisseur zum Diktator zu mutieren, und versteht seine Rolle im Prozess der Theaterproben als die des Geburtshelfers. Theater ist Theater und Unterhaltung ist wesentlicher Teil des Theaters. Diese Einsicht hat Schechner – im Gegensatz zu Grotowski – nie vergessen. „Unterhaltung ist eher liminoid als liminal, ist von Freiheit durchflutet. Unterhaltung beinhaltet zutiefst die Macht des *Spiels*, und Spiel demokratisiert" (Turner 1989b: 192).

Unterhaltung wird für Turners Konzept des Liminoiden zum Schlüsselbegriff. Das englische Wort „entertainment" entwickelt sich aus dem französischen *„entre"* – zwischen – und *„tenir"* – halten – und meint wörtlich „dazwischenhalten", so erklärt uns Victor Turner und referiert aus *Webster's Dictionary*: „to entertain" kann bedeuten „1. ‚das Interesse aufrechterhalten und Vergnügen bereiten; zerstreuen; amüsieren' oder 2. ‚sich über etwas nachzudenken gestatten; im Sinn haben; sich überlegen'" (Turner 1989b: 194). In modernen und postmodernen Räumen der Unterhaltung findet sich demnach etwas, was sich auch in rituellen Räumen der Vormoderne begegnet: Spiel und Reflexion.

Richard Schechner entwickelt in seiner Performance-Theorie zum einen das Begriffspaar „Wirksamkeit — Ritual", das darauf abzielt, die Teilnehmer zu verändern, und zum anderen das Konzept „Unterhaltungs-Theater", das darauf abzielt, die Teilnehmer zu verändern (hierzu Schechner 1990: 68 ff.). Schechner ist wie Grotowski von der Idee fasziniert, Orte zu schaffen, an denen Entfremdung und Verdinglichung menschlicher Existenz aufgehoben werden. Ihm geht es dabei um die Erfahrung kollektiven Feierns, und er nutzt dabei Prozesse, die vom Ritual zum Theater und zurück führen. Die Bewegung vom Ritual zum Theater bricht eine Gesamtheit auseinander und macht daraus eine Menge einzelner Zuschauer. Die „Gegenbewegung vom Theater zum Ritual ereignet sich dort, wo ein Publikum sich aus einzelnen Individuen in eine Art Gemeinde von Teilnehmern verwandelt. Diese beiden gegenläufigen Tendenzen lassen sich in jeder Performance aufzeigen" (Schechner 1990: 97).

Turner erkennt in diesem Binärsystem seine eigene Unterscheidung zwischen liminal und liminoid, aber auch den Unterschied zwischen dem Theater eines Grotowski und dem Broadway-Theater.

Victor Turner, das wird in jedem seiner theaterethnologischen Texte ersichtlich, geht es immer um das große Ganze. Der moderne Mensch bedarf der Bühne und der fiktiven und symbolischen Welt des Theaters aus zutiefst existenziellen Gründen: „Um unserem täglichen Leben Sinn zu geben, unser tägliches Brot zu verdienen, müssen wir uns in die konjunktivische Welt der Ungeheuer, Dämonen und Clowns, der Grausamkeit und der Poesie begeben. Und wenn wir ein Theater betreten – ganz gleich, welches Theater unser Leben uns ermöglicht – wissen wir bereits, wie merkwürdig und vielschichtig das Alltagsleben, wie außergewöhnlich das Gewöhnliche ist. Wir brauchen dann nicht mehr die – mit Audens Worten – ‚ewige Sicherheit' der Ideologien, sondern schätzen das ‚unnötige Risiko' des Agierens und Interagierens" (Turner 1989b: 195).

Für die Entwicklung der Theater-Ethnologie hin zu einer Ethnologie der Performance ist die Begegnung Victor Turners mit dem bereits mehrfach erwähnten Regisseur, Produzenten und Performance-Theoretiker Richard Schechner (geb. 1934) von wesentlicher Bedeutung. Beide lernen sich in den 1970er Jahren kennen, als Schechner in New York eine Reihe von Workshops organisiert, die Kulturtheoretiker und Theaterpraktiker zusammenbringen. 1982 erfolgt umgekehrt die Einladung von Turner an Schechner, ihn bei der Organisation einer Tagungsreihe „World Conference on Ritual and Performance" zur Seite zu stehen.

Wenn man Turner als Grenzgänger seines Faches bezeichnen kann, so gilt Vergleichbares auch für Schechner. Er gründet 1967 die experimentelle Theatertruppe *The Performance Group* (TPG) in New York und produziert zahlreiche Aufführungen, die das klassische Bühnentheater hinter sich lassen und die Grenze zur „Genre Performance" überschreiten. Seine Asien-Reise im Jahr

1971–1972 hinterlässt tiefe Eindrücke. Sein „Environmental Theater" durchbricht die Trennung Bühne/oben—Publikum/unten und findet neue, bislang ungewohnte Spielorte. Als Theoretiker gibt er die Zeitschrift *The Drama Review* heraus und ist ab Mitte der 1970er Jahre Hochschullehrer für *Performance Studies* an der *Tisch School of the Arts* (New York). Performance Studies als eigenes Lehr- und Forschungsgebiet werden in den 1960er Jahren geboren und einer seiner Geburtshelfer ist Richard Schechner. In einem programmatischen Zeitschriftenaufsatz (Mitte der 1960er Jahre) bestimmt er „Performance" als inklusive Kategorie, die gleichermaßen Theaterspiel und Gesellschaftsspiel, Sport, ritualisiertes Alltagsverhalten der Industriegesellschaften und Rituale vor-moderner Gemeinschaften umfasst (Schechner 1998: 357). Die Zeitschrift *The Drama Review* erhält ab 1980 den Untertitel *Journal of Performance Studies*. Signalisiert wird damit eine programmatische Horizonterweiterung der Theaterwissenschaft. In Schechners Seminaren und Workshops wird diese Wende praktisch umgesetzt. Semiotik, Ethnologie, Psychologie, Theater und Tanz werden hier in Dialog gebracht mit dem Ziel, eine *Performance Theorie* zu synthetisieren. Die New Yorker *Performance Studies* werden schnell bekannt, und die Prominenz der Teilnehmerschaft verleiht Schechners Workshops nicht nur besonderen Flair, sondern eine eigene performative Qualität. Beteiligt sind u. a. Theaterleute wie Jerzy Grotowski, Eugenio Barba, Augusto Boal, die *Squat Theatre* Truppe, Performance-Künstlerinnen wie Laurie Anderson und Meredith Monk, der Psychoanalytiker Donald M. Kaplan, der Semiotiker Paul Buissac, der Soziologe Erving Goffman, der Dichter Jerome Rothenberg, die Theater-Regisseurin JoAnne Akalaitis, der Tänzer und Choreograph Steve Paxton, die Tänzerin Yvonne Rainer, der Begründer des Bibliodrama Peter Pitzele, der Theaterautor Richard Foreman, die Regisseurin Julie Taymor. Zudem sind eine Reihe bekannter Ethnologen eingeladen: Clifford Geertz, Colin Turnbull, Alfonso Ortiz, Masao Yamaguchi, Edward T. Hall, Barbara Myerhoff und Victor Turner, dieser mehrfach. Workshop-Themen sind u. a. „Performing the Self", „Play", „Shamanism", „Cultural and Intercultural Performance", „Experimental performance" (Schechner 1998: 358).

Richard Schechners Ehrgeiz liegt nicht darin, Drama und Theaterspiel auf neue Weise zu unterrichten. Ihn interessiert performatives Verhalten in all seinen denkbaren Facetten und die von ihm entwickelten *Performance Studies* basieren dementsprechend auf einem „Broad Spectrum Approach" (Schechner 1988). Die Begegnung mit Theatertraditionen fremder Kulturen in Asien, Afrika oder Lateinamerika ist dabei ein ganz wichtiger Impuls ebenso wie die Intensität der 1960er Jahre, in denen experimentelle Formen der Kunst, des Zusammenlebens und des politischen Protestes entwickelt und mit visionärer Energie in die Öffentlichkeit getragen werden. In dieser Dekade wird die kleine, überschaubare Gemeinschaft als zukunftsfähiges Gesellschaftsmodell gefeiert. Landkommune und Wohngemeinschaft, aber auch anarchische Stadtgemeinschaften wie die Freistadt Cristiania in Copenhagen oder Ashbury Heights in San Francisco sind anti-strukturelle Experimentierfelder.[21] Schechner knüpft in seiner Theaterarbeit an solche Gruppenexperimente an, die darauf abzielen, die Gegensätze Freizeit und Arbeit, Kunst und Politik aufzulösen.

Mit Schechner wird die Disziplin Theaterwissenschaft verfremdet bzw. aus der Perspektive nicht-westlicher Kulturen in Frage gestellt. Der traditionelle Kanon der Dramentheorie, der sich im Wesentlichen auf die Verehrung von Säulenheiligen wie Aristoteles, Lessing und Brecht beschränkt, gilt als eurozentrisch und das Guckkasten-Theater als überholt. Das neue Paradigma heißt *Performance* und löst das *Theater*-Paradigma ab.

Schechner entdeckt für sich mit wachsender Faszination die Ethnologie und sieht im Ritual den archaischen Urgrund von Theater (Schechner 1990). Umgekehrt entdeckt Victor Turner mit wachsender Faszination das Theater und andere performative Genres als Quelle liminoiden Erlebens. Beide eint das Interesse an den Universalien menschlicher Existenz, die, so ihre Überzeugung, in Drama, Spiel und Ritual zum Ausdruck kommen.

Beide knüpfen in ihrer Zusammenführung von Ritual und Theater an eine populäre These des 19. Jahrhunderts an. Altphilologen wie Jane Ellen Harrison (1850–1928), Gilbert Murray (1866–1957), Arthur Bernard Cook (1868–1952) u. a. sind überzeugt, dass die griechische Tragödie aus einem jahreszeitlichen Tötungsritual erwachsen und ein Mythos nichts anderes als (später missverstandener) Begleittext eines Rituals sei. Diese von der *Cambridge Myth and Ritual School* propagierte These vom rituellen Ursprung des Theaters hat weitreichenden Einfluss auf die gelehrte Welt. Sir James George Frazer (1854–1941), William Robertson Smith (1846–1894), Émile Durkheim (1858–1917), Sigmund Freud (1856–1933) oder auch Charles Darwin (1809–1882) übernehmen diese Ansicht und entwickeln sie auf jeweils eigene Art weiter. Wiewohl sich eine mono-kausale Entwicklungslinie für die antike Theatergeschichte nicht bestätigen lässt, sind Familienähnlichkeiten zwischen antikem Opferritual und Drama nicht von der Hand zu weisen. Der bekannte Gräzist Walter Burkert stellt die Hypothese auf, dass sich das Wort „Tragödie" aus dem Ritual des Bocksopfers für den Gott Dionysos erklärt. Für ihn liegt in der Tötungshandlung der „wilde Ursprung" des antiken Dramas, und er bestätigt damit teilweise die Cambridge Ritualisten (Burkert 1990: 13–39).

---

[21] „Nur Stämme werden überleben!" – so lautet die Botschaft des Oglala-Lakota Vine Deloria (1933–2005), die zum Schlagwort der Alternativ-Szene wird und Delorias Pamphlet über die konservativen Werte indianischer Kultur zum Bestseller macht. Vgl. Deloria 1976.

Turner und Schechner, die beide von der (auch entwicklungsgeschichtlichen) Nähe von Ritual und Theater überzeugt sind, argumentieren mit ethnologischen Befunden. Schechner befasst sich ausführlich mit den Kaiko-Festen und rituellen Schweineschlachtungen im Hochland von Neuguinea, um die unterschiedlichen Komponenten von theatraler *Unterhaltung* und ritueller *Wirksamkeit* herauszuarbeiten (Schechner 1990: 49–112).[22]

Neben Fragen zum religiösen Ursprung und kulturellen Stellenwert von Ritual und Theater ist es die praktische Theaterarbeit, die beide fasziniert. Schechner experimentiert mit neuen Formen des Lehrens und Lernens, zumal, wenn es um die Vermittlung von interkultureller Performance geht. Die herkömmliche Theaterpädagogik ist unbrauchbar, die Dichotomie von „reading and doing" muss aufgelöst und durch ein Lernen des Körpers ergänzt werden. Studenten praktizieren fremde Gebräuche und tragen ungewohnte Kleidung, sie üben sich in unbekannten religiösen Kulthandlungen und eignen sich neue ästhetische Ausdrucksformen an. Schechners Seminare sind somit immer auch pädagogische Experimente (Worthen 2004: 18). Zunehmend wichtig werden ihm jene Erfahrungsbereiche, die vor der öffentlichen Aufführung liegen. Der Probenraum und die hier beobachtbaren Schwellenzustände rücken ins Zentrum seiner forschenden Aufmerksamkeit. Es geht um die dynamische Beziehung zwischen „Stückeschreiber, Schauspielern, Regisseur, Bühne und Requisiten", auch um „Übungen verschiedenster Art, einschließlich Atemübungen zur Auflockerung der Schauspieler". Die Rollen werden mitunter von Schauspielern verteilt. „In diesem Prozeß bewegt sich nach Schechners Auffassung der Schauspieler, indem er die Rolle eines – durch das Stück vorgegebenen – Anderen spielt, unter dem intuitiven und erfahrenen Auge des Regisseurs/Produzenten vom ‚Nicht-Ich' (der geplanten Rolle) zum ‚Nicht-Nicht-Ich' (der realisierten Rolle). Für Schechner stellt diese Bewegung eine Art Schwellenphase dar, in der alle Arten von Erfahrungsexperimenten möglich, ja notwendig sind. [...]. Schechner zielt eher auf *poiesis* als auf *mimesis*, auf das Machen, nicht auf das Vortäuschen" (Turner 1989b: 147). Nicht das fertige Produkt interessiert in erster Linie, sondern der Prozess auf dem Weg dorthin.

Auch Turner propagiert experimentelle Formen des Lehrens und Lernens. Das Format seiner häuslichen Donnerstag-Abend-Seminare, die in Ithaca und Chicago legendären Ruf genießen, verlangt solche Grenzüberschreitungen. Auch hier, und trotz des akademischen Milieus einer Universität, soll die angestrebte Lernerfahrung körperlich wirken. Turner schlägt vor, echte Rituale, so wie sie in ethnologischen Monographien zu finden sind, in Bühnenstücke umzuschreiben und zur Aufführung zu bringen. „Verstehen" wird damit zu einem Prozess, der

---

[22] Mit der Schule der „Cambridge Ritualisten" und der Kritik an ihren Thesen setzt sich Schechner in seinem Buch *Between Theatre and Anthropology* (1985) auseinander.

erfordert, dass man zunächst „in die Haut der Mitglieder einer anderen Kultur schlüpft", um anschließend wieder zum Text, den Ethnographien zurückzukehren. Dieser Vorgang löse eine Reihe von Problemen aus, die ihrerseits hohes erkenntnisförderndes Potential beinhalten:

> „Denn jede dieser drei Phasen (die Umwandlung der Ethnographie in ein Bühnenstück, des Stücks in eine Aufführung, der Aufführung in eine Meta-Ethnographie) deckt viele Schwächen der Ethnologie, dieser, im wesentlichen westlichen Traditionen verpflichteten Disziplin, auf. Und dieser Prozeß zwingt uns, nicht nur in rein ethnologischen Berichten, sondern auch in der Literatur und der Geschichte, in Biographien und Reiseberichten nach Daten Ausschau zu halten, die zu überzeugenden Bühnenstücken beitragen können. Wenn soziale Dramen in ästhetischen Dramen und anderen kulturellen Darstellungsgattungen ihre kulturellen ‚Doubles' [...] finden, kann zwischen ihnen, wie Richard Schechner argumentiert hat, sehr wohl eine Konvergenz entstehen, so daß die Verlaufsform der sozialen Dramen in ästhetischen Dramen (wenn auch nur durch Umkehrung oder Negation) implizit enthalten ist, während die *Rhetorik* der sozialen Dramen – und deshalb die Form des Arguments – kulturellen Dramen entnommen ist. Watergate hatte viel von Perry Mason!" (Turner 1989b: 141 f.).[23]

Mit der Engführung eines politischen Skandals mit einer beliebten US-amerikanischen TV-Kriminalserie verbindet Turner die These, dass sich dramatische politische Ereignisse und Genres populärer Kultur gegenseitig bedingen, oder manchmal in Form und Rhetorik imitieren. Das soziale Drama „Watergate" war, wie Turner schreibt, „in allen seinen Phasen ausgesprochen ‚bühnenreif'", angefangen mit einem Einbruch und dem Fund des belastenden Tonbands, über die Vertuschungsversuche der Krisenphase, bis zur Bewältigungsphase, die einem Drehbuch und seinen theatralischen Modellen zu folgen schien (Turner 1989b: 117).

---

[23] Mit Watergate-Affäre werden Fälle von massivem Amtsmissbrauch (Bespitzelung von Oppositionspolitikern, illegale Parteispenden, Beeinflussung der Justiz) während der Regierungszeit von Richard Nixon (1969–1974) bezeichnet. Die Journalisten Bob Woodward und Carl Bernstein (Washington Post) sind (neben anderen) an der Aufdeckung des Skandal beteiligt und Nixon tritt am 9. August 1974 von seinem Amt zurück.
Der Strafverteidiger Perry Mason ist eine Romanfigur des Krimi-Autors Erle Stanley Gardner (1889–1970) und Held einer gleichnamigen TV-Serie, die zwischen 1957 und 1966 (und in Neuverfilmung zwischen 1985 und 1993) in den USA ausgestrahlt wurde. Mason verteidigt stets einen zu Unrecht Angeklagten. Höhepunkt jeder Episode stellt das Drama der Gerichtsverhandlung dar, in dessen Verlauf der wahre Schuldige überführt wird.

Fig. 1: Die Turner-Schechner-Schleife

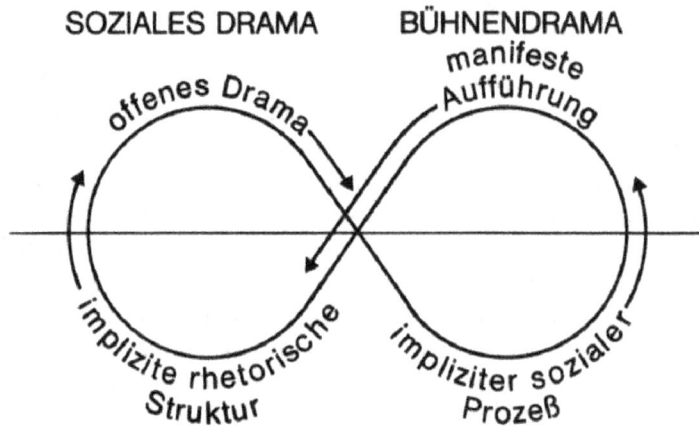

Turner und Schechner veranschaulichen ihre These graphisch mittels einer liegenden Acht (Fig. 1, entnommen aus Turner 1989b: 116). Die sichtbare Ebene des
Bühnendramas und der politischen Skandale ist nur eine Seite des Geschehens.
Untergründig und implizit ist das Bühnendrama immer von sozialen Prozessen
mitgestaltet, wie umgekehrt politische Ereignisse von rhetorischen Strukturen
dramatisiert werden. Die Turner-Schechner-Schleife geht damit über die schlichte
Behauptung von Widerspiegelungen hinaus. Dargestellt sind gestaltende Kräfte
und dynamische Vorgänge, die sich gegenseitig durchdringen.

Victor Turner bringt das Konzept des „sozialen Dramas" verschiedent-
lich in Vergleich mit klassischen Bühnendramen. Das „soziale Drama" bildet
das Scharnier zwischen seiner Symbol- und Ritual-Ethnologie und Schechners
Performance-Theorie.

Die Idee, wissenschaftliche Literatur auf einer Theater-Bühne „in Szene"
zu setzen, um das Verständnis für kulturelle Prozesse zu befördern, ergibt sich
daraus. Die Turners experimentieren damit Anfang der 1980er in ihrem Haus in
Charlottesville gemeinsam mit Studierenden. Angestrebt wird dabei nicht eine
neue Form des Ethnotheaters für die Öffentlichkeit. Ziel ist es, den Studierenden auf diese Weise Ethnographien nahe zu bringen. Vermittelt werden soll der
Reichtum sozialer Erfahrungen und zwar über „kinetisches Verstehen". Neben
dramatischen Episoden aus Turners *Schism and Continuity* und aus *Drums of
Affliction* werden auch andere Ethnographien herangezogen, und so gelangt u. a.
auch ein Hamatsa-Tanz aus der Winter-Zeremonie der Kwakiutl zur Aufführung
(beschrieben in Turner/Turner 1987; Engelke 2004: 40).

Die Idee, aus ethnographischer Literatur Theater zu machen kennt ein pro-
minentes Vorbild. Das Buch *The Mountain People* (1972) des Ethnologen Colin
Turnbull (1924–1994) ist Anfang der 1970er Jahre von den Theaterautoren Colin
Higgins und Dennis Cannan in dramatische Episoden umgeschrieben worden.
Turnbull schildert die Jäger-Kultur der Ik im Hochland Ugandas während einer
Hungerkrise. Nahrungsknappheit macht aus ursprünglich gemeinschaftsorien-
tierten und Kinder liebenden Menschen selbstsüchtige gefühlsarme Ungeheuer.
Der Hunger zwingt zu Lüge, Neid, Misstrauen und Grausamkeit. Das Buch wird
ein Bestseller, Turnbull und die Ik werden berühmt. Regisseur Peter Brook (geb.
1925) führt das Stück *The Ik* 1975 in Paris auf und im darauffolgenden Jahr tourt
es durch die USA. Turner sieht in diesem Experiment ein Beispiel für die erfolgreiche Zusammenarbeit eines Ethnologen mit Theaterleuten und ein wichtiges
Lehrmittel für interkulturelle Verständigung.[24]

Durch die häuslichen Seminare bereits praxiserfahren, schlägt Turner im
Rahmen eines New Yorker Sommer-Workshops vor, soziale Dramen der Ndembu
aufzuführen. Ort dieser Veranstaltung ist die *Performing Garage* in Soho, dort,
wo Schechners *Performance Group* mit Stücken wie *Dionysos in 69*, *Macbeth*
oder *Mother Courage* bekannt wird (Turner 1989b: 140–160).[25]

Die Gruppe besteht zu gleichen Teilen aus Ethnologen und Theaterstuden-
ten. Zwei in seiner Dissertationsschrift *Schism and Continuity* beschriebene soziale Dramen dienen als Vorlage (1957: 95, 116). Edith und er selbst liefern das
„Drehbuch".

„Die Dramen handelten", so fasst Turner zusammen, „von der Dorfpolitik der
Ndembu, vom Konkurrenzkampf um das Amt des Oberhaupts, von Ehrgeiz, Neid,
Zauberei, der Bildung von Splittergruppen, der Stigmatisierung von Rivalen – vor
allem da diese innerhalb einer aus matrilinear miteinander verwandten Personen bestehenden Lokalgruppe operierten – und von ihren Heirats- wie Nachbar-
schaftsbeziehungen" (Turner 1989b: 148 f.). Die Hintergründe dieses komplexen
Szenarios werden zunächst über Sachinformationen erklärt, im nächsten Schritt
wird versucht, mittels Yoruba Trommel-Musik und einigen Ndembu-Tanzschrit-
ten die „richtige Stimmung" zu erzeugen. Turner wird zum Dorfoberhaupt und
Ritualmeister, der ein gemeinschaftsbildendes Ritual in „modernes Amerika-
nisch" übersetzt. Ein Bürstenstil dient als *muyomba*-Baum, das rituelle Bier wird
durch Wasser ersetzt, weiße Tonerde durch Salz. Der Bürstenstil-Baum wird mit

---

[24] Zehn Jahre später äußert der deutsche Afrikanist Bernd Heine massive Zweifel an Turnbulls
Sprachkenntnissen, Forschungsmethode und Darstellungsform, und ganz grundsätzlich an den be-
haupteten Fakten. Vgl. Heine 1985.
[25] Die Aufführung *Dionysos in 69* ist von Schechner gemeinsam mit dem Regisseur Brian de Palma
verfilmt worden und ist als DVD erhältlich. Vgl. www.colba.net/~jecr/dionysus.htm [besucht am
25.6.2011].

einem Küchenmesser eingeschnitten, „eine Operation, die symbolisch auf die mit Reinigung gleichzusetzende Beschneidung verweist" (Turner 1989b: 150). Turner bestreicht den in eine Fußbodenritze „gepflanzten" Schrein-Baum mit improvisierter weißer Tonerde, dem Symbol der Einheit von Toten und Lebenden. Augenhöhlen, Stirn und Nabel der Teilnehmerinnen werden ebenso behandelt. Anschließend werden weiße Stoffbänder um deren Stirn gebunden und ein Trankopfer am Schrein-Baum vollzogen. Damit ist nun eine neue Gemeinschaft geschaffen.

Turner fragt, durchaus selbstkritisch, nach der Authentizität des Geschehens: „Mußte die ganze Inszenierung nicht äußerst künstlich und wenig authentisch erscheinen, wenn man sich so weit vom Ndembu-Ritual entfernte? Merkwürdigerweise war das, nach Aussage der Studenten, nicht der Fall. [...] Alle waren der Meinung, daß die Darstellung des Ndembu-Rituals der Wendepunkt war und ihnen sowohl die Gefühlsstruktur des sozialen Dramas und die Spannung zwischen Parteigeist und Sündenbocktum als auch das tiefempfundene ‚Zusammengehörigkeitsgefühl' der Dorfbewohner vermittelte. Die Darstellung zeigte ihnen auch, wie man aufgrund der Teilnahme an einem sich sowohl nichtsprachlichen als auch kognitiver Codes bedienenden Ritual ein umfassenderes kollektives und individuelles Verständnis der Konfliktsituation erlangen kann" (Turner 1989b: 151 f.).

Für Turner geht es bei dieser Veranstaltung genau darum, nämlich „ein umfassenderes kollektives und individuelles Verständnis" einer fremden Kultur und ihrer Konflikte zu vermitteln. Anders ausgedrückt: trotz Bürstenstil statt Baum und Wasser statt Bier bleibt für Turner „Authentizität" eine zentrale Kategorie. Die teilnehmenden Studierenden haben nicht durchweg denselben Anspruch. Bei dem Versuch, affektiv in die intersubjektive Welt der Ndembu-Frauen einzudringen, „probierten die Frauen der Theater-Sektion des Workshops eine neue Inszenierungstechnik aus. Sie begannen eine Probe mit einem Ballett, bildeten einen Kreis und schufen so mit ihren Körpern eine Art Rahmen, in dem die dann folgende politische Aktion der Männer stattfinden konnte. Auf diese Weise wollten sie zeigen, daß die Handlung innerhalb eines matrilinearen soziokulturellen Raumes weiterging" (Turner 1989b: 154).

Für den Ethnologen Turner offenbaren sich Missverständnisse, denn die hier „versteckt zugrundeliegende zeitgenössische feministische Ideologie verfälschte den soziokulturellen Prozeß der Ndembu, für den solche Vorstellungen schlichtweg irrelevant waren [...]. Die matrilinearen Strukturen beeinflussten zwar die Taktiken, die die von ihrem Willen nach zeitweiliger Macht beherrschten politischen Kandidaten anwandten, doch die politische Macht befand sich überwiegend in den Händen der Männer. Ein sich an der Ethnographie orientierender Text sollte sich deshalb nicht auf matrilineare Annahmen, sondern auf den Machtkampf konzentrieren", fordert Turner (1989b: 154).

Die Teilnehmerinnen sind ganz offenkundig in die Zeitgeist-Falle feministischer Ideologie getreten. Matrilinearität mit Matriarchat als „Herrschaft der Frauen" gleichzusetzen (und dies auf die fernen Ndembu zu projizieren), das sei ethnologisch unsinnig, stellt Turner richtig. Andererseits ist er durchaus bereit, und auch hier weht der Zeitgeist, sich „als Mann" in Frage zu stellen: „Versteht ein männlicher Ethnograph, wie ich, überhaupt, was matrilineare Struktur nicht nur für Frauen, sondern auch für Männer bedeutet, welch wichtiger Faktor sie in all ihren Handlungen – ob politischen, rechtlichen, verwandtschaftlichen, rituellen oder wirtschaftlichen – darstellt?", um hinzuzufügen: „Es war jedoch eine Tatsache, daß selbst in dieser matrilinearen Gesellschaft hauptsächlich Männer politische Ämter innehatten, wenn Politik nicht überhaupt ein männliches Monopol war" (Turner 1989b: 154 f.; Engelke 2004: 41).

Eine Folgerung, die Turner aus dem Theaterexperiment zieht, ist die Notwendigkeit selbstreflexiver Kritik an der eigenen Disziplin. Mit dem Versuch, in die Rolle „der Anderen" zu schlüpfen, eröffnen sich Möglichkeiten, die Unglaubwürdigkeit der ethnographischen Darstellung bloß zu stellen und unbehandelte und ungelöste Fragen zu erkennen. Eine produktive Zusammenarbeit zwischen Ethnologie und Theater bedarf in jedem Fall eines erfahrenen Regisseurs, der „vorzugsweise mit der Ethnologie und dem außereuropäischen Theater (wie Schechner oder Peter Brook) und unbedingt mit der Sozialstruktur sowie den Regeln und Themen vertraut sein muß, die den Oberflächenstrukturen der dargestellten Kultur zugrunde liegen. Hier käme es zu einem ständigen Hin und Her zwischen ethnologischer Analyse der Ethnographie, die die Einzelheiten für das Theaterspiel liefert, und der Synthetisierung und Integrierung der dramatischen Komposition, die die Szenen in eine Abfolge bringt, die Worte und Handlungen der Figuren zu vorangegangenen und künftigen Ereignissen in Beziehung setzt und Handlungen geeigneter Bühnenschauplätzen zuordnet" (Turner 1989b: 157). Turner weist Ethnologiestudierenden nicht die Rolle der Schauspieler zu. Diese schließt er zwar nicht grundsätzlich aus, sieht allerdings die Rolle des Dramaturgen als die ideale: „Ein ethnologischer Dramaturg oder Ethnodramaturg ist aber nicht so sehr an der Struktur des Theatertexts [...] als an der Treue dieses Texts sowohl zu den beschriebenen Tatsachen als auch zur ethnologischen Analyse der Gruppenstrukturen und -prozesse interessiert" (Turner 1989b: 158).

Turners Beharren auf ethnographische Authentizität im Kontext der performativen Übersetzung von Ethno-Texten ist zwar aus dem Berufsethos eines Ndembu-Experten nachvollziehbar. Andererseits verwundert dieses Ansinnen gerade bei ihm, der doch mit beachtlichem argumentativem Geschick vom lokal und kulturell Spezifischen allzu häufig und mit großer Geste ins allgemein Menschliche weist.

Turner sieht in einem Prozess pragmatischer Reflexivität (des eigenen Faches) den Mehrwert des Ethnotheaters. Diese Einschätzung wird aus performance-theoretischer Perspektive nicht geteilt. Der Theaterwissenschaftler William B. Worthen unterstreicht die Eigenlogik einer Bühnenperformance und sieht in Turners Beharren auf ethnographische Authentizität eine hinderliche Textfixierung. Das Streben, den originalen Ndembu-Text zur Aufführung zu bringen, gründet auf der Vorstellung, dass es ein solches Kultur-Skript tatsächlich gäbe und dieses mit Mitteln der Performance darstellbar wäre. „Bedeutung", und zwar die „richtige", existiert demzufolge. Aber, so wendet Worthen ein, „Text" und „Performance" sind beides instabile Größen, wenn es um die Herstellung von „Sinn" und „Bedeutung" geht. Bedeutung wird zwar durchaus hergestellt, jedoch in einem Prozess der Dekonstruktion von Konzepten wie „Intention", „Wirklichkeitstreue" und „Autorität". „Verstehen", so betont Worthen, sollte in diesem komplexen Vorgang nicht vorweggenommen werden, und plädiert für interdisziplinäre Offenheit und kritische Praxis (Worthen 2004: 18 f.).

Wie immer man im Nachhinein Chancen und Möglichkeiten eines solchen Ethnotheaters bewertet, Victor Turner stößt mit seinen Bühnenexperimenten auf Fragestellungen grundsätzlicher Art. Es geht um die Kunst der ethnographischen Darstellung zwischen Fiktion und Dokumentation, um Vielstimmigkeit der Interpretation, um Repräsentationsmacht, um post-koloniale Kritik an wissenschaftlicher Hegemonie. Um 1980 liegen solche Themen mehr oder minder diffus „in der Luft", und liefern Stoff für hitzige Debatten, die in dem Tagungsband *Writing Culture* (Clifford/Marcus 1986) eingehend reflektiert sind. Die Ethnologie, zumindest nicht wenige ihrer wichtigen Repräsentanten, befindet sich in einer Abwärtsspirale intensiven Selbstzweifels.

Turner verarbeitet diese Krisen-Stimmung auf seine Weise und sucht, wie so häufig, die Lösung in einem visionären Humanismus, der Kunst und Wissenschaft versöhnt: „Sollten Ethnologen das Ethnotheater jemals ernst nehmen, wird unser Fach mehr werden müssen als kognitives Spiel, das wir in unseren Köpfen spielen und – wir wollen der Wahrheit ins Auge sehen – in ziemlich langweiligen Zeitschriften abhandeln. Wir werden selbst Darsteller werden und das, was bisher lediglich mentalistische Protokolle waren, zur menschlich-existenziellen Erfüllung bringen müssen. Wir müssen Wege finden, die Grenzen sowohl politischer als auch kognitiver Strukturen mit Hilfe der dem Drama eigenen Empathie, Sympathie, Freundschaft, selbst Liebe zu überwinden, indem wir in Reziprozität mit den immer selbstbewußter werdenden *ethnoi, barbaroi, goyim*, Heiden und Randständigen bei der Verfolgung gemeinsamer Aufgaben und den seltenen phantasievollen Transzendierungen dieser Aufgaben immer tieferes strukturelles Wissen erlangen" (Turner 1989b: 160).

Der Weg, den Turner in seiner Theater-Faszination beschreitet, verbindet wissenschaftliche Selbstreflexivität mit der befreienden Wirkung von existenziellen Erfahrungen. Dieser Schritt hin zu einer „Ethnologie der Erfahrung" ist jedoch nicht die einzige Konsequenz. Victor Turners forschendes Interesse ist immer auch auf Ursprungsfragen und Entwicklungslinien gerichtet. Seine Bemühungen um eine systematische Verhältnisbestimmung von Liminal und Liminoid, Ritual und Theater, Vor-Moderne und Moderne, Religion und Unterhaltung schlägt sich in einer Graphik nieder, die er im Rahmen eines gemeinsamen Workshops mit Richard Schechner auf eine Tafel zeichnet (Schechner 1987: 9). Erläutert werden darin Performance-Genres in ihrer Entwicklung von Liminal hin zu Liminoid (siehe Fig. 2, entnommen aus Schechner 1987: 9).

Aufs Neue werden die Unterschiede zwischen komplexen Gesellschaften und einfachen Gesellschaften deutlich gemacht. Im Ritual vor-moderner Gesellschaften wird der liminale Bereich, charakterisiert durch die Kommunikation mit den „Sacra", ludische Verkehrung der Normen, Communitas und absolute Autorität, als „Kreativlabor" hervorgehoben. Aus diesem Zwischenbereich entwickeln sich in der Moderne zahlreiche liminoide Genres, darunter das Theater. Turner projiziert van Genneps Drei-Phasen-Modell der Trennung („separation"), Zwischenzustand („liminal") und Wiedereingliederung („reaggregation") auf die Erlebniswelt des Theaters. Loslösung / Trennung bedeutet für das Publikum den Wechsel von Arbeitszeit in die Freizeit, von den Räumen des Alltags in die Theaterräume. Für die Schauspieler findet dieser Übergang in den Proben und Probenräumen statt. Die liminale Phase ist hier charakterisiert als Kommunikation mit dem „Heiligen", „Mythischen", „Archaischen" und zwar über Texte, die für Turner die Funktion von Quasi-Sacra einnehmen. Ludische Rekombinationen sind Merkmal bestimmter Theater-Genres (u. a. Experimentelles Theater, Surrealismus, Komödie, Clownerie). Der Autorität des Regisseurs steht die hierarchielose Gemeinschaft der Darsteller gegenüber.

Die Phase der Wiedereingliederung nach einer Theateraufführung ist begleitet von einem ritualisierten Verhalten der Akteure, das Turner „cooling down" nennt. Das gemeinsame Essen nach der Vorführung ist dabei eine Variante.

Das Bemühen um Systematisierung eigener Erkenntnisse zieht sich durch Turners Schriften, wie das Schaubild (Fig. 2) demonstriert. Seine Theaterforschungen erschöpfen sich dementsprechend nicht darin, die Kunstform Theater ritualtheoretisch zu analysieren. Immer geht es auch um das Allgemein-Menschliche. Die Erfahrungen des modernen Menschen sind vom Erleben des archaischen Menschen – vertreten durch die Ndembu – nicht völlig abgetrennt. Die Brücke bilden das Ritual und rituelle Räume.

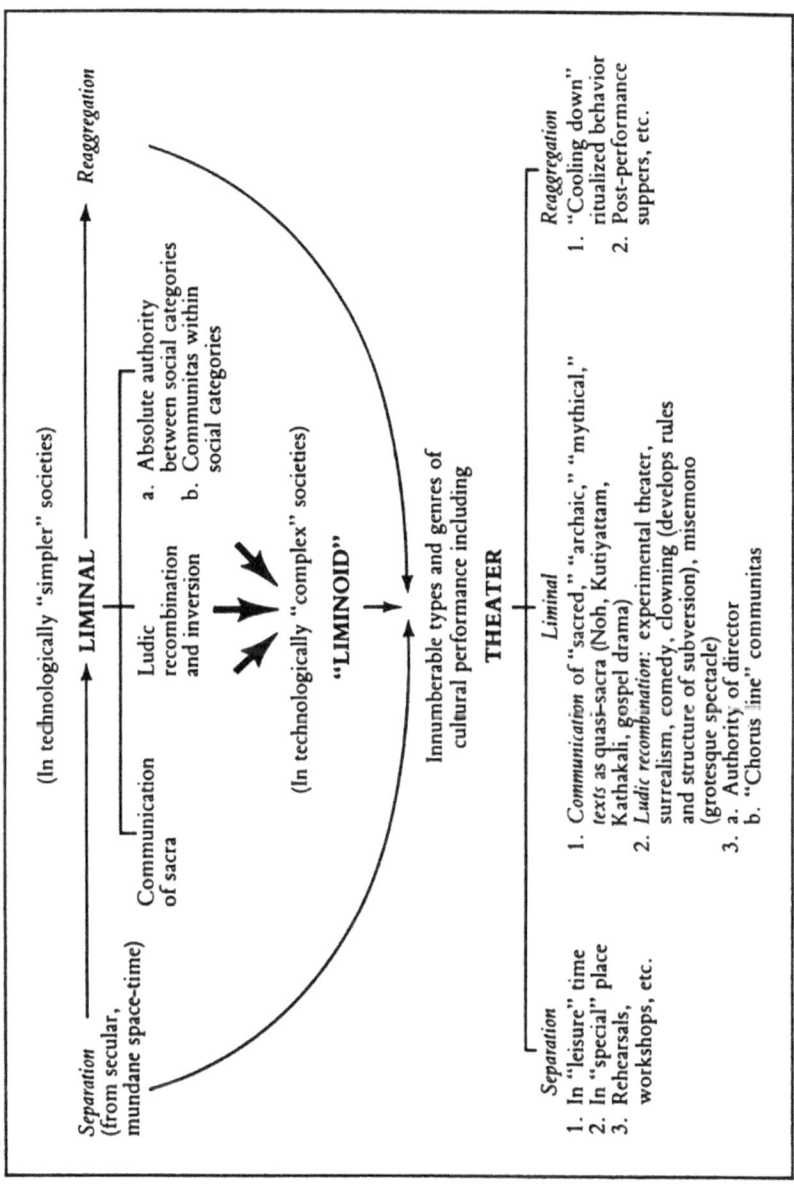

Fig. 2.: Vom Liminalen zum Liminoiden – Die Entwicklung von kulturellen Performance-Genres

Körper, Geist und Kultur –
neurobiologische Verheißungen

Turners Lebenswerk umkreist in immer neuen Anläufen den rituellen Prozess. Die Kategorien Liminalität und das Liminoide, Communitas und Anti-Struktur werden in Religions- und Literaturgeschichte, am Phänomen der Pilgerschaft und des experimentellen Theaters illustriert und überprüft. Insgesamt befasst sich die Mehrzahl seiner Schriften mit diesem Themenkreis.

In seinen letzten Lebensjahren sucht Turner den Dialog mit Naturwissenschaften. In erster Linie ist es hier die Biologie des Verhaltens und des Gehirns. Ihn interessiert die Beziehung zwischen Körper, Geist und Kultur, und ihn interessieren Ergebnisse der Evolutionsforschung. Ritualisiertes Verhalten in der Evolution der Arten wird hier zum Thema ebenso der Vergleich zwischen ritualähnlichem Verhalten niederer Arten, den sozialen Ritualen nicht menschlicher und menschlicher Primaten. In den 1970er Jahren erlebt auch die Neurophysiologie, Forschungen zur Anatomie und Funktionsweise des Gehirns, einen Aufschwung und stellt die Verheißung in den Raum, die Geheimnisse des menschlichen Geistes zu entschlüsseln.

Die naturwissenschaftliche Perspektive auf menschliches Verhalten ist weitestgehend deterministisch, und so betrachtet mag Turners Begeisterung für Evolutions-, Verhaltens- und Hirnbiologie überraschen, wie Richard Schechner anmerkt (1987: 10). Turner legt bereits in seinen ersten Ritual-Arbeiten den Akzent auf Anti-Struktur und betont damit das dynamische, offene und kreative Potential von Ritualen. Kreativität und Offenheit scheinen Rituale des Homo Sapiens von Ritual ähnlichen Verhaltensweisen aller anderen Lebewesen zu unterscheiden. Der Schwänzeltanz der Bienen etwa oder das ritualisierte Paarungsverhalten bei Hirschen oder Pavianen sind hingegen alles andere als offen. Es handelt sich hier um genetisch festgelegte Verhaltensmuster, die keinen Raum für anti-strukturelle Alternativen bieten. Welchen Erkenntnismehrwert erhofft sich also der Kulturwissenschaftler Turner von naturwissenschaftlicher Verhaltensforschung?

Um Turners Interesse an diesen Disziplinen nachvollziehen zu können, muss auf die Breitenwirkung hingewiesen werden, die zunächst die Verhaltensforschung – Ethologie – und später Soziobiologie und Hirnforschung erfahren.

In den 1960er Jahren werden Ergebnisse der Ethologie in breiter Öffentlichkeit diskutiert. Auslöser dafür ist die Frage, ob Aggression ursprünglicher, d. h. natürlicher Bestandteil des Menschen sei oder ob dieser nicht doch im Grunde friedfertig und erst durch den Prozess der Zivilisation deformiert werde. Ist das individuelle und kollektive Töten eigener Artgenossen also dem Faktor ‚Natur' oder ‚Kultur' geschuldet? Der im Hintergrund allzu präsente Kalte Krieg und die latente Bedrohung eines nuklearen Desasters befeuern solche Fragestellungen. Darin gespiegelt findet sich vor allem der aktuelle Krieg in Vietnam, dessen (für die USA schmachvolles) Ende bereits Ende der 1960er Jahre absehbar ist. Als am 5. Dezember 1969 im Life Magazin berichtet wird, dass US-Soldaten in der Ortschaft My Lai mehr als 500 Zivilisten, darunter 182 Frauen und 172 Kinder kaltblütig abgeschlachtet hatten, wandelt sich nicht nur die öffentliche Haltung gegenüber dem Vietnamkrieg.[26] Die Tatsache, dass kaum 20-jährige Söhne unbescholtener Bürger plötzlich zu blutrünstigen Killern und Vergewaltigern werden können, verbreitet Entsetzen und Ratlosigkeit. Die USA sehen sich mit einer unerwarteten moralischen Last konfrontiert. Das Menschenbild der tonangebenden liberalen Mittelklasse, das gleichermaßen freie Willensentscheidung, Selbstverantwortung und Mitmenschlichkeit als Norm vorsieht, gerät ins Wanken.

Entlastung verschaffen hier Thesen namhafter Verhaltensforscher, die den Aggressionstrieb als überlebensnotwendige Grundausstattung des Menschen identifizieren. Konrad Lorenz (1903–1989), Nikolaas Tinbergen (1907–1988) und Robert Ardrey (1908–1980) entwickeln ihr Menschenbild ausgehend von der Stammesgeschichte. Das Menschentier ist in seinem Verhalten entsprechend instinktgeleitet. Will man das Wesen Mensch begreifen, muss man das Verhalten der Tiere studieren. Größen wie Schlüsselreiz, Reizschwelle, Auslösemechanismus und dergleichen mehr sind für die Beschreibung und Interpretation von Verhalten, insbesondere aggressiven Verhaltens, zentral.

Aufsehen erregt Ardreys *The Territorial Imperative. A Personal Inquiry into the Animal Origins of Property and Nations* (1966). Ardrey postuliert darin ein biologisch verankertes Territorialverhalten, welches sich aufgrund der Konkurrenz um knappe Ressourcen bei Mensch und Tier gleichermaßen ausgebildet und genetisch verankert hätte. Sein Bild des instinktgeleiteten Menschentieres entspricht dem von Konrad Lorenz. Aggression wird hier zum evolutionären Vorteil und der fleischfressende „Killer-Affe" zu unserem Urahnen. Ardrey ist dabei weniger origineller Denker als vielmehr Popularisierer der damals aktuellen Verhaltensforschung, zumal er auch als Drehbuchautor u. a. auf Stanley Kubricks berühmt gewordenen Science Fiction Film *2001 – Odyssee im Weltraum* maßgeblich Einfluss nimmt.

---

[26] Der Journalist Seymour Hersh, der die Details des zunächst verheimlichten Massakers (vom 16.3.1968) recherchiert und veröffentlicht, erhält 1970 dafür den Pulitzer-Preis. 34 Jahre später, im Jahr 2004, ist Hersh wesentlich an der Enthüllung des Folter-Skandals im irakischen Abu-Ghureib-Gefängnis beteiligt.

1966, im gleichen Jahr wie Ardreys *Territorial Imperative* wird Konrad Lorenz' populärwissenschaftlich verfasstes Buch *Das sogenannte Böse. Zur Naturgeschichte des Bösen* (1963) in englischer Übersetzung publiziert, unter dem schlichten Titel *On Aggression*. Lorenz, der 1973 zusammen mit Karl von Frisch und Nikolaas Tinbergen den Nobelpreis erhält, plädiert dafür, den Aggressionstrieb als biologisch und evolutionär sinnvoll zu betrachten und als natürliche Gegebenheit des Menschseins anzunehmen.

Die Verhaltensforschung liefert, wie die Beispiele zeigen, Sinnstiftung in Zeiten eines Krieges, der, wie jeder Krieg, entmenschlicht. Kämpfe um die Erhaltung oder Ausdehnung des eigenen Territoriums, das Töten eigener Artgenossen – dieses Verhalten kann unter Umständen zweckmäßig sein und einen tieferen, d. h. biologisch notwendigen Zweck erfüllen – so lautet die Botschaft dieser Wissenschaft. Das Verhalten des Menschen resultiert weitgehend aus seiner Naturgeschichte und nicht aus seiner Kulturgeschichte. Das „sogenannte Böse", so behauptet Lorenz, hat eben auch sein Gutes. Dass diese Botschaft und die daraus abzuleitenden Folgerungen Kontroversen auslösen, liegt auf der Hand.

An den Sozial- und Kulturwissenschaften geht diese Auseinandersetzung um die Ur-Natur des Menschen keineswegs spurlos vorbei. Der Altphilologe Walter Burkert, beeindruckt von Konrad Lorenz' Forschungen, legt mit *Homo Necans* eine Studie zu altgriechischen Opferritualen vor und stellt die These auf, dass Gewalt zu den originären *biologischen* Mechanismen gehöre und Antriebsenergie für *kulturelle* Prozesse sei. Sakralisierte Tötungshandlungen sind Inszenierungen geregelter Aggression, die Feierlichkeit und „heiligen Schauer" erzeugen und feste Gemeinschaft begründen (Burkert 1972/1997). Mit Burkert rückt die Bedeutung von Opfer, Tod und realer Gewalt hinter und in Ritualisierungen in den Blick, wie Ulrike Brunotte festhält (2000: 366).

Auch die Ethnologie beteiligt sich engagiert an diesem Streit. 1968 erscheinen zwei Monographien, die sich wie These und Anti-These verhalten. Napoleon Chagnon, ein ausgewiesener Kenner der Amazonas-Kulturen, veröffentlicht *Yanomamö: The Fierce People*, und Robert Knox Dentan, der im Urwald Malaysias forscht, sein Buch *Semai – A Nonviolent People of Malaya*. In den beiden Ethnographien lassen sich unschwer die bekannten abendländischen Stellungnahmen über die menschliche Ur-Natur erkennen. Der eine Pol steht für Thomas Hobbes' Behauptung „Ein Wolf ist der Mensch dem Menschen", der andere wird von Jean Jacques Rousseaus Vision des „edlen Wilden" gebildet. Die Vorstellung von vergangenen oder zukünftigen Paradieszuständen gehört ins Inventar westlicher Sehnsüchte. Unter großer Medienaufmerksamkeit werden Anfang der 1970er Jahre die Berichte über die Entdeckung der Tasaday, einem „Steinzeitvolk" in den Süd-Philippinen, verfolgt. Der Journalist John Nance beschreibt deren vor-zivilisatorischen Zustand als völlig aggressionsfrei. Sein Buch *The Gentle Tasaday*.

A Stone Age People in the Philippine Rain Forest (1975) wird zum vielfach nachgedruckten Bestseller. Das, was John Nance im Regenwald einer Südseeinsel zu erkennen glaubt, gibt Anlass zur Hoffnung. Der Mensch ist in seinem Wesenskern friedvoll und sanft; das Grundübel hingegen ist die Zivilisation (Bräunlein/Lauser 1995: XI f.).[27]

Dieser Streit um die Definitionsmacht über das „Wesen Mensch", wie er in 1960er und 1970er Jahren ausgetragen wird, ist kein einmaliger Vorgang. Er erlebt seit mehr als 100 Jahren wechselnde Konjunkturen und bringt regelmäßig Kultur- und Naturwissenschaften in Frontstellung (vgl. hierzu Bräunlein 1995).[28] Menschenbilder aus der Naturwissenschaft bieten nicht nur öffentlich Diskussionsstoff, sondern beanspruchen auch Deutungshoheit auf dem Gebiet von Ritual, Religion und Gemeinschaftsbildung, das doch eigentlich in den Zuständigkeitsbereich der Ethnologie, Religionswissenschaft und Soziologie fällt. Ab Mitte der 1960er Jahre ist es die Biologie, hier die Verhaltensbiologie, die als Konkurrentin der Ethnologie auftritt und Auskunft über die biologischen Voraussetzungen von Krieg und Frieden erteilt. Die Thesen von Konrad Lorenz werden in Soziologie und Ethnologie weitgehend kritisch beurteilt. Zu dieser Skepsis kommt offene Ablehnung als bekannt wird, dass der Österreicher Lorenz enthusiastischer Parteigänger der NSDAP war.

Aufmerksamkeit erregt ab Mitte der 1970er Jahre die sich formierende Soziobiologie, deren Gründungstext der Insektenforscher Edward O. Wilson 1975 vorlegt und der diese Disziplin als neue Synthese von Natur- und Kulturwissenschaft präsentiert (E. O. Wilson 1975). Forschungsergebnisse zu Tiergesellschaften, insbesondere von Ameisengesellschaften, werden auf menschliche Vergemeinschaftungen übertragen. Regungen wie Aggression und Altruismus werden aus der Evolutionsgeschichte bzw. evolutionären Logik erklärt. Weit konsequenter als die Verhaltensbiologie rückt die Soziobiologie die Entwicklung des Sozialverhaltens in den Mittelpunkt und konzentriert sich auf die Organisation von Verbänden und der internen Interaktion. Aus soziobiologischer Perspektive werden u. a. Pavianhorden, Termitenkolonien und Vogelscharen intensiv studiert, aber auch Jäger- und Sammlergemeinschaften. Die Kriterien ‚Auswahl' und ‚Anpassung' sind

---

[27] Dass es bei der „Entdeckung" des vorgeblichen Steinzeitvolkes womöglich nicht mit rechten Dingen zuging, war eine Behauptung, die in den 1980er Jahren heftig diskutiert wird. Man spricht vom Steinzeit-Betrug und einige behaupten gar, das Ganze sei die Inszenierung eines geltungssüchtigen philippinischen Politikers gewesen. Vgl. Thomas A. Headland (ed.) (1992): *The Tasaday Controversy: Assessing the Evidence*. Washington: American Anthropological Association.

[28] Zu erwähnen sind hier die Debatten um Sozialdarwinismus und Eugenik zu Beginn des 20. Jahrhunderts, oder auch die Debatten um die Frage, ob der IQ vererbt oder Produkt von Sozialisierung sei. Die provokanten Thesen des SPD-Politikers Thilo Sarrazin, u. a. die Behauptung, Dummheit sei vererbt, gehören in diese Streitgeschichte, die in anglo-amerikanischen Gesellschaften als „nature-nurture" – Anlage-Umwelt – Kontroverse bezeichnet wird.

demnach entscheidend für das evolutionäre Prinzip der Fortpflanzung, für das Überleben und die Ausbreitung der eigenen Art.

Neben der Verhaltensforschung ist es die Hirnforschung der 1960er und 1970er Jahre, deren Fortschritte in populärwissenschaftlichen Medien bekannt werden. Immer besser durchschaut wird die Übertragung und Verarbeitung von Informationen als Zusammenspiel von energetischen Impulsen, Nervenfasern und biochemischen Prozessen. Zudem ermöglichen neue bildgebende Verfahren, insbesondere die Magnetresonanztomographie, den Blick ins Gehirn und auf die Funktion einzelner Teilbereiche. Modelle aus der sich nun ebenfalls rasant entwickelnden Informatik und Computerwissenschaft werden auf den „Apparat" Gehirn übertragen. Daraus resultiert ein immer komplexer werdendes Verständnis von „Ich-Bewusstsein" sowie vom Verhältnis „Geist" und seinen materiellen Grundlagen. Damit drängen sich auch neue Verhältnisbestimmungen zwischen Natur- und Geisteswissenschaften auf. Wegweisend ist hier etwa das Buch *The Self and its Brain – Das Ich und sein Gehirn*, das der australische Gehirnphysiologe und Nobelpreisträger John Carew Eccles (1909–1997) gemeinsam mit dem Philosophen Karl Popper (1902–1994) im Jahr 1977 veröffentlicht. Eccles verneint die Reduktion von Ich und Bewusstsein auf Materie und postuliert stattdessen eine Zweiteilung von materieller Welt und mentaler Welt, die in bestimmten Regionen der linken Gehirnhälfte zusammenfinden. Vorangetrieben werden in dieser Zeit auch Forschungen zur Funktionsweise der rechten und linken Gehirnhemisphäre, und verbunden sind damit Einsichten in das Wesen kreativer Prozesse.

Das Ziel der Naturwissenschaften, allgemeingültige Gesetze zu formulieren, wird in der Gründungsphase der britischen Ethnologie von dieser übernommen. Sowohl Radcliffe-Brown als auch Malinowski teilen diesen Ehrgeiz, wie bereits ausführlich dargelegt wurde. Wiewohl Victor Turner seine Originalität daraus gewinnt, sich von dieser Wissenschaftsauffassung abzusetzen, bleibt er ihr andererseits verbunden. Auch wenn er nicht länger auf Struktur und Funktion festgelegt ist, seine Ethnologie will dennoch Allgemeingültiges über das Wesen Mensch herausfinden. Hier liegt die Schnittstelle zu den Naturwissenschaften. Turner interessiert sich Mitte der 1970er Jahre, wie oben referiert, selbst für eine „neue anthropologische Synthese". Die von ihm angestrebte prozessuale Symbol- und Ritualanalyse stellt er sich in einem transdisziplinären Zusammenspiel von Natur- und Kulturwissenschaften vor (Turner 1977a, 1985b, 1992a).

Bereits 1965 wird Turner zu einer hochrangigen Tagung nach London eingeladen, in der „Ritualisierung von Verhalten bei Tier und Mensch" in den Mittelpunkt gestellt ist. Die Tagung dient zweifelsohne der Profilierung der aufstrebenden Verhaltensforschung. Der angesehene britische Biologe Sir Julian Huxley (1887–1975) versammelt die zu dieser Zeit einflussreichsten Zoologen und Ethologen, darunter Konrad Lorenz, Desmond Morris, Irenaeus Eibl-Eibesfeldt,

Robert A. Hinde, William Homan Thorpe. Neben genannten Ethologen sind u. a. die Ethnologen Edmund Leach, Meyer Fortes und Victor Turner, die Psychiater Erik Erikson und Ronald D. Laing, der Kunsthistoriker Ernst H. Gombrich und der Soziolinguist Basil Bernstein geladen.

Alle Teilnehmer, die nicht der Fraktion der biologischen Verhaltungsforschung zugehören, schließen sich Leachs Ritualauffassung an, die jede Form von genetischem Determinismus verneint (Leach 1966: 403). Turner bezieht bei dieser Gelegenheit keine öffentliche Position. Wie er später bekennt, ist er aber klammheimlich (und durchaus schuldbewusst) beeindruckt von der verhaltenswissenschaftlichen Definition von „Ritualisierung", wie sie Julian Huxley formuliert. Ritualisierung sei demnach eine Kanalisierung von emotional motiviertem Verhalten unter dem Druck der natürlichen Selektion, um (a) möglichst eindeutige Signalübertragung zu ermöglichen, um (b) bei anderen Individuen Handlungsmuster effektiv auszulösen, um (c) Verluste und Schaden innerhalb der eigenen Art zu reduzieren, und um (d) als Bindungsmechanismus sozialer und sexueller Art zu dienen (Huxley 1966: 250).

Wiewohl Turner zugibt, dass diese Definition tatsächlich besser für ritualisiertes Verhalten (Sitten und Gebräuche, Etikette, Umgangsformen) passt als für eigentliche Rituale (von Lebensabschnitten etwa), sieht er in Huxleys Punkt (d) einen Brückenschlag zu eigenen Ideen. Rituale festigen fraglos Gemeinschaftsbande. Aber Turner beharrt darauf, dass Rituale nicht *notwendigerweise* Bastionen des sozialen Konservatismus darstellen. Zwar ist die liminale Phase Quelle von Kultur und Struktur, aber interner Wandel und individuelle Anpassung an interne und externe Verhältnisse sind ebenso entscheidende Funktionen. Turner trennt hier zwischen transformierendem Ritual einerseits und Zeremonie andererseits, deren alleinige Funktion in der Festigung des Status Quo besteht. Wenngleich Turner eine gewisse Faszination an verhaltenswissenschaftlichen Perspektiven einräumt, bleibt er zunächst dem kulturwissenschaftlichen Paradigma verpflichtet: Rituale sind erlerntes und kulturell vermitteltes Verhalten (Turner 1987: 158).

Viele Jahre später wendet sich Turner erneut den Naturwissenschaften zu. Es sind die Fortschritte auf dem Gebiet der Neurobiologie, insbesondere der Hirnforschung, die ihn zur Frage anregen, ob und wie sich „rituelle Prozesse" darüber besser verstehen lassen.

Einen wichtigen Impuls dafür liefert die Publikation *The Spectrum of Ritual: a Biogenetic Structural Analysis* (D'Aquili/Laughlin/McManus 1979), deren Autoren sich mit neurophysiologischen Grundlagen rituellen Verhaltens befassen. Es ist Edith, die „zufällig" auf das Buch stößt und ihren Mann anregt, sich damit auseinanderzusetzen. Sein zentrales Forschungsthema, das Verhältnis von Struktur und Liminalität, wird hier aus einer neuen Perspektive beleuchtet. Wie lassen sich Gehirnstruktur und rituelle Erfahrung analytisch verbinden?

Victor Turner trägt seine Überlegungen unter dem Titel „Body, Brain, and Culture" auf dem Symposion „Ritual and Human Adaptation" vor, das am 12./13. November 1982 in Chicago stattfindet.[29] Turner verweist eingangs auf die Schwierigkeit des Unterfangens, kulturelle Phänomene aus naturwissenschaftlicher Sicht zu analysieren (1983b, 1985c, 1987: 156–178). Ethnologen sind es gewohnt, menschliches Verhalten kulturell zu deuten. Doch wie steht es um das biologische Erbe, über das menschliches Verhalten, vom Lächeln bis zur Mutterbindung, genetisch fixiert ist? Turner referiert die Ergebnisse des Hirnphysiologen Paul McLean (1913–2007), der seit den 1950er Jahren auf diesem Gebiet arbeitet und wesentliche Einsichten liefert. Grundsätzlich unterschieden wird zwischen einer entwicklungsgeschichtlich archaischen Struktur, dem limbischen System, dem der Instinkt-Bereich (Hunger, Appetit-Kontrolle, sexuelle Erregung) zugeordnet ist und der „jungen" frontalen Hirnregion, in deren Funktion Aufmerksamkeit, planerische Vorausschau und Bedeutungszuweisung fällt. McLean differenziert Gehirnareale über stammesgeschichtliche Rekonstruktionen weiter aus und beschreibt drei Subsysteme.

Das proto-reptilische Gehirn (Hirnstamm, Zwischenhirn, Amygdala) ist die Ursprungsregion des Instinktiven. Lernfähigkeit ist kaum ausgebildet ebenso wie Sozialverhalten. Das palaeo-mammalische Gehirn setzt McLean weitgehend mit dem limbischen System gleich, mit affektivem Verhalten, Emotionen und der Herausbildung von Gedächtnisinhalten. Das neo-mammalische Gehirn (Neokortex) findet sich ausschließlich bei Säugetieren und stellt beim Menschen den größten Teil der Hirnoberfläche dar. Es ist für logische Operationen und kognitive Fähigkeiten zuständig, es verarbeitet Sinneseindrücke und filtert die affektiven Impulse aus den stammesgeschichtlich älteren Gehirnbereichen. McLean spricht aufgrund dieser phylogenetischen Rekonstruktion von einer „triune conception", von einem „dreieinigen Gehirn" (McLean 1974). Die Kommunikation zwischen diesen Bereichen ist von entscheidender Bedeutung, denn hier findet der notwendige und angemessene Austausch zwischen mentalen, verbalen und organischen Prozessen statt.

Stammesgeschichte und Funktionsteilung des Gehirns legen es somit nahe, dass Ritualisierungsvorgänge (im Sinne von Huxley und Lorenz) auf genetisch festgelegten und stammesgeschichtlich alten Mustern basieren, „Bedeutung" hingegen im stammesgeschichtlich jungen Neokortex entsteht. Für Turner stellt sich nun die Frage, ob kreative Prozesse, die neues kulturelles Wissen, möglicherweise im rituellen Prozess, hervorbringen, das Resultat einer gemeinsamen Anpassung

---

[29] Wie Edith Turner schreibt, war die Begeisterung der Anwesenden überwältigend (1985: 11). Der Text erscheint zunächst in der Zeitschrift *Zygon: Journal of Religion and Science* (1983) und wird 1985 und 1987 neu publiziert.

von genetischen und kulturellen Informationen sind? Wenn im Neokortex kulturelle Informationen (linguistische und symbolische Systeme) verarbeitet werden, ist diese Gehirnregion dann auch in der Lage, genetische Programmierungen zu modifizieren? Beziehen „höhere Symbole" von Ritual und Religion ihre Bedeutung und Kraft aus ihrer Nähe zu den stammesgeschichtlich alten Bereichen animalischer Ritualisierung? (Turner 1987: 162).

Antworten dafür werden in der hemisphärischen Zweiteilung des Gehirns gesucht, die der Psychiater Eugene G. D'Aquili (1940–1998) und der Ethnologe Charles D. Laughlin (geb. 1938) als bestimmenden Faktor für Kultur und Religion verstehen.[30] Der linken Gehirnhälfte sind analytisches Denken, Sprache, Zeitempfinden, Informationsverarbeitung zugewiesen; der rechten Hälfte Raum- und Klangwahrnehmung, Zeichenerkennung, Emotion, synthetisches Denken. Der linke Hirnbereich steht für Logik, Vernunft, Rationalität, der rechte für Gefühl und Intuition. Beide Hälften sind durch den sogenannten Corpus callosum verbunden. Diese Brücke ist allerdings in der frühkindlichen Phase noch nicht aktiviert und zunächst arbeiten und lernen beide Hälften gleichberechtigt und können sich gegenseitig ersetzen. Im Zuge des Spracherwerbs übernimmt die linke Seite alsbald die „Oberhoheit" und das Corpus callosum beginnt allmählich seine Brückenfunktion auszubilden. Dominante motorische Aktivitäten werden zunehmend links-hemisphärisch gesteuert, visuelle Wahrnehmung und räumliche Orientierung rechts-hemisphärisch. Diese Arbeitsteilung differenziert sich aus bis in die post-adoleszente Phase. Die funktionale Trennung bzw. Spezialisierung beider Hemisphären ist dann vollzogen. D'Aquili und Laughlin leiten aus dem Zusammenspiel der beiden Gehirnhälften nicht nur die Ursachen für den tiefsitzenden Zwang zu kausalem Denken ab, sondern auch transzendente Größen wie Götter und Geister und außeralltägliche Erfahrungszustände wie Trance, Ekstase oder mystische Einheitserlebnisse. Das Gehirn ist deswegen als Problemlösungsapparat so leistungsfähig, behaupten D'Aquili und Laughlin, weil ein permanentes Hin- und Herwechseln, verbunden mit einem An- und Ausschalten der jeweiligen Hälfte erfolgt. Weltwahrnehmung, ebenso analytisch-wissenschaftliche und künstlerische Denkstile, werden vor dem Hintergrund dieses Schalt-

---

[30] Eugene G. D'Aquili wird bekannt durch seine Forschungen zur Neurobiologie der Religion. Er vergleicht die Hirnströme religiöser Menschen (meditierender Buddhisten, betender Nonnen) über Gehirnscans. Zusammen mit dem Neurowissenschaftler Newberg versucht er, den Ursprung und die Entwicklung von Mythen, religiösen Erfahrungen, von Gott und Göttern evolutionsbiologisch und neurophysiologisch zu erklären. Beide gelten als Wegbereiter der sog. „Neuro-Theologie". Vgl. D'Aquili/Newberg 1999.
Charles D. Laughlin beginnt seine Karriere als Afrika-Ethnologe und forscht in Nordost-Uganda bei den So. Zusammen mit D'Aquili versucht er den Strukturalismus eines Lévi-Strauss und die Neurobiologie in einer Theorie des „biogenetischen Strukturalismus" zu verknüpfen. Vgl. Laughlin/D'Aquili 1974.

mechanismus erklärt. Wiewohl nicht explizit genannt, ist doch die Analogie zur Funktionsweise eines Computers – binäres Ein-Aus und die Rede von Programmen und Programmierung – unübersehbar. Aufgegriffen wird zudem ein Modell des Mediziners und Systemphysiologen Walter Rudolf Hess (1881–1973). Dieser unterscheidet zwei „Betriebsweisen" menschlicher Physis, einer „ergotropen" und einer „trophotropen". Der ergotrope Modus ist verbunden mit Systemerregung, erhöhtem Puls, Energieverbrauch, Aktivität, während der trophotrope Modus Systemstabilisierung bewirkt, gekennzeichnet durch Blutdrucksenkung, niedrigem Puls, Verringerung von Schweißabsonderung etc.. Trophotrope Zustände sind verbunden mit Inaktivität, Schlaf und Trance. D'Aquili und Laughlin ordnen das Modell von Hess den beiden Hirnsphären zu: die rechte Hälfte ist demnach trophotrop, die linke ergotrop (D'Aquili/Laughlin/McManus 1979: 175).

Über rituelle Mittel, rhythmisches Trommeln, akustische und visuelle Signale, besteht die Möglichkeit einer maximalen Reizung beider „Betriebssysteme". D'Aquili und Laughlin bezeichnen das Ergebnis als einen „positiven, unaussprechlichen Affekt" und verbinden damit Begriffe wie „ozeanisches Gefühl", „Yogi Ekstase", „unio mystica" (Turner 1987: 165). Religiöse Erfahrungen sind nach D'Aquili und Laughlin „Überlauf-Effekte" *(spillover effects)* von physiologischen Grundzuständen, die wiederum auf der Gehirnarchitektur und dessen Schaltmechanismus basieren. Meditationstechniken und rituelle Techniken können gleichermaßen zu diesem Effekt führen.

Gehirnphysiologie bestimmt auch das kausale Denken, das als Ergebnis einer reziproken Verbindung zwischen dem inneren Scheitellappen und den Ausbuchtungen des Frontallappens gelten muss. Diese Hirnverbindung wird *Kausaler Operator* genannt und zwingt dazu, bei allen Phänomen der Welt nach Ursachen zu fahnden. Diese biologische Notwendigkeit produziert schließendlich auch Götter und Mythen als Letztbegründungen für scheinbar Unerklärliches.[31]

Für Turner bietet die Neurophysiologie Erklärungen für Phänomene, die auch die Ethnologie beschäftigt: Was sind und wie funktionieren Mythen? Warum und auf welcher Ebene wirken Symbole? Wie lassen sich rituelle Trance und andere Formen ekstatischen Verhaltens verstehen? Der Schlüssel, den D'Aquili und Laughlin bereithalten, ist die Funktionsweise der rechten Gehirnhälfte. Hier ist der physiologische Ort für Erfahrungen, die jenseits des verbal und kognitiv Beschreibbaren liegen. Um solche Erfahrungen geht es Turner seit seiner eigenen Begegnung mit den Ritualen der Ndembu. Biologie und Gehirnphysiologie zielen

---

[31] Eugene D'Aquili und Andrew B. Newberg unterscheiden insgesamt sieben Operatoren: Holistischer Operator, Reduktionistischer Operator, Kausaler Operator, Abstrahierender Operator, Binärer Operator, Quantitativer Operator, Emotionaler Operator. Vgl. D'Aquili/Newberg 1999.

auf eine „Psychobiologie der Transzendenz" (Mandell 1980), die schlüssige Erklärungen für und Einblicke in das Wesen religiöser Erfahrung liefert. Transzendentes Bewusstsein wird dort als ein neurochemischer und neurophysiologischer Zustand definiert, als „unerschütterliche Hypomanie, glückselig, emphatisch, und kreativ" (Turner 1987: 167, meine Übersetzung).[32]

Indem Turner sich im Detail mit der „Arbeit" beider Gehirnsphären befasst, drängt sich ihm die Frage nach dem neurophysiologischen Stellenwert von „Spiel" auf. Zwar räumen Verhaltensforscher dem Spiel einen gleichen Stellenwert wie Ritualisierung ein, die Hirnforscher D'Aquili und Laughlin tun dies jedoch nicht. Turner sieht im Spiel eine ganz besondere Verhaltensform. Es ist gerade die Schwierigkeit eindeutiger Zuordnung bzw. die Unmöglichkeit der physischen Lokalisierung, die ihn reizt, selbst mit neurobiologischen Kategorien zu spielen.

Spiel lässt sich nicht fixieren; Spiel ist flüchtig und aufsässig, wie die bekannten Spieltheoretiker Johan Huizinga (1872–1945) und Roger Caillois (1913–1978) betonen. Menschliche Verspieltheit ist von einer launischen, manchmal bedrohlichen Eigenart, die daher häufig domestiziert wird als Form des Wettbewerbs oder des Glücksspiels, in Simulationen des Theaters oder in Techniken kontrollierter Desorientierung wie Achterbahn oder Derwisch-Tanz. Spiel verfügt über Möglichkeiten Meta-Kommentare zu den verschiedenen Neigungen des Menschen und der sozialen Ordnung zu liefern, wie Don Handelman (geb. 1939) und Gregory Bateson (1904–1980) feststellen (Turner 1987: 167 f.). Spiel kann überall und nirgends sein, es kann alles imitieren ohne mit irgendetwas identifiziert zu sein. Spiel verbindet Unverbundenes und scheinbar Widersprüchliches, eben Elemente beider Hemisphären.

Spiel ist für Turner ein liminaler oder liminoider Modus. Genau diese Eigenschaft trägt subversives Potential in sich. Spiel widersetzt sich der Dominanz der linken Gehirn-Hemisphäre. Spiel ist weder rituelle Aktion noch Meditation, Spiel ist weder rein triebhaft noch auf „nur" Spaß zu reduzieren. Spiel hat ergotrope Charakteristika (Berufsspieler, Spielsucht). Spiel kann betrügen, verführen, betören, irreführen, verblüffen; Spiel ist auf eigene Weise „gefährlich harmlos" und kann gleichzeitig erzieherisch wirken.

Als liminales Phänomen operiert Spiel als Möglichkeitsform. Es bedient sich, grammatikalisch gesprochen, des Konjunktivs und nicht des Indikativs. Spiel wirkt im Feld eines „als-ob", es agiert, so Turner, in einer karnevalesken Umkehrung des indikativischen Systems, gerade so als ob das limbische System

---

[32] Turner zitiert hier den Psychiater Alfred Mandell. Im psychiatrischen Vokabular wird Hypomanie zur Kennzeichnung einer abgeschwächten Manie verwendet, charakterisiert durch phasenweise gesteigerten Antrieb und gehobene Grundstimmung. Hypomanische Episoden werden häufig von depressiven Episoden abgelöst.

mit einer höheren Intelligenz ausgestattet wäre (Turner 1987: 170). Da sich Spiel des gesamten Spektrums gegenwärtiger und vergangener kultureller Erfahrung bedient, hat es womöglich die gleiche Rolle in der sozialen Konstruktion von Wirklichkeit wie die Faktoren Mutation und Variation in der organischen Evolution. Das spielerische Erproben alternativer Möglichkeiten des Zusammenlebens etwa, kann, unter Bedingungen radikalen Wandels, aus dem konjunktivischen Modus in den indikativischen wechseln. Was zunächst als befremdlich, idealistisch oder gar verrückt gilt, wird eine Wahlmöglichkeit innerhalb von Normalität. Spiel erzeugt Kritik und Subversion des Bestehenden, fungiert aber gleichzeitig als Vorratsspeicher von Möglichkeiten und befördert, so formuliert es Turner, Individuen und Gemeinschaften von der Erde in den Himmel und den Himmel auf die Erde in neuer Wirklichkeitsform (ibid.).

Nach seinen Überlegungen zu Verhaltensforschung, Hirnhemisphären, Nervensystem, Spiel und den Potentialen für kulturelle Alternativen, wendet Turner den Blick auf den Vergleich westlicher und östlicher Religionen und auf die Frage, ob es möglich wäre, die jeweiligen Kosmologien, Theologien, Rituale, Meditationstechniken, Pilgerformen usw. vor dem Hintergrund rechts-hemisphärischer Anlagen oder links-hemisphärischer Dominanz zu beschreiben.

Ohne diese Fragestellung selbst zu beantworten, sieht er in der Archetypenlehre C. G. Jungs und ihrer Weiterentwicklung (von Anthony Stevens 1982) ein hilfreiches Deutungsangebot. Archetypen manifestieren sich in Träumen, Mythen, Ritualen und kulturellen Symbolen, sind jedoch nicht eindeutig einer bestimmten Hirnregion zuzuordnen. Auf jeden Fall werden aus Jung'scher Sicht Archetypen einer Gehirnschicht zugeordnet, die älter ist als die rechte Hirnhälfte. Archetypen wie die große Mutter, der Held, Gott, der weise Alte etc., existieren, so die These, unabhängig vom individuellen Ego. Treten sie in Erscheinung, dann jedoch in „Verkleidung" im Kontext individueller Erinnerungen und kultureller Konditionierungen. Die „Übersetzung" von archetypischen Informationen ist stark gefiltert. Archetypen bedienen sich der Träume als Vermittlungskanal, und Turner rückt das rituelle Symbol in die Nähe der Kategorie des Archetypus. Gleich ob in Träumen oder in rituellen Symbolen ausgedrückt, Archetypen sind mit einer semantischen Hülle umgeben, nachdem sie vom Gehirnstamm durch das limbische System in die rechte Gehirnhälfte gelangt sind, um dort über linkshemisphärische Prozesse decodiert und bewusst gemacht zu werden.

Die rituellen Symbole der Ndembu verfügen nicht nur über multiple Bedeutungen, sondern auch über die Kapazität der Polarisierung. Der sogenannte Milchbaum, der für die Mädchen-Initiation von zentraler Bedeutung ist, repräsentiert nicht, sondern „ist" Muttermilch, Stillen, Brüste, Heiratsfähigkeit. Dies nennt Turner, wie erwähnt, den orektischen Pol, der Körperlichkeit, Begehren, Sinnlichkeit vereint. Gleichzeitig ist der Milchbaum Matrilinearität, mütterliche Abstammung und dies verkörpert den normativen oder ideologischen Pol, der soziale Ordnungen, Normen und Kategorien abbildet. Die Polarität dominanter Symbole entspricht den Gehirnfunktionen, die im rituellen Prozess stimuliert werden. Symbole funktionieren demnach, wie Archetypen, über beide Gehirnhemisphären. Wenig weiterführend, so fasst Turner abschließend zusammen, seien sowohl eine extrem ethnologische Betrachtungsweise wie eine extrem behavioristische. Er plädiert für einen Mittelweg und bekennt, er sei zumindest „halb überzeugt" davon, dass ein fruchtbarer Dialog zwischen Neurologie und Kulturwissenschaft möglich sei. Beide Richtungen erkennen immerhin an, dass das Großhirn über Fähigkeiten der Anpassung und des Lernens sowie der Symbolisierung verfügt. Gewinnbringend scheint ihm, den Blick auf die dialektischen und häufig widersprüchlichen Vorgänge zu richten, die zwischen den archaischen und entwickelten Strukturen im Nervensystem, vor allem des Gehirns, ablaufen. Daraus sollten Hypothesen entwickelt und an rituellen Prozessen überprüft werden. Möglicherweise werde damit die besondere Rolle von Ritualen erkannt, die darin besteht, spezifisch performatives Wissen zu erzeugen (Turner 1987: 176). Turner schließt seinen Aufsatz „Body, Brain, and Culture" mit einer Wendung ins Kosmische. „Jeder von uns," schreibt Turner „ist ein Mikrokosmos, der auf das Engste mit der ganzen Lebensgeschichte dieses wunderbar tiefblauen, von weißen Quirlen umwirbelten Globus verbunden ist, den als erste Edwin Aldrin und Neil Armstrong aus ihrem primitiven Raumfahrzeug, das dennoch das Werk der Zusammenarbeit vieler menschlicher Gehirne war, photographiert haben. Die Bedeutung dieses lebenden Makrokosmos mag nicht nur tief in uns entdeckt werden, sondern vielleicht auch vom empfindsamsten und eloquentesten Instrument des Erdgeistes Gaea – dem Gehirn – im Laufe der Geschichte mit immer schönerem Klang gespielt werden" (Turner 1987: 177; übersetzt in Rochberg-Halton 1989: 212).

Turners intensive Beschäftigung mit Neurophysiologie und Verhaltensbiologie fällt in seine letzten Lebensjahre. Einer seiner Vorträge dieser Zeit, „The New Neurosociology", wird erst nach seinem Tod veröffentlicht (Turner 1985d). Turner befasst sich hier mit dem Verhältnis von Mythos und Ritual und unterstreicht seine Überzeugung, wonach Rituale nicht aus Mythen erwachsen, sondern den Mythen entgegengesetzt sind. Rituale bieten existentielle Lösungen für Probleme, die die Leistungsfähigkeit der linken Hirnhemisphäre übersteigen. Mythen hingegen sind zwar nicht ausschließlich, doch weitgehend der linken Hirnhälfte zuzuordnen. Bei Ursprungs- und Schöpfungsgeschichten etwa handelt es sich um Formen des Denkens, wenngleich um rechtshemisphärisch verkleidete Formen des „wilden Denkens" im Sinne von Lévi-Strauss. Forschungen zur Hirnanatomie, insbesondere die Erkenntnis, dass beide Hemisphären nur als Einheit zu verstehen sind, veranlassen Turner, sich erneut mit der Archetypenlehre von C. G. Jung zu befassen. Turner verweist hier auf William Blakes poetische Erfindung der vier Lebensformen (Zoas), repräsentiert durch die mythischen Geschöpfe Urizen, Los, Luvah und Tharmas (Blake 1963), und er sieht hier eine deutliche Korrespondenz zu den vier Gehirnregionen der rechten und linken Hemisphäre, des limbischen Systems und des Gehirnstamms. Jungs Konzept des „ganzen Selbst" und der Vorgang der Selbstwerdung – Individuation – werden neurophysiologisch als Vereinigung von stammesgeschichtlich „alten" mit „jungen" Hirnteilen gedeutet, wohingegen Freuds „Ego" ausschließlich der linken Hirnhälfte zugewiesen wird. „Einheit" und „Vereinigung" sind in Turners Betrachtung Schlüsselmotive, die für neurophysiologische ebenso wie rituelle Prozesse, für literarische Allegorien ebenso wie mystische Erfahrungen anzuwenden sind. Die ungehemmte Kommunikation zwischen den Gehirnteilen ist Voraussetzung und Basis für die Harmonisierung der Vielen zu dem Einem in uns, ebenso wie für das Bewusstsein einer Einheit mit den Vielen außerhalb von uns. Psychogene Vorgänge sind es demnach, die jene unmittelbare und überwältigende Erfahrung von Gemeinschaft ermöglichen, die Turner Communitas nennt.[33] Die verheißungsvolle Botschaft der Neurobiologie lautet: Religion ist nicht Opium des Volkes, sondern gesunder Effekt der genetischen Grundausstattung des Menschen. Der Katholik Turner, so schreibt seine Frau, erkennt in den Fortschritten der Hirnforschung beglückt die göttliche Vorsehung. Gott hat den Menschen mit diesem Organ ausgestattet, um Ihn zu erfahren (E. Turner 1985: 11; 1986: 8).

---

[33] Turner liefert hier noch einmal eine komprimierte Definition von Communitas als „an undifferentiated, egalitarian, direct, extant, nonrational, existential relationship which may arise spontaneously among human beings, but may frequently also be found in the liminal periods of ritual, or in nonritual types of liminal situations such as voyagers, and training and summer camps" (Turner 1985d: 286).

Wilhelm Dilthey und die Geister:
Victor und Edith Turners *Anthropology of Experience*

Turners Entdeckung der Neurobiologie und seine Ideen zu einer Neurosoziologie stehen in einem größeren Kontext. Es geht um die Herausforderung, menschlicher „Erfahrung" angemessenen Raum zuzubilligen. Von kulturellen Formen auf gelebtes Leben zu schließen und umgekehrt, ohne dass einer der beiden Pole verloren geht und beide erklärt werden können, darin bestehe die Kunst der Ethnologie, merkt Clifford Geertz an. Gleichzeitig sei dieses Unterfangen von einem gehörigen Maß an Verwirrung und Verworrenheit begleitet, und daher verwundere es nicht, dass die Ethnologie erst noch brauchbare Mittel finden müsse, um sich auf dem Feld der Erfahrungen bewegen zu können (Geertz 1986: 375).

Für Edith und Victor Turner scheinen Neurobiologie und Hirnphysiologie gangbare Wege ins Gebiet der rituellen Erfahrungen zu weisen. Gleichzeitig ist es nun das philosophische Konzept „Erleben", das in Victor Turners Aufmerksamkeitshorizont gerät und ihn zu einer intensiveren Lektüre von Schriften des deutschen Philosophen Wilhelm Dilthey (1833–1911) veranlasst.

1980 organisiert das Ehepaar Turner auf der Tagung der *American Anthropological Association* ein Panel zum Thema „The Anthropology of Experience". Beide treten gemeinsam auf und präsentieren einen Text, der 1985 unter dem Titel *Experience and Performance. Towards a New Processual Anthropology*, allerdings unter alleiniger Autorenschaft Victor Turners, veröffentlicht wird (Turner 1985f; Engelke 2004: 44). Die Panel-Texte erscheinen 1986 als Buch, zu dem Clifford Geertz ein Nachwort verfasst (Turner/Bruner 1986; Geertz 1986).

Menschliches Bewusstsein, Erleben und Erkennen sind für Wilhelm Diltheys Denken von entscheidender Bedeutung. Dilthey rebelliert gegen eine Philosophie (des Idealismus), die gedankliche Konzepte an den Anfang stellt und demzufolge unfähig ist, die Gegensätze von Geist und Materie, Innen und Außen angemessen zu überwinden. Der Prozess des Lebens, so Dilthey, geht über solche dualen Unterscheidungen hinaus und widerspricht Descartes' Trennung von einer gegebenen Welt und einem autonomen Subjekt. Will man das Leben als prozessuale Einheit erfassen, müssen Vorgänge des Vorstellens, Bewertens, Fühlens, Erkennens und Handelns gleichwertig in Rechnung gestellt werden. Ausgangs- und Endpunkte philosophischer Erörterungen kreisen um „Leben", das „Erlebnis" und der Vorgang des „Erlebens". Dilthey lehnt es ab, seine Philosophie mit einem „metaphysischen Subjekt" oder einem „transzendenten Selbst" beginnen zu lassen, sondern geht konsequent von einer psychophysischen Einheit Mensch aus, die in ständiger Interaktion mit seiner physischen und sozialen Umwelt lebt. „[...] Realität, wie sie ist, besitzen wir nur an den in der inneren Erfahrung gegebenen Tatsachen des Bewußtseins", unterstreicht Dilthey, und er fügt hinzu, die „Analysis dieser Tatsachen ist das Zentrum der Geisteswissenschaften" (Dilthey 1883: 3).

Die Tatsachen des Bewusstseins sind am Fluss des Erlebens zu untersuchen. Dieser Fluss besteht jedoch nicht aus einer Abfolge einzelner Momente. Wir „erleben" direkt und unmittelbar. Wirklichkeit und Selbst werden nicht gedacht, sondern im Erleben gedeutet und verstanden. Dieser Vorgang ist durchaus gegliedert. Wenn aus dem alltäglichen Erleben ein Erlebnis wird, dann aufgrund eines Bewusstseinsvorgangs, der die Gegenwart mit der Vergangenheit verbindet und in einem Vorgang des Abgleichens Bedeutung schafft. Doch nicht nur Erinnerung spielt eine Rolle. Neben „Sinn" bzw. „Bedeutung", kommen noch die Größen „Wert" und „Zweck" bzw. „bewerten" und „wollen" hinzu. „Bedeutung" resultiert demnach aus der Vergangenheit und ist wesentlich selbstreflexiv. Die Kategorie „Wert" resultiert aus einem Gefühl des Vergnügens (oder Missvergnügens) am gegenwärtigen Moment, die Kategorie „Ziel" resultiert aus dem freien Willen und bezieht sich auf die Zukunft (Turner 1985f: 214). Vergangenheit, Gegenwart und Zukunft, ebenso wie die menschlichen Kapazitäten von Denken, Wollen, Wünschen und Fühlen durchdringen einander in einem Erlebnisstrom. In diesem Sinne ist Erleben prozesshaft und gleichzeitig strukturiert, ohne dass das Denken die alleinig strukturierende Funktion hätte.

Dilthey schreibt, das Erlebnis ist „eine Realität, unmittelbar als solche auftretend, ohne Abzug innegeworden, nicht gegeben und nicht gedacht" (Dilthey 1924: 313). „Das Erlebnis" ist Diltheys Schlüsselbegriff. Im Erlebnis erfährt der Erlebende die Einheit des Lebens, aber auch Sinn. Sinnhaftigkeit ist dabei radikal historisch und primär an den Moment der Erfahrung gebunden. Das vorstellende Denken ist sekundär. Erlebnisse sind individuell oder kollektiv. Das Erlebnis ist affektgeladen und bedeutungsgesättigt, so etwa das Kunst-Erlebnis, die Liebes-Affäre oder eine Revolution.

Das Erleben setzt die Materialität des Ereignisses voraus, wie in Theater, bildender Kunst, Literatur. Erleben basiert auf einer dynamischen Wechselbeziehung, die über das Subjektive hinausweist. Die geistige Welt eines Individuums speist sich aus erinnerten Erlebnissen, die mit anderen geteilt werden. Erleben ist keineswegs ein passiver Modus, sondern ein gestalterischer Vorgang. Erlebnisse befördern Kreativität, denn im Individuum kann sich „ein Prozeß der Umbildung eines solchen Bestandteils der in der Wahrnehmung empfangenen Wirklichkeit vollziehen, ein Prozeß, der nicht nur zerlegt, sondern schöpferisch umgestaltet und durch welchen dann in der Phantasie eine neue Tatsache geboren wird [...]" (Dilthey 1982: 109; Matteucci 2004: 67).

Diltheys Ziel ist es, die Geisteswissenschaften über einen umfassenden Erfahrungsbegriff neu zu fundieren. Seine dafür entwickelte antimetaphysische „Erkenntnistheorie", mutet erstaunlich modern an, wie Matthias Jung mit folgendem Dilthey-Zitat hervorhebt (Jung 1996: 34):

> „Alle Wissenschaft ist Erfahrungswissenschaft, aber alle Erfahrung hat ihren ursprünglichen Zusammenhang und ihre hierdurch bestimmte Geltung in den Bedingungen unseres Bewußtseins, innerhalb dessen sie auftritt, in dem Ganzen unserer Natur. Wir bezeichnen diesen Standpunkt, der folgerecht die Unmöglichkeit einsieht, hinter diese Bedingungen zurückzugehen, gleichsam ohne Auge zu sehen oder den Blick des Erkennens hinter das Auge selber zu richten, als den erkenntnistheoretischen; die moderne Wissenschaft kann keinen anderen anerkennen" (Dilthey 1883: XVII).

Diltheys Beharren darauf, Erleben und die „Tatsachen des Bewusstseins" zum Ausgangspunkt zu nehmen, beeindrucken Turner. Entscheidende Anknüpfungspunkte sind für ihn Diltheys Weigerung kognitive Prozesse zu isolieren, seine Betonung der Unmittelbarkeit von Erleben, Fühlen und Verstehen und das darin sichtbar werdende gestalterische Potential. Für jemand, der die Unmittelbarkeit rituellen Erlebens, die Kraft von Symbolen und ihre eigentümlich erkenntnisfördernde Wirkung erforscht, bietet sich hier ein vielversprechender Zugang.

Das Leben ganz grundsätzlich, insbesondere aber gelebte Erfahrung steht in einem sperrigen Verhältnis zu den Kategorien Struktur und Funktion. Turners Dilthey-Faszination erklärt sich somit auch aus seiner „lebenslangen Rebellion gegen eine struktur-funktionalistische Orthodoxie mit seinen geschlossenen und statischen Modellen sozialer Systeme", wie Barbara Babcock in ihrem Nachruf schreibt (Babcock 1984: 462; meine Übs.). Turner sieht in Dilthey einen Denker, der die Ethnologie insgesamt zu befruchten vermag, und er plädiert nachdrücklich dafür, dessen gesamtes Werk ins Englische zu übersetzen (Turner 1985f: 211). Er möchte Dilthey als Ahnherren der Ethnologie einsetzen und zwar jenseits (und in Opposition zu) der bekannten Gründerlinie, die mit Émile Durkheim und Radcliffe-Brown einsetzt (Bruner 1986: 4).

> „Lange bevor ich nur ein Wort von Wilhelm Dilthey gelesen hatte", schreibt Turner, „teilte ich seine Auffassung, daß bei der Erforschung menschlichen Handelns ‚Erlebnisstrukturen' grundlegende Forschungseinheiten darstellen. Solche Strukturen sind unvermeidbar dreifacher Natur, da sie zugleich kognitiv, volitional und affektiv sind […]. Menschen denken nicht nur, sondern sie haben auch Wünsche und Gefühle, die ihre Gedanken erfüllen und ihre Absichten beeinflussen […]. Mir wurde klar, daß eine ‚Ethnologie des Erlebens' die physiologischen Eigenschaften von Individuen

ebenso wie die der Kultur zu berücksichtigen hätte – einer Kultur, [...] die einem
Individuum ‚niemals gegeben', sondern von diesem ‚vorsichtig tastend entdeckt'
wird – und manche Teile der Kultur, wie ich hinzufügen möchte, erst ziemlich spät
im Leben. Wir hören niemals auf, unsere eigene Kultur, ganz zu schweigen von
anderen Kulturen, zu erlernen, und unsere Kultur verändert sich ständig" (Turner
1982: 63 f.; Übs. aus Rochberg-Halton 1989: 211).

Um die Leistungsfähigkeit von Diltheys Denken für eine „Anthropology of Experience", eine Ethnologie des Erlebens,[34] unter Beweis zu stellen, überträgt Turner
Ideen Diltheys auf sein Konzept des sozialen Dramas. Es ist insbesondere die
dritte Phase, die Wiedergutmachungsphase, die hier relevant wird. „Reflexivität",
„Werte", „Bedeutung" sind dabei Schlüsselbegriffe genauso wie bei Dilthey, der
von „Daseinswerten" spricht, die für den „Zusammenhang des Lebens" von entscheidender Bedeutung sind. Sinn und Bedeutung des Lebenszusammenhangs
wird über die Verbindung der Daseinswerte möglich. Das Chaos, das eine kollektive Krise nach sich zieht, und gewissermaßen aus der Symphonie einer Gesellschaft eine Kakophonie werden lässt, kann überwunden werden, indem „Sinn" im
Vergleich gegenwärtiger mit vergangenen Erfahrungen erzeugt wird und seinen
Niederschlag in Recht und Brauchtum findet (Turner 1985f: 217). Kurz: Turner betrachtet das soziale Drama als eine Kette von intensiven Erfahrungen und schlägt
vor, mit den Analyseinstrumenten Diltheys den Vorgängen des Krisenerlebens
und der Krisenbewältigung, aber auch der Tatsache eines dynamischen Lebens-
prozesses, Rechnung zu tragen.
      Die Erlebniswelt der anderen ist für die Ethnologie nur greifbar in ihren
ästhetischen und performativen Ausdrucksformen, die Dilthey „Lebensäußerungen" nennt. Diese Lebensäußerungen finden sich in Recht und Politik, Kunst und
Religion, in Handlung, Sprache und Gestik. Verstehen ist demnach Ergebnis eines
Deutens und Übersetzens dieser Ausdrucksformen im Hinblick auf die eigenen.
Die von Victor Turner mit Edward M. Bruner angedachte „Anthropology of Ex-
perience" schließt demnach immer eine „Anthropology of Performance" mit ein.
Die hier entwickelte Perspektive akzentuiert *Erlebnis*, *Pragmatik*, *Praxis* und
Performance gleichermaßen (Bruner 1986: 4, 7).

---

[34] Dilthey unterscheidet zwischen Erlebnis und Erfahrung. Erlebnis, Ausdruck und Verstehen sind
die Komponenten, die zusammengenommen Erfahrung ausmachen. Erfahrung ist demnach ein Begriff, der über dem empirischen Vorgang des Erlebens, des Gefühls und der Interpretation steht.
Die englische Sprache kennt allerdings diesen Unterschied nicht. Turner und andere übersetzen „erleben" mitunter als „to live through". Meistenteils jedoch wird aus Erlebnis „experience" (Turner
1985f: 211). Der Philosoph H. P. Rickman, der eine Auswahl von Diltheys Schriften ins Englische
übersetzte, erläutert einschlägige Übertragungsprobleme. Siehe Dilthey/Rickman 1976.

Turner bleibt nicht bei der Erfahrung der anderen stehen. Eine Ethnologie des Erlebens/der Erfahrung wird auch auf das Tun des Ethnologen selbst übertragen. Erfahrung hat hier mehrere Dimensionen. In erster Linie wird die vielfältige Erfahrung der Feldforschung zur Herausforderung. Teilnahme und Beobachtung gelten als ihre Pfeiler, die jedoch, so Turner, allzu selten aufeinander bezogen werden. Erlebnisse und Erfahrungen sind historisch und kulturell geprägt: lokale, tribale, nationale und universale Geschichte nehmen hier Einfluss. Autobiographische Erzählungen und Lebensgeschichten erleben in den 1980er Jahren eine neue Wertschätzung in der Ethnologie, wie etwa Arbeiten von Barbara Myerhoff, Paul Rabinow und Renato Rosaldo zeigen. Vincent Crapanzanos *Tuhami: Portrait of a Maroccian* (1980) wird um Klassiker für diesem Trend. Die Vermittlung von Erfahrungen folgt bestimmten narrativen Genres und Mustern, die wiederum kulturspezifisch sind und bei der Analyse besondere Beachtung finden müssen.

Schließlich ist es die eigene ethnologische Praxis des Beobachtens, Erlebens, Beschreibens, Interpretierens und Verstehens, die im Rahmen einer Ethnologie der Erfahrung zu thematisieren ist. Das „sich Einlassen", „im Fluss sein" mit den Ereignissen vor Ort, und sich gleichzeitig von ihnen zu distanzieren, ist charakteristisch für die ethnologische Tätigkeit und als Ambivalenz nicht auflösbar. Ethnologen tragen doppelte Loyalitäten in sich, einerseits zu jenen, mit denen sie im Feld leben, lachen und leiden und andererseits zu jenen, die wissenschaftlich debattieren, kritisieren und rivalisieren (Turner 1985f: 221).

Für die Vorbereitung künftiger Feldforschungen schlägt Turner seine performative Übungsmethode vor. Studierende sollten ermuntert werden, aus berühmten Ethnographien Bühnenstücke zu verfassen, die von ihnen aufgeführt werden. Um eine Vorstellung für Feldforschung zu erwerben, sei diese Praxis und die Konfrontation mit experimentell erworbenen Vorerfahrungen von großem Wert. (Turner 1985f: 223). Turner betont den wichtigen Unterschied zwischen experimentellem Theater und experimenteller Ethnologie. Ethnologen, die sich auf die Bühne begeben, sind verpflichtet, sozio-strukturelle, demographische, ökologische Fakten zur Kenntnis zu nehmen und mit großer Sorgfalt in ihre Bühnendeutung einzubringen. Das experimentelle Theater hingegen kann mit poetischen Metaphern und literarischen Motiven freier umgehen (Turner 1985:f: 225). Die ethnologische Feldforschung bedarf in jedem Fall einer eigenen Form von Erfahrungs-Theorie, ein eigenes Gebäude des praktischen und gleichzeitig poetischen Wissens (Turner 1985f: 226).

Eine Ethnologie des Erlebens befasst sich schließlich auch mit Erfahrungen, die man als „Gipfelerlebnisse" – „peak experiences" – bezeichnet: poetische Visionen, mystische Erfahrungen, Zustände einer „anderen Wirklichkeit". Turner lässt sich dabei von Arbeiten des Psychologen Mihaly Csikszentmihalyi (geb. 1934) anregen, vor allem durch dessen „flow"-Konzept (2001). Flow-Erlebnisse treten nicht nur im Kontext religiöser Ergriffenheit oder als Ergebnis mystischer Techniken auf. Flow-Erlebnisse sind bescheidenere Formen von Gipfelerlebnissen. Das Flow-Erlebnis wird von Csikszentmihalyi als Zustand ganzheitlicher Sinneswahrnehmung beschrieben, gekennzeichnet durch Selbstvergessenheit und die Aufhebung von Gegensätzen wie Selbst und Umwelt, Reiz und Reaktion, Vergangenheit, Gegenwart und Zukunft. Voraussetzungen dafür sind Fokussierung der Aufmerksamkeit, Regeln, Kontrolle über den Handlungsablauf. Flow ist das „Erleben des Verschmelzens von Handeln und Bewußtsein" (Turner 1989b: 89). Das Flow-Erlebnis stellt sich bei verschiedenen Spiel- und Sportarten (Bergsteigen, Klettern, Schach, Langstreckenschwimmen u. ä. m.) ein, aber auch als kreatives Erleben in Kunst und Literatur (Turner 1989b: 88 ff.). Für Turner steht fest, dass Communitas „Fluss-Qualität" besitzt, die er jedoch der Ebene der Struktur zuordnet. Das Wesen von Communitas ist indes vorstrukturell. „Fluss" ist für Turner eine hinführende Technik, „mit deren Hilfe man das verlorene ‚Königreich' oder ‚Anti-Königreich' direkter, unvermittelter Gemeinschaft mit anderen wiedergewinnen kann, wenn vielleicht auch strenges Befolgen von Regeln der Rahmen [...] ist, innerhalb dessen Gemeinschaft entsteht" (Turner 1989b: 93). Das Ritual vor-industrieller Gesellschaften kann für „totale Gemeinschaften" (Familien, Moieties, Klane etc.) liminale Fluss-Qualitäten befördern. In nachindustriellen Gesellschaften sind es die Mußegattungen Kunst, Sport, Spiel, Freizeitaktivitäten, in denen liminoide Fluss-Erlebnisse erfahren werden können.

In seinem Plädoyer für eine „Anthropology of Experience" bemüht Turner als Kronzeugen Wilhelm Dilthey, den amerikanischen Philosophen und Pädagogen John Dewey (1859–1952) und Mihaly Csikszentmihalyi. Turners Botschaft lautet: Nicht die Beschäftigung mit dem Unwandelbaren und Typischen einer Kultur verheißt neue und tiefe Einblicke, sondern das Studium von intensiven außeralltäglichen Erfahrungen. Diese, gleich ob sie in Theater, sozialen Dramen oder Ritualen generiert werden, sind deswegen so interessant, weil sie bedeutungsgeladen sind.

Das Bemühen um eine integrale Wissenschaft vom Menschen macht aus dem Ethnologen Turner einen Kulturphilosophen. In seiner Synthese „von sozialen Dramen, Liminalität, Communitas, Deweyscher und Diltheyscher Theorie des ‚Erlebens' und neurobiologischer Semiotik", so schreibt Eugene Rochberg-Halton, „lassen sich vielleicht die Umrisse eines neuen Verständnisses vom Menschen erkennen: eines Menschen, der Leben wieder mit Sinn verbindet, sich die ‚Möglichkeitsform' als eine ebenso grundlegende Realität wie die ‚Wirklichkeitsform' zu eigen macht und den Bereich des Phantastischen nicht als Überbleibsel einer archaischen und überlebten Vergangenheit, sondern als wertvolle Quelle der stetigen Entwicklung des Menschen auffaßt" (Rochberg-Halton 1989: 211).

Wie mehrfach betont, pflegen Victor Turner und seine Frau Edith seit ihrer ersten Begegnung im Sommer 1942 eine symbiotische Beziehung. Leben und Arbeit ist zu jedem Zeitpunkt eine „gemeinsame Sache", wiewohl in der akademischen Welt nur der Stern Victor Turners strahlt und Edith, die nie einen ethnologischen Abschluss erwirbt, gemeinhin „nur" als die Ehefrau des berühmten Gelehrten gilt. Einzig die Monographie *Image and Pilgrimage* (1978) erscheint unter gemeinsamer Autorenschaft. Die (unterschlagene) Mitautorenschaft Edith Turners im Werk ihres Mannes ist gewiss weitgehend, und dies gilt ganz besonders für die gemeinsame Entwicklung einer Ethnologie des Erlebens (Engelke 2004: 44 f.).[35]

Im Oktober 1983 erleidet Victor Turner einen ersten Herzinfarkt, von dem er sich zunächst zu erholen scheint. Doch der Schein trügt, im Dezember folgt eine zweite und diesmal tödliche Attacke. Am 18. Dezember 1983 stirbt Victor Turner in seinem Haus in Charlottesville.

Edith Turner beschreibt in ihren Lebenserinnerungen, wie der Tod ihres Mannes sie schier entzweireißt und schließlich doch zwingt, eine „ganze Person" zu werden (E. Turner 2006: 139 ff.). Der Weg zur Ganzheit, und damit zur Anerkennung ihrer eigenständigen Persönlichkeit im akademischen Feld, führt über neue Feldforschungen und Ritualerfahrungen. Die Ermunterung und Bestätigung naher Freunde, in erster Linie Richard Schechner und Barbara Myerhoff, die 1985 selbst an Krebs stirbt, sind dafür entscheidend. Schließlich sind es erneut rituelle Erfahrungen, die eine heilende Wirkung ausüben. Roy Wagner, Freund und Kollege, führt im November 1983 eine schamanische Seelenreise durch, an der Edith gemeinsam mit Studierenden teilnimmt.[36] Barbara Babcock lädt Edith Turner nach Tucson ein, um das Osterritual der Yaqui-Indianer, eine Kombination aus Elementen des Katholizismus und des traditionellen Hirsch-Tanzes, zu besuchen. Die Erfahrung, dass in der Moderne Rituale, gewissermaßen als spirituelle Hauptverkehrsadern aus der Vergangenheit wirken, ist befreiend (E. Turner 2006: 141 f., 147 ff.).

Im Januar 1984 erhält sie am Ethnologie-Department der Universität Virginia eine Stelle als Dozentin.[37] Die Unterstützung von Roy Wagner und anderen

---

[35] In einem Interview mit Matthew Engelke erläutert Edith Turner ihre durchaus ambivalenten Gefühle in dieser Angelegenheit. Sie kommt letztlich zum Schluss, dass der Zeitgeist, „the politics of the time", es nicht zuließ, wissenschaftlich als gleichberechtigte Partnerin in Erscheinung zu treten (Engelke 2000: 849).

[36] Wagner setzt in diesem Seminar die praktischen Anleitungen des amerikanischen Ethnologen Michael Harner um, der aus seinen Kenntnissen des Jivaro-Schamanismus (Venezuela) ein „how-to-do" Handbuch für den westlichen Sucher verfasst hat. Vgl. Harner 1982.

[37] Edith Turner hat nie Ethnologie studiert, jedoch 1980 einen Master-Titel in englischer Literatur an der *University of Virginia* erworben. Ihre Abschlussarbeit schreibt sie über die Shakespeare-Komödie *Maß um Maß*. In einem Interview begründet sie ihre Entscheidung für die Literaturwissenschaft.

Kollegen ist hier entscheidend. Edith Turner startet in einem Alter eine eigenständige Karriere, in dem andere ihre Karriere beenden. Die Position als *Lecturer* ist weder besonders üppig bezahlt, noch einflussreich. Dennoch ist die institutionelle Anbindung für ihren weiteren Weg in der Wissenschaft nicht zu unterschätzen. Sie ist die Witwe von Victor Turner, aber eben nicht nur (Engelke 2004: 43).

1985 beschließt sie, ins Land der Ndembu zurückzukehren; das erste Mal seit 31 Jahren. Vorbereitet wird dieses Vorhaben durch die Fertigstellung ihres Kajima-Manuskripts, das vor über dreißig Jahren begonnen wurde. Damals, 1954 in Manchester, dient es der Bewältigung des Rückkehrschocks und die Darstellung, erzählerisch und emotional, ist ganz bewusst nicht-akademisch. Durchgehende Stilmittel sind direkte Rede, Dialog und innerer Monolog. Analytische Kategorien, irgendeine Form von Theoriearbeit fehlen vollständig. Im Vordergrund stehen Begegnungen mit anderen Menschen und die Schilderung persönlicher Eindrücke und Erlebnisse.

Das Buch behandelt die zweite Feldforschungsperiode der Jahre 1953 und 1954. Vier Rituale werden aus teilnehmender Perspektive beschrieben: die Initiationsrituale von Mädchen und Jungs, das *Chihamba*-Ritual, und das damals neu aus Angola eingeführte Tukuka-Heilungsritual. Mitte der 1980er Jahre, bei Durchsicht und Überarbeitung des Textes, sind ihr die Ortschaft Kajima und ihre Bewohner näher denn je. An der Art der Darstellung besteht für sie auch nach dreißig Jahren nicht der geringste Zweifel. Als das Buch 1987 unter dem Titel *The Spirit and the Drum. A Memoir of Africa* erscheint, gilt es für manchen Rezensenten, u. a. für George Marcus, als Musterbeispiel einer narrativen, postmodernen Ethnographie (Engelke 2000: 851; Marcus 1987). Die meisten Rezensenten wissen allerdings nicht, dass das Buch bereits vor 30 Jahren begonnen wurde. Gleichwohl passt es in den Geist der 1980er Jahre, der für ethnographische Schreibexperimente offen ist. Überdies verschafft sich feministische Kritik an der Repräsentations-Debatte Gehör. Allerdings seien weder „postmodern" noch „feministisch" angemessene Zuschreibungen für Edith Turners *The Spirit and the Drum,* argumentiert Matthew Engelke in seiner eingehenden Würdigung des Buches (Engelke 2001b).

Die Arbeit an dem Buch lässt den Plan reifen, bei ihrer Rückkehr zu den Ndembu die Initiationsrituale der Mädchen erneut zu studieren, um mehr von der subjektiven Seite der Betroffenen in Erfahrung zu bringen. Doch es ist nicht das Nkanga-Initiationsritual, auf das sie sich einlässt, sondern *Ihamba*, ein Hei-

---

Ethnologie hätte sie von Victor gelernt. Zudem wäre ein Ethnologie-Studium der Professoren-Gattin in Charlottesville mit Nepotismus in Verbindung gebracht worden, und schließlich sei das Angebot vor Ort nicht sonderlich attraktiv gewesen: solider Strukturalismus und nichts weiter (Engelke 2000: 849, 2004: 42).

lungsritual, das Victor Turner in *The Drums of Affliction* eingehend dokumentiert und analysiert (Turner 1968a: 156–197). Edith Turner beschreibt ihre Rückkehr zu den Ndembu und die eindrücklichen Ritual-Erlebnisse in einer Monographie *Experiencing Ritual* (1992) und später in ihrer Autobiographie *Heart of Lightness* (2006: 151–177). Als Mitautor von *Experiencing Ritual* ist William „Bill" Blodgett, ein junger amerikanischer Ethnologe aufgeführt, der Edith Turner ins Feld begleitet. Genannt sind zudem Singleton Kahona und Fideli Benwa, zwei Ndembu-Heiler, die Edith Turner als die „wahren Besitzer des Ihamba-Rituals" bezeichnet und denen sie das Buch widmet (1992: xiii).

Im Verständnis der Ndembu wird die Durchführung eines *Ihamba*-Rituals dann erforderlich, wenn bestimmte hartnäckige Krankheitssymptome auftreten. Die leidende Person sei von dem Zahn eines toten Jägers gebissen, heißt es. Dieser Zahn wandert im Körper, genauer in den Venen des Betroffenen, und verursacht „beißende" Schmerzen. Im Normalzustand dient ein solcher Zahn, einem Totenschädel entnommen, als Jagd-Amulett. Für die Ndembu ist der Krankheit verursachende Zahn sowohl dreidimensionales Objekt wie auch Totengeist. Was die Ndembu unter Totengeister verstehen, bedarf der Erläuterung. Victor Turner unterscheidet hier zwischen *mukishi* – shade, *mwevulu* – shadow, und *musalu/mufu* – ghost. In der Ndembu-Terminologie ist es immer *mukishi*, der als krankheitsverursachender Akteur gilt und mit dem Begriff (Toten-)Geist zu übersetzen ist. *Mwevulu* ist (annäherungsweise) mit Lebensgeist zu übersetzen – ohne *mwevulu*, so sagen die Ndembu, würde ein Mensch nur dumpf dahin vegetieren. *Musalu/mufu* sind materialisiert gedachte Gespenster; Untote, die sich aus Gräbern erheben und Lebende direkt bedrohen können. Die Terminologie ist nicht widerspruchsfrei in europäische Sprachen zu übertragen und Victor Turner fügt daher in *The Drums of Affliction* einen Appendix an, in dem erklärende Kommentare der Ndembu zu finden sind (Turner 1968a: 284–290).

Zu unterscheiden ist zwischen dem Begriff *Ihamba* (in Groß-Schreibung), der das gesamte Ritual meint, und *ihamba* (in Klein-Schreibung), der auf den spezifischen Zahngeist im Körper der erkrankten Person verweist. Im Rahmen des *Ihamba*-Rituals wird der Zahn mit einem ausgehöhlten Horn in einer Art Schröpftechnik entfernt. Mitunter sind es auch mehrere Zähne, die Schmerzen verursachen und hintereinander entfernt werden müssen. Wichtiger Bestandteil des Rituals besteht in divinatorischen Praktiken, um die Identität des krankheitsverursachenden Ahnengeistes zu erkennen. Dies wiederum ist notwendig, um die geeigneten Ritualexperten hinzuzuziehen. Häufig hören Ahnengeister nur auf die Anweisungen eigener Verwandter. Um zu verstehen, welcher Art die sozialen Konflikte sind, für die die Krankheit nur ein Symptom darstellt, ist die Kenntnis der genauen verwandtschaftlichen Verbindung zwischen krankmachenden Totengeist und der heimgesuchten Person wichtig. Allerdings, und das lässt die Sache kompliziert erscheinen, kann es sich auch um einen bösen Geist handeln, der durch einen Zauberer manipuliert und in den Körper implantiert wird. Im Verlauf des mitunter sehr langen Rituals äußern die Umstehenden eigenes Unwohlsein. Zum Ritual gehört es, „Worte" – *mazu* – zu sprechen, Ausdrücke von Neid und Missgunst. Die Krankheit gilt als Zeichen, dass im sozialen Umfeld etwas „faul" ist. Die nahen Angehörigen werden regelrecht gezwungen, ihren Groll öffentlich zu machen, gewissermaßen zu „beichten", andernfalls kann der Heiler nicht erfolgreich tätig werden (Turner 1968a: 122 ff., 1975: 143 f.; Edith Turner 1992: 89).

Victor Turner interpretiert in den 1960er Jahren das *Ihamba*-Ritual weitgehend sozial-psychologisch und nicht religiös. Er beschäftigt sich in dieser Zeit mit Sigmund Freud und sieht im *Ihamba*-Ritual eine therapeutische Technik, die z. B. Formen von Selbstbestrafung und die verborgene Aggressionen gegen andere offen legen (Turner 1968a: 182; E. Turner 1992: 7). Ganz anders das *Chihamba*-Ritual. Die enthaltene Gottes-Symbolik interpretiert er in Analogien katholischer Theologie und erkennt hier einen spirituellen Wandlungsvorgang, der in erster Linie sinnlich erfahrbar und wirksam ist.

Edith Turner referiert diese Perspektive ausführlich, um ihre eigene, dramatisch neue Sichtweise auf *Ihamba* hervorzuheben. Sie dokumentiert zwei *Ihamba*-Rituale, die im Oktober und November 1985 stattfinden. Das für sie entscheidende Ritualerlebnis findet Ende November statt. Sie ist dabei nicht nur Beobachterin, sondern aktive Teilnehmerin (E. Turner 2006: 155–176). Um die für das Ritual notwendigen Substanzen zu erhalten, ist zunächst eine Expedition von Singleton, Fideli, Edith und Bill in die nahegelegene Wildnis erforderlich. Die Geister der Heiler werden angerufen. Sie sind es, die anschließend zu den erforderlichen Pflanzen führen und später, wenn die erkrankte Person behandelt wird, das Urteilsvermögen der Heiler schärfen. Fünf Heiler sind an dem Ritual beteiligt. Ein Ritual-Schrein wird konstruiert. Unmittelbar vor Beginn trinken alle einen Kräutersud. Edith wird schwindlig, doch nach einer Minute schon lässt dieser Effekt nach. Singleton fordert alle Schwangeren in der Runde auf, den Platz zu verlassen. Die angestrebte „Austreibung" von *ihamba* kann zu gefährlichen Nebenwirkungen führen. Eine Fehlgeburt gilt als reale Gefahr (E. Turner 2006: 162).

Bei der erkrankten Person handelt es sich um Meru, eine Frau mittleren Alters. Während des Rituals wird in ihren Rücken geritzt, die Schröpfköpfe aus Horn aufgesetzt und der Zahngeist aufgefordert, herauszukommen. Meru beschreibt ihr Leiden, erklärt, wo der Schmerz sitzt: in der Leber, im Herzen. Ihre Kinder sind alle tot, niemand kommt mehr, keiner kümmert sich um sie. Meru will sterben. Ihr Schmerz ergreift die Anwesenden. Die Heiler treten in einen langen Dialog mit ihr und dem Geist, der sie krank macht. Es handelt sich um einen Anverwandten, der mit Großvater angesprochen wird. Es wird eine weitere Person, der Bruder der Kranken, hinzugezogen. Er spricht zum Totengeist. Meru artikuliert ihre Wut, es geht um ihre Geschwister und Geldprobleme. Die Umstehenden äußern daraufhin ebenfalls „Worte" des Zorns. Es wird getrommelt. Singleton versetzt das Schröpfhorn auf dem Rücken Merus, um die Bewegungen des Zahngeistes zu verfolgen.

Edith Turner wird aufgefordert, nun auch mitzumachen und „Worte" zu artikulieren, doch sie gerät in eben dieser Situation in einen Disput mit ihrem Übersetzer, der ihr, stark alkoholisiert, Vorwürfe macht. Sie hätte Verabredungen nicht eingehalten und sei unzuverlässig. Edith ist beschämt und gleichzeitig aufgebracht. Sie versucht, sich öffentlich zu rechtfertigen und spürt gleichzeitig, dass dafür nicht die richtige Zeit und der richtige Ort ist. Sie wird weiter gedrängt, endlich auch „Worte" zu äußern. Sie will nichts lieber als der Forderung der Gruppe nachkommen, aktiver Teil des Rituals werden, gleichzeitig ist sie wie gelähmt. Es gelingt ihr nicht, den eigenen Unmut über die Demütigung auszudrücken. Tränen fließen und in ihrem Schmerz mischt sich der Schmerz der anderen. Singelton stellt fest, dass die Patientin falsch sitzt. Sie wird auf Anweisung umgesetzt, das Gesicht in Richtung untergehender Sonne. Genau in diesem Moment fallen unsichtbare Schranken. Es ist ein Gebärerlebnis, schreibt Edith Turner. Als ob im größten Schmerz eine soziale Umhüllung reißt und plötzlich etwas Neues hervorbricht.[38] Der Trommelrhythmus synchronisiert das Stampfen der Füße und das Klatschen der Hände. Die Körper werden zu einem Körper, die Gruppe wird neu geboren. Meru, in Trance, mit einem grinsenden Gesichtsausdruck, stürzt zu Boden. Singleton schnappt mit dem Horn nach dem ihamba-Geist auf dem heftig bebenden Rücken der Patientin. Plötzlich hebt Meru ihren Arm, streckt ihn von sich in einer Geste der Befreiung. Edith Turner sieht im selben Moment, ein „gigantisches Ding aus ihrem Rücken herauskommen. Es war ein grauer Klumpen, ungefähr 15 cm dick, kugelförmig. Was es war, weiß ich nicht – eine Art dichter Nebel – eine Art Plasma? Ich war verblüfft, begeistert. Ich lache noch immer ganz entzückt, wenn ich realisiere, dass ich ihn wirklich gesehen habe, den ihamba-Geist, in dieser Größe! Alle johlten und wir sprangen triumphierend hin und her" (E. Turner 2006: 166 f.; meine Übs.).[39]

---

[38] Edith Turner schreibt: „Then a certain palpable social integument broke and something *calved* along with me" (1992: 149). Die Verwendung des bäuerlichen Begriffs „to calve" – „kalben" lässt an Drastik nichts zu wünschen übrig.

[39] Die Originalstelle aus der Autobiographie: „(...) I saw with my own eyes a giant thing emerge out of the flesh of her back. It was a grey blob about six inches across, a sphere. What it was I didn't know – a sort of thick mist? – a kind of plasma? I was amazed, delighted. I still laugh with glee at the realization of having seen it, the Ihamba, and so big! Everyone was hooting, we were all jumping with triumph" (E. Turner 2006: 166 f.). Die Textstelle entspricht nahezu wörtlich der Darstellung in *Experiencing Ritual* von 1992. Vgl. E. Turner 1992: 149. Der Bericht ist mehrfach publiziert, vgl. E. Turner 1994, 2002.

Singletons Hände bewegen sich emsig suchend auf Merus Rücken – und dann ist das „Ding" verschwunden, in Singletons Beutel, den dieser mit beiden Händen zusammenpresst. Das „Ding", was immer es ist, kommt in eine Blechdose, die mit Blättern und Rinde verschlossen wird. Meru wird von Singleton aufgefordert: „Wenn *ihamba* nicht draußen ist, beweg' deinen Körper!" Meru bleibt ruhig. Ein riesiger Blitz erhellt die Szenerie, der Donner explodiert krachend und der lang ersehnte Regen stürzt herab. Man flüchtet in das nächstgelegene Haus. Singleton kommt mit der Blechbüchse hinzu, völlig durchnässt, aber breit lächelnd. Er zeigt Bill und Edith seine leeren Hände: „Schaut her, ich habe nichts." Er hockt sich auf den Boden und wühlt für eine Weile in der Büchse. Endlich zieht er einen alten Zahn heraus. Es ist ein Backenzahn von ganz normaler Größe mit einer dunklen Wurzel. Eine Seite ist abgeschlagen, wie von einer Axt. Was Singleton zwischen seinen Fingern hält ist *ihamba* (E. Turner 1992: 150).

In den nächsten Tagen diskutiert Edith Turner das Gesehene mit Singleton und den anderen drei Heilern. Alle bestätigen ihr, ebenfalls *ihamba* gesehen zu haben und beschließen, eine Antilope zu töten, um gemeinsam deren Leber zu verspeisen. Ein Leberstück ist für *ihamba* reserviert. Leber und Zahn kommen in eine Flasche mit Maismehl und werden mit Antilopenblut übergossen. *Ihamba*, erklärt Singleton, ist nun mit Blut gefüttert und zufrieden. Er wird keinen Schaden mehr anrichten (E. Turner 1992: 157).

Für Edith Turner ist dieses Erlebnis ein Wendepunkt. Entzücken und Ehrfurcht überwiegen, wie sie schreibt. Ihre Augenzeugenschaft ist Bestätigung und Rechtfertigung für etwas, was Afrikaner seit jeher den Weißen klar machen wollen: „Geister existieren und wir Afrikaner verfügen über eine gute spirituelle Technologie, um mit dieser Ebene von Existenz umzugehen" (Turner 2006: 170; meine Übs.). Gleichzeitig melden sich Bedenken, ob sie durch dieses Erlebnis nun endgültig zu einer Außenseiterin der Wissenschaft geworden sei. Viele Ethnologen dürften eine solche Geister-Sichtung für ziemlich verrückt halten. Matthew Engelke stellt ihr viele Jahre später die Frage, wie sie denn mit solchen Zuschreibungen umgehe.

> „Klar, viele Menschen, Ethnologen eingeschlossen, denken, das sei verrückt", erwidert Edith Turner. „Tatsächlich ist ein Zahn ja ein spezifisch massives Ding und wie kann sowas durch Adern wandern? Das Konzept eines Geister-Zahns ist wirklich seltsam. Jesus sprach ,Leg deine Finger in die Löcher meiner Hände und du wirst glauben.' Da ist eine Geister-Gestalt, die nach der Kreuzigung auftaucht, und trotzdem war Thomas, dieser arme Kerl, in der Lage sie zu spüren. Und da sagen die Leute, das sei ein Mythos. Wie kann das sein?" (Engelke 2000: 852; meine Übs.).

Edith ringt mit dem offensichtlichen Paradoxon, das ihr Wahrnehmungserlebnis auslöst: mit wachen Sinnen etwas zu sehen, was es nicht geben kann, oder geben darf? Was passiert, wenn die Ethnologin die nicht-rationale Wahrnehmungsperspektive der indigenen Gesprächspartner teilt? Wo ist der methodische und theoretische Raum innerhalb der Ethnologie, um derlei Erfahrungen ernst nehmen zu können?

Ausführlich diskutiert Edith Turner in ihrem Buch *Experiencing Ritual* (1992) die verschiedenen Aspekte der beiden *Ihamba*-Rituale: die medizinische Seite des Rituals, die performativ erzeugten Wahrnehmungsformen, Subjektivität und Objektivität in der Erforschung von Zauberei und Geistheilung, und das „Sehen von Geistern", wie es andere Ethnologinnen thematisieren. Eine erneute Lektüre von Lucien Lévy-Bruhl, Claude Lévi-Strauss und Victor Turner spannt den Theorie-Bogen. Kronzeuginnen und gleichzeitig Bündnispartner „im Geiste" sind u. a. Edward Evans-Pritchard, der bei seiner Azande-Forschung von einer Geister-Begegnung berichtet (1937: 11), Laura Bohannon, die ihre Geister-Erfahrungen bei den Tiv (Nigeria) unter einem Pseudonym und in romanhafter Verkleidung zu Papier bringt (Bowen 1984), Larry Peters (1981), der die Geister nepalesischer Schamanen psychologisch (weg) zu erklären versucht, Paul Stoller, der selbst eine Lehre zum Zauberer durchläuft (Stoller/Oakes 1987) oder auch Jeanne Favret-Saada (1979), die in der Normandie lokale Formen der Hexerei untersucht und auf existentielle Weise in den Bann dieser Weltsicht gerät.

Heilrituale und die dabei stattfindenden Begegnungen mit Geistern bleiben die Themen weiterer Forschungen (E. Turner 2004a). 1987/88 lebt sie für fast 12 Monate in einer Eskimo-Siedlung in Nord-Alaska und arbeitet mit Claire Sivuq, einer Iñupiat-Heilerin zusammen. Geister-Besuche, schamanisches Reisen und die Begegnung mit dem Wal-Geist sind beschrieben in ihrem Buch *The Hands Feel it: Healing and Spirit Presence Among a Northern Alaskan People* (1996). Mitte der 1990er Jahren erfolgt die Rückkehr nach Irland, zu alten Pilgerorten und neuen Freunden. Sie lernt Croine, eine keltische Heilerin kennen und schätzen, befasst sich erneut mit Theorien der Wunder des Hl. Patrick und erlebt in der Basilika auf Lough Derg die eigene existentielle Begrenzung als dramatische Schwellenerfahrung (E. Turner 2006: 199–223).

Nicht nur die fernen Orte und Rituale in Afrika, Irland und Alaska interessieren Edith Turner, es ist das Christentum „vor der eigenen Haustür", das sie fasziniert. Zum einen ist es das amerikanische Pfingstchristentum. In den hier entwickelten Heilritualen ist die Praxis der Austreibung von Geistern selbstverständlich ebenso wie deren visuelle Wahrnehmung (E. Turner 2004b; 2006: 175). Zum anderen ist es der eigene Katholizismus, der sie weiterhin inspiriert. Sie singt in einem Kirchenchor in Charlottesville, schließt sich einer kleinen Gebetsgruppe und der „Spiritual Direction Group" an, die von dem Priester Chester P. Michael geleitet wird. Er ist es, der sie zur Niederschrift ihrer Autobiographie ermuntert und sie widmet ihm diesen Text. Das Wiederfinden und Erleben von Gemeinschaft und Geborgenheit ist ein Motiv, das sich durch das Leben Edith Turners zieht. Wenn Victor Turners *Anthropology of Experience* Erleben und Erkennen generell thematisiert, so wendet Edith Turner dieses Programm in eine scheinbar viel schlichtere Frage: Was, genau genommen, erlebt der Ethnologe im Feld? Und: Wie viel Subjektivität ist in dieser Wissenschaft zulässig und erforderlich? (E. Turner 2006: 5 f.).

Die ontologische „Realität der Geister" ist für Edith Turner unbestritten, der ethnologische Umgang mit diesem Fakt, und ganz grundsätzlich mit der Dimension Erfahrung, bleibt indes eine Herausforderung (E. Turner 2003). Darum kreist ihre *Anthropology of Experience*. Sie liefert damit auch einen Beitrag zur aktuellen Debatte um Diskontinuitäten zwischen Geist und Körper, Kultur und Handlung, für eine „Ethnologie zwischen Erfahrung und Theorie" (Hastrup 1995).

Die Zeitschrift *Anthropology and Humanism*, die Edith Turner seit 1992 mitherausgibt, bietet ein Forum, in dem Ethnologinnen und Ethnologen Dimensionen von „Erleben" thematisieren. Unterschiedliche Formen der Feldforschungs-Erfahrung, aber auch der erkenntnistheoretische Umgang mit Erfahrungen nicht-alltäglicher Wirklichkeiten stehen hier im Mittelpunkt. Der Grenzverkehr zwischen Literatur und Wissenschaft, zwischen Poesie und ethnologischer Theorie ist hier – ganz in Turner'scher Tradition – erwünscht.[40]

Wiewohl Edith Turner zwei Ehren-Doktortitel verliehen werden und sie im hohen Alter noch ein Fellowship an der Harvard Universität antritt, ist sie sich ihrer Außenseiter-Position wohl bewusst.[41] Sie hadert mit der akademischen Ethnologie und schätzt Zeit ihres Lebens die Freiheit, institutionellen Zwängen nicht ausgesetzt zu sein.

„Was ich tue", erklärt sie Matthew Engelke, „ist eine Erweiterung von Vic Turners *Chihamba*-Seite, nicht der *Drums of Affliction*-Seite. [...] Meine Arbeit, ganz klar, ist ziemlich obskur, aber davon ist immerhin eine kleine Zahl von Leuten berührt, und ich denke, darin liegt auch ein bestimmtes Maß an Communitas. Ich hoffe immer, dass uns Durchbrüche gelingen könnten" (Engelke 2000: 852; meine Übs.).

---

[40] Im Dezember 2010 erscheint eine Ausgabe zur Frage „Do Spirits exist? Ways to know". Die enthaltenen Beiträge sind Ergebnisse zweier Workshops aus den Jahren 2008 und 2009. Edith Turner kommentiert die Artikel in einer Zusammenfassung mit dem Titel *Ethnography as a Transformative Experience*. Vgl. E. Turner 2010.
[41] Sie wird im Jahr 2000 „Doctor of Humanities" am Wooster College und „Doctor of Humane Letters" am Kenyon College (Ohio) (E. Turner 2006: 239 f.).

Die Gemeinschaft von Ethnologen, die um eine *Anthropology of Experience* im Sinne von Edith und Victor Turner bemüht sind, mag überschaubar sein. Ihr Beitrag für die Entwicklung der akademischen Disziplin Ethnologie entlang von unorthodoxen Themen und Fragestellungen sollte indes nicht unterschätzt werden. Die Autorinnen und Autoren der Festschrift zum 80. Geburtstag von Edith Turner machen dies anschaulich (vgl. Engelke 2001a).

Die Ethnologin Edith Turner ist getrieben von einer Mission: Das Menschliche nie aus dem Auge zu verlieren. „Good anthropology", so ist auf ihrer Website zu lesen, „rests on humanism – that is, respect for the ideas and religions of other cultures and, where possible, the willingness to experience through the eyes of others."[42] Allerdings ist ein „going native", so zeigt die Geschichte der Ethnologie, stets als Bedrohung, als Verlust wissenschaftlicher Distanz und analytischer Urteilskraft, und nie als Ideal verstanden worden. „Do you go native?" fragt Matthew Engelke, und Edith Turner erwidert: „As much as I bloody well can!" (Engelke 2000: 850).

---

[42] http://www.virginia.edu/anthropology/faculty/turner.html [besucht am 29.7.2011].

Zur Aktualität Victor Turners:
Anregungen und Kritik

Wir leben fraglos in bewegten Zeiten. Wohin wir auch blicken, es mangelt nicht an „sozialen Dramen". Dabei fällt auf, dass umwälzende Ereignisse plötzlich und unvorhergesehen in Erscheinung treten. Der Fall der Berliner Mauer ist ebenso unerwartet wie die ansteckende Volkserhebung in Tunesien, um nur zwei Beispiele zu nennen. Die Überraschung von Experten, gleich ob aus Politik- oder Geschichtswissenschaft, Sozial- oder Kulturwissenschaften, ist regelmäßig groß. Ihre Verblüffung über die Wucht des Nicht-Vorgesehenen zeigt gleichzeitig, wie tief verwurzelt das Denken in Strukturmodellen ist. Die Sehnsucht der Sozial- und Kulturwissenschaften nach Einsicht in Gesetzmäßigkeiten menschlicher Existenz, hat eine lange Tradition, wie einleitend gezeigt wurde, und diese Motivation führte zu durchaus wertvollen Einsichten. Allerdings haftet dieser Denkweise und ihren Modellen „naturgemäß" etwas Deterministisches an. Es fallen Leerstellen ins Auge. Wo ist der kulturwissenschaftliche Ort für den Moment des Unerwarteten und Neuen? Wie könnte eine Theorie des Unberechenbaren aussehen?

Victor Turner stößt auf solche Leerstellen über eigene intensive und überraschende Erfahrungen während seiner afrikanischen Lehrjahre. Seine daran anschließenden Ausbruchsversuche aus dem Gefängnis eines materialistischen Weltbildes und einer strukturfunktionalistischen Theorie fallen in die Umbruchphase der 1960er Jahre, die von Kriegsängsten und Friedensutopien gleichermaßen geprägt sind. Unter den Vorzeichen von Studentenrevolte und Feminismus wird in den westlichen Industriegesellschaften ein Kulturkampf ausgefochten. Dies lässt verstehen, warum Turner über gesellschaftliche Gegenentwürfe, Außenseiter und die Kraft symbolischer Handlungen nachdenkt. Turner untersucht Kultur und gesellschaftliche Vorgänge nicht über Mechanismen von Ökonomie, Bürokratie und politischen Institutionen, sondern vor allem über Elemente des Performativen, Dramatischen und Theatralischen.

Max Gluckman und die Manchester Schule haben diese Perspektive vorbereitet. Das Soziale ist demnach vorrangig eine Sache der Praxis. Turners Erkundungen der performativen Seite von Kultur haben hier ihre Wurzeln. Die Kategorie *Performance* lässt, mehr als das funktionalistische Ritual-Modell, der Dimension der Innovation größeren Raum. Rituelle Performance ist nicht Wiederholung des stets Gleichen, sondern „repetition with critical difference" in strategischer Absicht (Drewal 1992: 3 f.). Im Mittelpunkt stehen soziale Akteure, „deren

Handlungsentscheidungen vom soziohistorischen und kulturellen Kontext geprägt sind und die zugleich den Kontext zukünftiger Handlungen mitgestalten" (Kirsch 1998: 106). In diesem Sinne fügt sich Victor Turner in die Theoriefamilie des „practice turn" ein (Volbers 2011) und zeigt in dieser Hinsicht eine Nähe zu Kulturtheoretikern wie Pierre Bourdieu, Michel de Certeau oder Anthony Giddens. Die Genannten formulieren Praxistheorien und stellen dabei das Prozesshafte von Kultur in Rechnung.

Victor Turner hält, wie auch Sigmund Freud, die Beschäftigung mit Normabweichungen für erkenntnisträchtiger als die Analyse des Normalzustandes. Die Metapher vom „Leben als Drama", inspiriert von Kenneth Burke und Erving Goffman, ist elementar für seine kulturanalytische Methode (Jasinski 2001: 187 ff.). Krise und Transformation nehmen dabei einen prominenten Stellenwert ein ebenso wie Religion und Ritual. Hier liegen Originalität und Aktualität Victor Turners.

Merkmal unserer globalen Moderne ist eine medial vermittelte Weltwahrnehmung. Wiewohl Turner sich nie mit Medien und Medientheorien befasst hat, finden sich viele „seiner" Themen genau hier, und zwar in mediatisierter Zuspitzung: vom sozialen Drama über Ritual und Gemeinschaftsbildung bis zu Unterhaltung, Spiel und neuen Möglichkeiten des Erlebens. Die mediale Inszenierung des Dramatischen, von der Soap-Opera über Reality-Show bis zum Atom-Gau, sind unverwechselbarer Bestandteil spätmoderner Wirklichkeitswahrnehmung. Die Möglichkeit, für 15 Minuten weltberühmt zu sein, wie Andy Warhol einst prophezeite, ist zum leidenschaftlichen Selbstverwirklichungsprojekt allzu vieler geworden. Medienauftritte befördern (oder demontieren) politisches und religiöses Charisma, wie Barak Obama und der Papst wissen. Katastrophen, Kriege und Krisen rücken uns im Format des hochauflösenden Flachbildschirms hautnah auf den Leib. Die durchschlagende Wirkung des *September-Eleven* ist vor allem auch seiner perfekten Inszenierung und medialen Allgegenwart zu verdanken. Die Grenze zwischen Terroranschlag und Katastrophenthriller „made in Hollywood" verfließt. Der Lieblingsfilm von Anders Breivik, dem Massenmörder von Oslo, ist Bernd Eichingers „Baader Meinhof Komplex" (2008). Wie einst die RAF wollte auch Breivik das Land in Atem halten, für Action und Spannung sorgen, und zur Legende werden (Minkmar 2011). Das Theatralische und Performative sind bewegende Kräfte in der öffentlichen, vor allem politischen Arena. Das erkannte Victor Turner mit großer Klarheit, wenngleich er nicht ahnen konnte, welch infernalisches Steigerungspotential Massenmedien im digitalen Zeitalter entwickeln werden.

Die fortschreitende Mediatisierung von Weltwahrnehmung und gelebter Existenz stellt für das Fortdenken Turner'scher Ideen eine zentrale Herausforderung dar. In dieser Hinsicht einladend sind neue Räume und Erlebnishorizonte – *Virtual Reality*: „Wie und was erlebst du wirklich?" – ebenso wie neue Möglichkeiten der Gemeinschaftserfahrung – *Facebook-Communitas*: „Wie viele Freunde hast du?"

Seit den 1990er Jahren wächst die wissenschaftliche Literatur zu Medien und Religion kontinuierlich. Die Verflechtung von Religion, öffentlichem Raum, Popkultur und Unterhaltung fällt dabei vor allem als analytisches und methodisches Problem ins Gewicht (vgl. u. a. Hoover/Lundby 1997; Meyer/Moors 2006). Globale Medientechnologie und *Mediascapes* machen die Kategorie „Ritual" kompliziert, ebenso den Moment des „Liminalen" und das, was als mediatisiertes „Erleben" verstanden werden kann. Nichtsdestotrotz sind sowohl das Ritual-Paradigma wie auch Turners Liminalitäts-Konzept in den „media studies" geläufig (Hughes-Freeland/Crain 1998; Couldry 2003; Rothenbuhler/Coman 2005). Insbesondere die Kategorie Liminalität hat sich für die Analyse sowohl von Medien-Events wie für den Medienkonsum als förderlich erwiesen. Angesichts der weiträumigen Metaphorik des Begriffs besteht jedoch das Risiko, deskriptive Präzision aus den Augen zu verlieren. Wenn Liminalität sein Analysepotential für die Medienethnologie beibehalten soll, müssen die Faktoren sinnenhaftes Erleben, integratives und konfliktives Potential, lange oder kurze Dauer, Lokalität und Translokalität, kurz: die körperliche, raum-zeitliche und soziale Dimension Eckpfeiler bleiben (Coman 2008).

Medienereignisse weisen rituelle Muster auf, ebenso wie die Mediennutzung zum (gemeinschaftsbildenden) Ritual werden kann oder ritualisiertes Erleben garantiert. In der liminoiden Zone wird nicht nur das Normative bestätigt, sondern werden auch heteronormative Werte in den Möglichkeitshorizont gerückt. Filmische Rituale, wie am Beispiel von David Finchers *Fight Club* (1999) gezeigt werden kann, bestätigen im Kino die Macht des Liminalen und dieses Medium liefert, wie „echte" Rituale, nicht nur Abbilder vom Leben, sondern auch (mitunter düstere) Modelle für dasselbe (Westerfelhaus/Brookey 2004).

Gemeinschaftsleben und Übergangsrituale finden auch in virtuellen Welten statt, wie die Feldforschung von Tom Boellstorff in der Online-Welt *Second Life* eindrucksvoll belegt (Boellstorff 2008). Welche Art von Gemeinschaft stellen aber jene bis vor kurzem nicht existenten „communities of play" dar, jene Millionen „user" von MMORPGs – *Massively Multiplayer Online Role-Playing Games*? (Pearce/Artemisia 2009).

Das Bedürfnis nach liminoiden Erlebnisräumen ist immens und damit der spätmoderne Stellenwert von Unterhaltung und Spiel. Die gigantischen (permanent steigenden) Umsatzzahlen von PC-Games und Spielekonsolen sprechen eine deutliche Sprache. Es gilt, wie Victor Turner forderte, Spiel kulturwissenschaftlich ernst zu nehmen (Coleman/Kohn 2010). Spiel, so wird man dann schnell entdecken, ist nicht nur freiwillige Zerstreuung: Kinder müssen spielen und Erwachsene ihre Freizeit gestalten. Die Sphären von Arbeit, Spiel und Spaß überlappen sich in Kommunikationstechnologie (Handy, PC), Transporttechnologie (Auto), Arbeitsplatzgestaltung. Zudem begegnet man im Spiel nicht nur „fun" und harmlosem „flow". Spiel kann zwanghaft und gewalttätig werden. „Dark play" und „dark flow", körperliches Risiko und Gefahr sind mit von der Partie (Schechner 1993: 36–39; Macrides 2001). Medien, Ritual und Religion (Thomas 1998) verbinden sich bei Herstellung einer spätmodernen *Common Sense*-Kosmologie, ebenso die Trias Ritual, Medien und Konflikt (Grimes 2011).

Unsere Gesellschaft beschreibt sich gleichzeitig als Freizeit-, Medien-, Event- und Erlebnisgesellschaft (Gerhard Schulze), aber auch als Risikogesellschaft (Ulrich Beck). Die Diagnose von einem dramatischen gesellschaftlichen Wandel (Alterspyramide) und die Vorhersage immer neuer Krisenszenarien (Wirtschaft, Finanzen, Arbeit, Umwelt, Gesundheit, Energie, Bildung) verändert nicht nur unsere Weltwahrnehmung, sondern fordert auch Kultur- und Gesellschaftstheorie heraus. Das Vertrauen in die Macht hergebrachter Strukturen und Institutionen schwindet, aber auch ihr Erklärungswert für Ursachen und Hintergründe besagter Wandelvorgänge und Krisenszenarien. Hergebrachte sozio-strukturelle Institutionen, wie z. B. die Familie, erodieren, anderen Institutionen wie religiösen, z. B. Kirche, und politischen, z. B. Parteien, wird mit wachsendem Misstrauen begegnet. Stattdessen sind es elektronische Datenströme, die um den Globus jagen und schwer vorhersehbare wirtschaftliche Turbulenzen auslösen. Neue Akteure, wie z. B. Ratingagenturen, betreten die Weltbühne und bestimmen über das Wohl und Wehe von Millionen menschlicher Schicksale.

Wiewohl es in der Natur des menschlichen Denkens zu liegen scheint, nach Strukturen und Funktionen zu suchen, das strukturfunktionalistische Paradigma, an dem sich Turner Zeit seines Lebens abarbeitete, hat in den Gesellschaftswissenschaften an Erkenntniswert eingebüßt. Kulturelle Phänomene, Kulturen und Kultur stellen sich unter den Bedingungen der Globalisierung neu dar. Nicht erübrigt haben sich Fragen nach dem Stellenwert von Religion, nach rituellen Prozessen und symbolischem Handeln, nach Bedürfnissen von Grenzerfahrungen und Formen des Erlebens. Zentral bleibt zudem die grundsätzliche Frage, welche gegen-strukturellen Alternativen möglich sind und welche Art Gemeinschaft solche zu entwickeln vermag.

Turner lässt sich mit seinen Ideen dabei durchaus in eine ehrwürdige Tradition einreihen. Émile Durkheim steht Pate mit seinen Konzepten der „organischen" und „mechanischen Solidarität". Querverbindungen lassen sich zu Ferdinand Tönnies (1855–1936) ziehen und zu dessen Gegenüberstellung von Gemeinschaft und Gesellschaft. Die Entwicklung von spontaner zu institutionalisierter Communitas, wie sie Turner beschreibt, erinnert an Max Webers Ausführungen zum Idealtypus der charismatischen Herrschaft. Weber setzt die spontane Herrschaft durch eine mit „außeralltäglichen Eigenschaften" ausgestattete Persönlichkeit an den Beginn. Daraus entwickeln sich im Laufe der Zeit Ideologisierung und Institutionalisierung. Aus persönlichem Charisma wird Amtscharisma. Dieser Vorgang ist allerdings durchaus komplex und nicht zwangsläufig einspurig. Das „Gott gegebene" Charisma hat Verpflichtungscharakter und muss sich bewähren. Dies funktioniert nicht ohne Gefolgschaft, die Charisma-Geber, und lässt sich nicht abkoppeln von Ordnungsbemühungen und Legitimationsstrategien des Charismatikers. Im Gegensatz zu Turner berücksichtigt Max Weber weit mehr den Aspekt der charismatischen Beziehung und fordert die Untersuchung von Handlungskontexten ein. Turner auf diese Weise durch die „Brille" Max Webers zu lesen, ist demnach durchaus gewinnbringend.

Wenngleich sich also Victor Turners Ideen mit klassischen Denkfiguren vergleichen und auf sie rückbinden lassen, weisen sie dennoch besondere Attraktivität und Inspirationspotential für neuere Kulturtheorien auf. Dies liegt, wie mir scheint, an ihren Geburtsumständen im Umbruchsjahrzehnt der 1960er Jahre. Individualisierung, soziale Bewegungen, gesellschaftliche Fragmentierung, Entkirchlichung, nicht kirchliche Spiritualität, Freizeitkultur – das sind nur einige Merkmale des damals sichtbar werdenden Modernisierungsschubes, der die Kultur- und Gesellschaftswissenschaften mit entsprechenden Fragen konfrontiert. Victor Turner bietet für solche Fragestellungen Anregungen, und seine Konzepte Liminalität und Communitas haben dabei eine beachtliche Eigendynamik entwickelt.

Dies gilt an erster Stelle für die Subkultur- und Jugendkulturforschung. In Zeiten, in denen sich Jugendliche gezielt selbst „tribalisieren", sich eigene Rituale und Erlebnisräume schaffen, bleibt Turner eine wichtige Referenz. Für Rock-Konzerte, Hip-Hop-Events oder Techno-Raves bietet sich Communitas als eine hilfreiche analytische Kategorie an, mit der sich das Außergewöhnliche sozialer Erfahrungen fassen lässt (St. John 2009, 2011). Turners Faszination an Anti-Struktur kombiniert sich mit der Faszination poststrukturalistischer Performance- und Kulturtheoretiker am Transgressiven und Widerständigen, an Zwischenzuständen und Dionysischer Verausgabung, an Grenzverwischungen geschlechtlicher und sozialer Zugehörigkeit (Auslander 1994; Jenks 2003).

Hier stellt sich ein Bezug her zur französischen Tradition der „Sakralsoziologie" (Moebius 2009). Gemeint ist der radikale „Durkheimismus" des *Collège de Sociologie* mit den Gründerfiguren Georges Bataille (1897–1962), Roger Caillois (1913–1978) und Michel Leiris (1901–1990). Das Sakrale ist, so die Ausgangsthese, nicht aus der Moderne verschwunden, sondern hat ihren Charakter gewandelt. Nicht die Erforschung religiöser Institutionen ist dabei relevant, sondern die der gesamten *kommuniellen Bewegung* („mouvement communiel") der Gesellschaft. Diese beruht auf geteilten Imaginationen und gemeinsamen Erlebnissen des Sakralen. Erkenntnisfördernd sind genau jene aus der gesellschaftlichen

Ordnung ausgeschlossenen Erfahrungsbereiche: Erotik, Gefühle, Irrationalität, Verschwendung, kollektive Ekstase, Anormalität und Gewalt. Die affektiven Wahrnehmungsformen, das gemeinsame Erleben des Sakralen, kurz die Analyse von anti-strukturellen Gemeinschaften rücken in den Mittelpunkt des *Collège de Sociologie*. Gemeinschaft entsteht demnach „aus der Gleichzeitigkeit von Ergriffensein vom Anderen und einer Ich-Grenzen sprengenden Selbsttranszendenz in der Dynamik der anti-utilitaristischen sowie das Sakrale produzierenden und erfahrbar machenden kollektiven Ekstase [...]" (Moebius 2009: 119).

Ein Brückenschlag hin zu Turners Ideen findet sich demnach auch in der Religionstheorie von Roger Bastide (1898–1974), der im Studium afroamerikanischer Trancekulte Brasiliens eine „wilde" Form von Religion, „instituant", der institutionalisierten Form von Religion, „institué" gegenüberstellt. Das „wilde Heilige" ist Gegenpol zur „domestizierten Religion". Die Leidenschaft religiöser Ekstase, erlebt in immanenter Sozialität, entzieht sich widerständig ihrer Domestizierung. Die Turnersche Polarität von Anti-Struktur und Struktur drängt sich hier assoziativ auf. So wie Turner die Hippie-Bewegung vor Augen hat beim Nachdenken über Communitas, so formuliert Bastide seine Theorie des wilden Heiligen unter dem Eindruck der Pariser Mai-Unruhen von 1968. Hier artikuliert sich die Gegenmoderne, glaubt Bastide zu erkennen, und sie greift dabei auf archaische Modelle religiösen Lebens zurück: das Fest, die Trance, die kollektive Exaltation (Reuter 2000: 338; St. John 2008a: 8). In neuerer Zeit findet sich eine Fortführung dieser Denktradition in Michel Maffesolis Thesen zur „Wiederkehr der Stämme in der Postmoderne" (Keller 2006; St. John 2008b: 16). Maffesoli misst „ästhetischer Welterfahrung" als Form des geteilten Erlebens in orgiastischer Vergemeinschaftung einen wichtigen Stellenwert bei. „Puissance" – nichtinstitutionalisierte Macht steht „pouvoir" – politisch institutionalisierter Macht gegenüber (Maffesoli 1986, 1996). Die (nicht unumstrittene) Diagnose einer „dionysischen Postmoderne" und der Ab- oder zumindest Auflösung des Individualismus durch Formen des Neotribalismus, deren kultureller Ort der Untergrund darstellt, ähneln in mancherlei Hinsicht den Liminalitäts-Entwürfen Victor Turners (St. John 2008b: 16).

Die Bedeutung von „Schwellenräumen" und von rituellen „Schwellenerfahrungen" ist in der späten Moderne ungebrochen. Liminalität ist zum „geflügelten Begriff" geworden und wird in zahlreichen Feldern der späten Moderne identifiziert.[43]

Das Begriffspaar *liminal – liminoid*, das Turner einführt, ist hier besonders wirkungsvoll und gleichzeitig problematisch. Turner erklärt zunächst den Ver-

---

[43] Hinzuweisen ist auf eine Zeitschrift, die sich mit diesem Themenbereich befasst: *Liminalities – A Journal of Performance Studies* [liminalities.net/]. St. John 2008b: 15.

fall der Moderne mit Blick auf den Bedeutungsverlust von Ritualen. Damit gehe der Moderne ein Moment des Widerständigen und eine Metasprache kollektiver Reflexion verloren, wie Turner an verschiedenen Stellen festellt (Turner 1992a, 1989b). Der tragische Niedergang des Heiligen in der Moderne, der im Hintergrund mitschwingt, ist jedoch nicht das letzte Wort. Turner wollte zeigen, dass in der Moderne zwar das archaische „Original" verschwunden ist, doch in den verschiedenen performativen Genres und Nischen moderner Gesellschaften weiterkeimt. Hier wird das Numinose revitalisiert, erklärt Turner. Im Bereich des Liminoiden findet die Wiedererweckung des verlorenen transzendenten Rituals statt (Turner 1986: 42). Vielleicht, so merkt Graham St. John an, sieht Turner genau hier das verwirklicht, was einst Durkheim prophezeite: „Ein Tag wird kommen, an dem unsere Gesellschaften aufs Neue Stunden der schöpferischen Erregung kennen werden, in deren Verlauf neue Ideen auftauchen und neue Formen erscheinen werden, die eine Zeitlang als Führer der Menschheit dienen werden" (Durkheim 1994: 572; St. John 2008b: 10). Die hier anvisionierte Form heiliger Erregung ist für Durkheim die Vollendung der Französischen Revolution. Turner hingegen fühlt sich an den heiligen Schauer der Ndembu-Rituale erinnert und glaubt im modernen Theater und der Erfahrung von Spiel die reflexive Erneuerung der Gesellschaft zu erkennen. Dies macht die religiöse Überhöhung des Begriffspaares *liminal – liminoid* verständlich, aber auch problematisch.

Der Begriff der Liminalität hat sich längst aus den kulturtheoretischen Verankerungen gelöst und wird von Praktizierenden von New Age-Ritualen, von Ravern, oder z. B. Katholiken genutzt. Das Ritual „an sich" gilt dabei als universale Technik für spirituelle Erfahrungen, Bewußtseinserweiterung und Selbst-Transformation. Ritualhandbücher sind wie Kochbücher verfasst; sie bieten einfache Rezepte aus ritualtheoretischen Zutaten von Turner und van Gennep, gewürzt mit Ideen Mircea Eliades und C. G. Jungs. Der Einfluss Victor Turners auf die Erfindung neuer Rituale in den USA und Europa ist immens, wie Catherine Bell feststellt (1997: 264). Man kann dieses neue Ritual-Angebot für fragwürdig halten, wie z. B. Ronald Grimes. Ritual sei zum Produkt auf dem Esoterik-Markt geworden und Grimes verweist dabei auf die Kommerzialisierung Turners in Ritual-Workshops. Liminale Transformation und Communitas-Erleben sind demnach eine Frage des Geldbeutels und der Investitionsbereitschaft, was wiederum diese Konzepte obsolet erscheinen lässt (Grimes 2000: 268). Man kann darin aber auch ein Phänomen spezifisch westlicher Religiosität sehen, das es seinerseits zu erforschen gilt, wie Catherine Bell meint (1997: 264).

Wie auch immer man dieser Entwicklung gegenübersteht, Victor Turner gehört, wie z. B. auch der Religionswissenschaftler Mircea Eliade oder der Psychologe C. G. Jung, zu jenen Gelehrten des 20. Jahrhunderts, die nicht nur Religion beschreiben und analysieren, sondern das Spektrum von Sinnangeboten erweitern. Geschaffen werden dabei Varianten von Intellektuellenreligion (Kippenberg 1989). Solche Religionsforscher beziehen kritisch Stellung zu einer auf den ersten Blick religionsfernen Moderne, und weisen gleichzeitig Religion und religiösem Erleben einen Ort in der Moderne zu. Auch hier zeigt sich, ob man es gutheißen mag oder nicht, die Aktualität Victor Turners.

Victor Turner hat weder ein geschlossenes Denksystem noch eine „Schule" hinterlassen. Der Modus des Unabgeschlossenen („unfinishedness") (Schechner 1987: 7) war charakteristisch. Er selbst bekennt sich zu den „groben, beinahe mittelalterlichen Karten von den unbekannten liminalen und liminoiden Regionen", die er aufgerollt hat und „irgendwann einmal" präziser zeichnen will (Turner 1989b: 87 f.).

Eine große Stärke ist zweifellos seine Gabe, neue Schlüsselbegriffe zu finden und ihren Erkenntniswert spielerisch zu erproben. Turner ist Stichwortgeber und inspirierender Diskussionspartner, kein Systematiker. Seine Produktivität erschwert es zudem, abschließende Urteile zu fällen. Victor Turner veröffentlicht als Autor und Herausgeber 19 Bücher und verfasst mehr als 60 Artikel (Manning 1990). Er ist rastloser Reisender, unermüdlicher Organisator und Teilnehmer zahlreicher Konferenzen. Leben und Wissenschaft werden von ihm exemplarisch „in betwixt and between" zusammengeführt, das permanente Überschreiten von Fachgrenzen und das Erschließen neuer Denkhorizonte erlebt er als befreiend. Turners Denken, die beharrliche Fortentwicklung seiner Abstraktionen und Kategorien wie Liminalität, Communitas, Gegen-Struktur, soziales Drama, Ethnologie des Erlebens, Ludisches und Liminoides ist „offen". Turner liebt den „Fluss" der Gedanken, das Dynamische und Anti-Strukturelle. Viele seiner Schriften lesen sich als Essays im besten Sinne, als Versuche, dem Rätsel des Humanum in Ritual und Spiel, in Kunst und Religion, im Drama des Lebens selbst nachzuspüren.

Der experimentelle Status und die Offenheit seiner Entwürfe, die häufig von einer verführerischen Griffigkeit zu sein scheinen, erklären die große Breitenwirkung und gleichzeitig auch die Kritik daran. Turners analytische Kategorien, seine Symbologie und das Ritualkonzept werden in zahlreichen Humanwissenschaften und in vielen kulturwissenschaftlichen Forschungsfeldern aufgegriffen: in Geschichtswissenschaft (Le Roy Ladurie 1979, Walker Bynum 1984, Davis 1984), Literaturwissenschaft (Woodbridge 1987, Ashley 1990, E. Turner 1990), Linguistik und Semiotik (Babcock/MacAloon 1987), Performanz- und Theatertheorie (Schechner/Appel 1990, Schechner 1990, 1993, Marranca/Dasgupta 1991, Fischer-Lichte 2004, Carlson 1996, McKenzie 2001), Theologie (Wolanin 1978, Driver 1998, Benzing 2007), Subkulturforschung (z. B. Gebhardt 1994, Stoeckl 1994), Jugend- und Musikkulturforschung (Mattig 2009; St. John 2009, 2011), Migrationsforschung (Wolbert 1990, 1995), Kultursoziologie (Wiedenmann 1991), und in der volkskundlich-ethnologischen Pilger- und Wallfahrtsforschung (z. B.

Haab 1992). Die Entwicklung der sogenannten *Ritual Studies* ist ohne den Einfluss Victor Turners nicht denkbar (Grimes 1995, 2000).

Turner wird als Ethnologe berühmt in einer Zeit, als sich dieses Fach selbstkritisch auf eigene Methoden und Erkenntnismöglichkeiten befragt. Viele sehen in Turner einen Wegbereiter der postmodernen Ethnologie. Er gilt als eine „transitional figure", die massive Modernisierungsprozesse und die Dekolonisierung in Afrika erlebt hat und der es dabei gelingt, Vergangenheit und Zukunft in der ethnologischen Theoriearbeit zu verbinden (Jules-Rosette 1994: 162; St. John 2008a: 12).

Das, was unter dem Stichwort *Repräsentationsdebatte* eingefordert wird, nämlich die Vielstimmigkeit im Feld auch in der Niederschrift abzubilden, wird von Turner aufgegriffen. Er räumt indigenen Deutungen einen sichtbaren Platz ein und lässt das „dialogische Prinzip", das jeder Datengewinnung in der Feldforschung zu eigen ist, sichtbar werden. Turner setzt dabei dem Ndembu-„Theologen" Muchona, seinem „Kollegen", ein Denkmal. Allerdings wird das Dialogische, das Turner scheinbar gekonnt in seine Ndembu-Ethnographie einfließen lässt, alsbald auch Anlass für kritische Nachfragen. James Clifford macht darauf aufmerksam, dass noch eine dritte Person, der Ndembu-Oberlehrer Windson Kashinakaji, beteiligt ist. Er war es, der Turner mit Muchona zusammenbrachte und der ihre Begeisterung für die Auslegung traditioneller Religion teilte. In Turners Beschreibung wird jedoch aus dem Trialog ein Dialog; er unterschlägt damit, so die Kritik Cliffords, den Einfluss Kashinakajis. Ein „komplexes produktives Verhältnis [verflacht] zu dem ‚Porträt' eines ‚Informanten'" (Clifford 1993: 144). Wie Peter Metcalf in Gesprächen mit Edith Turner erfährt, kommt ein weiterer sehr wichtiger Informant, Musona, hinzu. Musona allerdings ist tief gekränkt, nicht zu den „Seminaren" mit Muchona und Windson Kashinakaji eingeladen zu sein. Muchona hingegen macht seinen Stolz auf die privilegierte Nähe zu Turner öffentlich. Er kleidet sich gar wie dieser, und tritt als „clown inversion" des Ethnographen in Erscheinung (Metcalf 2002: 70 f.). Aus Musonas Neid werden Rivalität und Rachegefühle. Üble Nachrede ist die Folge, die Muchona nahe an seinen sozialen Tod bringt. Victor schreitet ein, die Autorität kolonialer Macht im Rücken. Metcalf rekonstruiert im Detail die soziale Positionierung der Übersetzer und Informanten gegenüber Turner und zeigt, dass koloniale Machtverhältnisse für den Feldforscher und seine Informanten nicht einfach zu ignorieren sind. Das Bemühen von Ethnologen um Wissen ist abhängig von Beziehungen, die sich nicht in einem Machtvakuum entwickeln (Clifford 1993: 143 f.; Metcalf 2002: 63 f.).

Die kritische Rekonstruktion der Beziehung des Ethnologen Victor Turner zu seinen Informanten soll einerseits an die selbstkritische Phase der Ethnologie in den 1980er Jahren erinnern. Zum anderen soll sie auf ein grundsätzliches, aber bislang nicht gelöstes Problem, aufmerksam machen, das nicht nur die Ethnologie betrifft. „Wenn Ethnographie ein Teil dessen ist, was Roy Wagner (1980) ‚die Erfindung von Kultur' nennt, so ist diese ethnographische Aktivität pluralistisch und entzieht sich der individuellen Kontrolle", stellt James Clifford (1993: 146 f.) fest. Gleichzeitig wird genau dieser Vorgang durch die Neigung verschleiert, ein „Dokument von allgemeinmenschlicher Gültigkeit" zu liefern. Die Bewunderung, die Turner erlebte, und seine Breitenwirkung innerhalb der Kulturwissenschaften erklärt sich jedoch aus eben dieser Neigung, das Allgemeinmenschliche zu dokumentieren.

Wenn im Folgenden systematisch Kritiker und kritische Einwände referiert werden, so geht es dabei selten um Fundamentalkritik. Vielmehr sind es Turners Analyse-Kategorien, die auf Reichweite und analytische Trennschärfe geprüft werden.

Die Kritik hebt vor allem auf folgende Punkte ab:

- Turners letztendlich vergebliche Bemühung, den Strukturfunktionalismus hinter sich zu lassen;
- Turners weitläufige Analogiebildungen, die seine Konzepte mitunter vage erscheinen lassen und sie damit beliebiger Verwendung überantworten;
- Turners Hang zur Idealisierung und Mystik, seine ahistorischen Ableitungen und sein Bekenntnis zum Katholizismus, welches ethnologisch-wissenschaftliche Analyse ideologisch verformt;
- Turners „gender-blindes" Ritualkonzept;
- Turners übergebührliche Betonung des Transformatorisch-Religiösen und seine Weigerung, auf die „dunklen" Seiten von Ritual, Liminalität und Communitas zu blicken.

Dass sich das Profil von Turners Werk zum Wesentlichen aus Bestrebungen speist, der Enge strukturfunktionaler Betrachtungsweisen und Modellen zu entrinnen, betont er selbst immer wieder. Seine akademische Biographie ebenso wie seine Leidenschaft für das Anti-Strukturelle sind dafür Indiz. In wesentlichen Punkten, so die Kritik, gelingt es ihm jedoch nicht, dieses Erbe abzuschütteln. Gerade die Auseinandersetzung mit dem Strukturfunktionalismus zwingt ihn, seine Symbologie und Ritualanalyse von der Struktur her zu denken. Dies liegt in der Logik der Denktradition, aus der Victor Turner entstammt. Pierre Bourdieu hat in seinem *Entwurf einer Theorie der Praxis* (1979) Max Gluckmans Situationsanalyse in diesem Sinne kritisiert. Bei aller Berechtigung, die Schwächen des Strukturfunktionalismus zu überwinden, wird dieses Bemühen von der Logik des Theoriemodells eingefangen. Ausgangspunkt und Fehler (der Manchester Schule) sind der Gegensatz von Modell und Situation, von Struktur und individuellen

Variationen. Doch damit verharrt man nur im Gegenteil der strukturalistischen Abstraktion, „die die Variationen in der Struktur aufgehen läßt, indem sie dies nur als Varianten begreift" (Bourdieu 1979: 156 f.). Das Prinzip des strukturalistischen Irrtums, so Bourdieu, bleibt unangetastet. Auch Wandel von Sozialstruktur lässt sich nur modellimmanent fassen. Es gibt kein Entkommen aus der Theoriesprache des Strukturfunktionalismus, so auch Maurice Bloch (1989: 4).

Sosehr sich Turner auch gegen eine Auffassung vom Ritual als „sozialem Allzweckkleber" (Horton 1964) wehrt, er kann nicht umhin, die sozialstrukturell stabilisierende Funktion von Ritualen, auch von Inversionsritualen, und der liminalen Reflexivität in Communitas hervorzuheben. Van Gennep und auch Victor Turner betrachten Übergangsriten, ja Rituale insgesamt, letztendlich funktionalistisch. So betont Turner, dass mit „Anti-Struktur", die er später lieber „Proto-Struktur" nennen will, kein Gegensatz zu „Struktur" gemeint sei, sondern vielmehr ein Kontrast (Turner 1989b: 79). „Anti-Struktur" ist nicht das „Ganz-Andere", sondern Quelle von konstruktiver Erneuerung von „Struktur".

Die von Turner hervorgehobene Bewegung zwischen den Polen Struktur–Anti-Struktur ist letztendlich eine Dynamik, die auf zyklischer Wiederholung angelegt und jeder Geschichtlichkeit enthoben ist. Kritiker werfen Turner in dieser Hinsicht vor, dem von ihm benutzten Strukturkonzept ermangele es an historischer Tiefenschärfe und Beweglichkeit (Morris 1987: 263; Gronover 2005: 98). Deutlich wird zudem, dass das dominante Symbolsystem abhängig ist von den Ausprägungen sozialstruktureller Variablen. Der von ihm sogenannte „ideologische Pol" ritueller Symbolik beispielsweise, in dem sich die „kulturellen Aspekte", „Werte", „Ideen" konzentrieren sollen, weist eine ausgesprochen soziokulturelle Ambiguität auf, die Sinnbezüge moralischer und sozialer Ordnung umfasst (Wiedenmann 1991: 284).

Die weitläufige Analogiebildung stellt eine weitere Angriffsfläche der Kritik dar und wird in Clifford Geertz' Urteil gespiegelt. Geertz zielt auf die Allgemeinheit der Drama- und Theater-Analogie, die Turner auf alle möglichen, ja beliebigen kulturellen Prozesse anwendet: von afrikanischen Übergangs- und Heilungsriten über isländische Sagen bis zum Watergate-Skandal. Mit dieser „Form für alle Zeiten" würde Turner die mannigfaltigen kulturellen Inhalte, die das Ethos und Eidos ausdrückenden Symbolsysteme spezifischer Kulturen aus dem Blick verlieren (Geertz 1983; Turner 1989b: 168 f.).

Turner neigt in vielen Stellen seines Werkes zu einer Idealisierung oder ideellen Überhöhung. Die Botschaft von der transformierenden Macht der Gemeinschaft und von der Bedeutung des *Homo Religiosus* werden erstmals unmissverständlich artikuliert in *Chihamba – The White Spirit* (1962). Frühzeitig bringt ihm dieses Werk Skepsis und Kritik der Fachwelt ein. Für die *Scientific*

Community sind Mystik und religiöse Bekenntnisse, noch dazu zum Katholizismus, Ausschlusskriterien. Ein unausgesprochenes Bekenntnis zum Atheismus, zumindest zu agnostischen Positionen, gilt als Konsens (Ezzy 2008).

Als prominenter Kritiker profiliert sich hier Robin Horton (1964, 1997: 161–193). Er sieht in Turner einen „religiösen Religionsforscher", der afrikanische Formen von Religion benutzt, um ethnologisch „die eine Religion", zu konstruieren. Robin Horton reiht ihn in die von ihm so bezeichnete „gläubige Schule" („devout school") ein, wozu er neben Turner auch Edward E. Evans-Pritchard, Bolaji Idowu und John S. Mbiti zählt. Alle Genannten gehen von einem unwandelbaren religiösen Kern aus, der sich letztlich wissenschaftlichem Zugriff entziehe, aber dennoch in den geschichtlichen Formen afrikanischer Religionen erkennbar sei. Dahinter stehe letztlich ein Religionsbegriff, der jüdisch-christlich geprägt sei, so Horton. Um zu vermeiden, dass aus Ethnologie Theologie wird, schlägt Horton vor, Religion nicht als einen gesonderten Bereich von Kultur zu begreifen und Religion und Wissenschaft nicht als Gegensatzpaar festzuschreiben. Religion sei, wie auch Wissenschaft, eine Form von theoretischer Weltbeschreibung, ein strukturiertes Wissenssystem mit bestimmten Funktionen. Statt Religion zu essentialisieren und religiöses Erleben zu mystifizieren, bevorzugt Horton den Begriff „patterns of thought".

Auch Paola Ivanov kommt bei ihrer Analyse von Turners *Chihamba* und seinen Schlüsselbegriffen Communitas und Liminalität zum Ergebnis, dass Turner persönliche Intuition zur Grundlage seiner Theoriebildung macht. Aus dem Ethnologen Turner wird, so Ivanov, der spekulative Philosoph, dessen Bemühungen, seine Konzepte auf komplexe Gesellschaften anzuwenden, unpräzise und wenig empirisch verankert sind. Liminalität und Communitas würden zu nebulösen, schnell abgenutzten Phrasen verkommen (Ivanov 1993).

Victor Turner selbst betrachtet die Zuschreibungen, wonach er Ethnophilosophie und Ethnotheologie betreibe, als Lob und nicht als Kritik. Er verstand es als seine originäre Aufgabe, die Weltsicht der Ndembu aus der emischen Perspektive ihrer Riten und Symbole in Philosophie und Theologie zu übersetzen. Robin Hortons Vorschlag, Religion als Wissen und Denksystem zu betrachten, ist für Turner unakzeptabel kognitivistisch. Das Besondere an Religion seien bestimmte Formen des Erlebens und eben nicht „patterns of thought" (Turner 1975: 20).

Turners Hang zur Idealisierung und seine Neigung zur Mystik zeigen sich auch dort, wo er seine Ausführungen mithilfe von Belegen aus der Dichtung abstützt. William Blake und Jakob Böhme liest er bereits als Schuljunge. Dante und die französischen Symbolisten gelten ihm als visionär Begabte. Ndembu-Symbole zu entschlüsseln, um an den Kern von menschlicher Erfahrung zu gelangen, ist für ihn ebenso wertvoll, wie die poetischen Einsichten von schreibenden Mystikern zu entziffern. Caitanya Mahaprabhu und der Heilige Franziskus faszinieren ihn vor allem auch als Dichter devotionaler Religion, und wenn er beispielsweise über die Macht der Schwachen schreibt, bezieht er sich auf jene Hofnarren, „heilige Bettler" und „Einfaltspinsel", die der Welt der Märchen und schönen Literatur entstammen und nicht auf Randseiter, wie sie Sozialgeschichte oder Soziologie darstellen. Wenn Edith Turner schreibt, dass Victor Turner die Welt der Rituale und Symbole nicht nur analysiert, sondern auch bereichert hat, ist jene Grenzüberschreitung von Wissenschaft zur Kunst benannt, die man kritisieren kann, die aber zum Ehrgeiz Turners gehört (E. Turner 1990: 165).

In der Darlegung seines Communitas-Konzeptes wird der ideelle, besser vielleicht idealisierende, Grundzug der Turnerschen Kulturtheorie deutlich und so verwundert es nicht, dass die Pilgerstudie von Edith und Victor Turner deswegen besondere Kritik erfährt. Die Pilgerstudie kann als skeptischer Kommentar zur Moderne gelesen werden und als Angebot, im katholischen Pilgern Communitas zu entdecken, und zwar als Ressource gegen die Zumutungen der Moderne. Communitas gilt beiden als Wesenskern von Pilgerschaft, gleich ob in Vergangenheit oder Gegenwart. John Eade und Michael Sallnow stellen diese Verallgemeinerung nachdrücklich in Frage. Pilgerschaft, so die Gegenthese, sei vor allem eine Arena von konkurrierenden religiösen und säkularen Diskursen. Communitas werde allenfalls partiell verwirklicht und Pilgerschaft befördere vielfach Mechanismen der Grenzziehung und Abgrenzung (Eade/Sallnow 1991). Diese und ähnliche Kritik wird in zahlreichen weiteren Pilgerstudien vorgetragen. Turners Verortung der Religion im liminoiden Moment der Communitas, so fasst Annemarie Gronover zusammen, „macht es nicht mehr möglich, Religion in einem komplex angelegten Interaktionsmuster zwischen Sozialem, Politik und Wirtschaft zu analysieren" (Gronover 2005: 98).

Turner „glaubt" an das kreative, genialische Subjekt und die strukturverändernde Kraft, die von einem solchen Subjekt ausgeht, das sich durch rituelles Communitas-Erleben selbst neu gefunden hat. Die „soziale Person" verschwindet dabei und allgemeine Menschlichkeit und Moral treten an ihre Stelle. Das Individuum wird zum moralischen Erneuerer, fordert Autonomie ein und zerstört hergebrachte Sitten (Turner 1992c; St. John 2008a: 8). Kulturelle Kreativität entsteht in den Handlungen von Menschen oder Gemeinschaften, die Rituale gestalten (Förster 2004: 251; Lavie et al. 1993). Subjekt und Subjektives erhalten nicht zuletzt deswegen besondere Zuwendung, weil diese Größen im strukturfunktionalistischen Regelsystem keine Beachtung finden.

Aus poststrukturalistischer Sicht wiederum wird diese Perspektive Turners obsolet. Es sind vor allem Michel Foucaults Arbeiten, die Zweifel an der Macht des Subjektes aufkommen lassen. Er deutet auf langfristig wirksame diskursive

Regelmechanismen, über die Macht-Codierungen gesteuert werden, weitestgehend unabhängig vom gestaltenden Subjekt hin (Foucault 1981). Während Turner sich stets für Brüche in der Struktur interessiert und für charismatische Einzelpersönlichkeiten und Struktur-Erneuerer, wie den Heiligen Franziskus, Miguel Hidalgo oder Thomas Becket, zeigt sich Foucault, ohne historische Brüche und die Gestaltungskraft von Ereignis und Individuum in Abrede zu stellen, an der Ausbildung von Macht-„Strukturen" *à la longue durée* interessiert. Foucaults Archäologie des Wissens „definiert Typen und Regeln von diskursiven Praktiken, die individuelle Werke durchqueren, die mitunter sie völlig bestimmen und sie beherrschen, ohne daß ihnen etwas entgeht, mitunter aber nur einen Teil davon beherrschen. Die Instanz des schöpferischen Subjekts als *raison d'etre* eines Werkes und Prinzip seiner Einheit ist ihr fremd" (Foucault 1981: 199).

Die Frage, was unter einem Ritual zu verstehen sei, gehört zu den Kernfragen der Ethnologie. Da Victor Turner eine Reihe anregender Vorschläge zur Beantwortung dieser Frage geliefert hat, findet im Feld der Ritualforschung die wohl lebhafteste Auseinandersetzung mit seinen Ideen statt. Dabei ist daran zu erinnern, dass sich Turners Ritualbegriff, mithin die Konzepte Liminalität und Communitas, im Laufe der Zeit wandeln. Anfangs arbeitet er mit einem eher statischen Modell: Ein Ritual ist „vorgeschriebenes, förmliches Verhalten bei Anlässen, die keiner technologischen Routine überantwortet sind und sich auf den Glauben an unsichtbare Wesen oder Mächte beziehen" (1967b: 19; deutsche Übs. in 1989b: 126). Später, vor allem als er mit Richard Schechner das breite Spektrum von ritueller Performance erkundet, wird der prozessuale und transformative Charakter in den Mittelpunkt gerückt. Während man bis dahin, in Wissenschaft und *Common Sense* gleichermaßen, Rituale gewohnheitsmäßig den vor-modernen und „primitiven" Kulturen zuordnete und ihnen systemstabilisierende Funktion zuschrieb, ändert sich dies mit den Schriften Turners. Er wendet den Blick von Afrika auf Europa und Amerika und macht deutlich, dass in hochkomplexen Gesellschaften Rituale nie verschwunden sind. Rituale finden sich in Räumen der Kunst und Unterhaltung, in den Arenen des Sports und im politischen Feld der Revolution. Rituale und ihre Anverwandten, wie Spiel und Theater, haben subversives Potential und sie können Menschen von Grund auf verändern, erklärt uns Turner. Rituale verlieren somit die Zuschreibung, konservative und konservierende Kulturrelikte zu sein, und die Erforschung komplexer Gesellschaften muss die rituelle Dimension menschlichen Lebens einschließen.

Ronald Grimes bezeichnet dies als „Turnerian turn" der Ritualforschung, hinter den es kein Zurück geben kann (Grimes 2000: 268). Allerdings tritt die Ritualforschung nicht auf der Stelle. Ihre Weiterentwicklung erfolgt dementsprechend in kritischer Revision Turner'scher Ansätze. Die wichtigen Felder der Kritik sind dabei: die Turnersche Vorstellung von Ritual als bedeutungsvolle symbolische Kommunikation, die „male bias", die Nichtbeachtung des Gender-Aspekts, und schließlich der von ihm unbeachtete Zusammenhang von Ritual und Gewalt. Die Vorstellung, dass rituelle Symbole etwas bedeuten müssen, ist, wie Talal Asad generell deutlich macht, für Ethnologen zentral, nicht unbedingt für Informanten im Feld. Viel wichtiger als Symbole und ihre Bedeutung ist vielfach die richtige Ausführung der rituellen Handlung. Psychoanalytisch gesprochen agiert der Ethnologe gleichzeitig als Analytiker und Analysierter, insofern er Symbole ausfindig macht und anschließend interpretiert. Dies geschieht durchaus nicht immer im Dialog mit indigenen Gesprächspartnern, sondern um deren mangelndes Interesse an solchen Fragen zu kompensieren (Bowie 2006: 142; Asad 1993: 61). Die Idee von der Bedeutsamkeit „des" Rituals hängt zudem mit der Kategorie „Ritual" selbst zusammen; eine Kategorie, für die es kein Äquivalent in nicht-westlichen Kulturen gibt. Der Hang zur Vereinheitlichung dessen, was sich empirisch als Vielfalt ritueller Handlungen vorfindet, mündet in Wesensbestimmungen „des" Rituals und „des" rituellen Menschen. Dabei wird, in theologischer Tradition christlicher Exegese, im „Gelehrten"-Diskurs die Bedeutung von rituellen Symbolen destilliert. Das Ergebnis und der Weg dorthin verharrt im Feld des rein Sprachlichen. Gleichzeitig misst Turner rituellen Symbolen „agency" zu, eine autonome Wirkungsmacht, die letztlich unerklärt bzw. als bloße Behauptung bestehen bleibt. Das Verhältnis zwischen liminalen Subjekten und symbolischer „agency" ist bei Turner nicht ausgeleuchtet.

Dass Rituale für Menschen vielfach sinnvoll sein können, ohne die Bedeutung der Symbole zu verstehen, dürfte jedoch der Normalfall sein ebenso wie die Möglichkeit individueller Bedeutungszuschreibung. Sinn und Bedeutung sind nicht identisch. Sinn basiert auch auf nicht-sprachlichem Erleben. Turner problematisiert das zwar über seine Dilthey-Lektüre, und er verweist damit auf den Stellenwert nonverbaler Kommunikation und die Modellierung von Emotionen, aber dies fließt nicht (mehr) in die Weiterentwicklung seiner Symbologie ein. Bereits Clifford Geertz hat in seinem Nachwort zu dem Band *The Anthropology of Experience* (Bruner/Turner 1986) deutlich gemacht, dass es „das" Erlebnis nicht gibt. Erlebnisse, sobald sie der Ethnologe zur Kenntnis nimmt, sind immer interpretiert, sie sind „gemacht" (Geertz 1986: 380). Jason Throop hat daran anknüpfend ein phänomenologisches Modell des Erlebens vorgeschlagen, das die Unmittelbarkeit des zeitlichen Flusses und die Vermittlung durch reflektierte Bewertung gleichermaßen einschließt. Dies hat Konsequenzen für die Methode. Interviews und Fragebogen erreichen eine andere Ebene von Erfahrung als etwa Video-Dokumentation oder teilnehmende Beobachtung (Throop 2003: 233).

Die Performance-Forschung bringt sogenannte „post-ritual cultural performances" ins Gespräch. Rituaähnliche Massenevents, die keine kohärente oder vollständige Struktur aufweisen und deren „Bedeutung" schwer fassbar ist. Erica

Bornstein hat am Beispiel des World Vision Gebetstreffens in Simbabwe die Eigenart solcher post-ritueller Inszenierung aufgezeigt, die sie an das „Theater des Absurden" erinnert (Bornstein 2006; St. John 2008b: 12).

Das Dynamische, Kreative und Transformative, das Turner in seiner Ritualbetrachtung stets hervorhebt, lässt leicht vergessen, dass liminale Kreativität und Wandelvorgänge nicht zwangsläufig in Erscheinung treten *müssen*, und dass Langeweile und Monotonie durchaus auch zu den Charakteristika ritueller Abläufe gehören können. Im Extremfall begegnen uns sogar Rituale, die zwar eine komplexe Handlungsfolge aufweisen, jedoch ihren Sinn verloren haben. Symbole sind dabei sekundär und ihre Deutung allenfalls für Ethnologen von Interesse, nicht für Ritualexperten. Frits Staal hat dies am vedischen Ritual der Feuerschichtung und Caroline Humphrey und James Laidlaw an der jainistischen *puja* demonstriert. Verbunden wurde damit die (etwas überzogene) These von der grundlegenden Bedeutungslosigkeit „des" Rituals (Staal 1989; Humphrey/Laidlaw 1994; Michaels 1999).

Zudem ist mit ritualarmen Gesellschaften zu rechnen. Die bei Turner (und van Gennep) so eindrücklich festgestellte Universalität ritueller Transformationsprozesse erscheint hier erklärungsbedürftig. Insbesondere sind es Übergangsrituale, Pubertäts- oder Reiferiten, die für die gedeihliche Entwicklung des Individuums in einer tribalen Gesellschaft als normal, ja unverzichtbar gelten. Diese, in der Ritualforschung vielfach vorausgesetzte These legt implizit die Schlussfolgerung nahe, dass ohne entsprechende Rituale ein „gesundes" Funktionieren dieser Gesellschaften kaum möglich sei. In Jäger- und Sammlergesellschaften, in Gesellschaftsformen also, die menschheitsgeschichtlich als die ältesten zu gelten haben, ist das Vorkommen von Pubertätsriten die Ausnahme. Statt ritueller Zäsuren und liminaler Räume sind „fließende Übergänge" die Regel (Bräunlein/Lauser 1996).

Kritik an der Universalität ritueller Prozesse und symbolischer Muster, wie sie van Gennep und Victor Turner darstellen, üben Bruce Lincoln (1991) und Caroline Walker Bynum (1984, 1996). Die als typisch geltenden Merkmale von ritueller Liminalität, so das Hauptargument, betreffen allenfalls die männliche Hälfte der Menschheit. Lincoln vergleicht zu diesem Zweck weibliche Initiationsrituale unterschiedlicher Kulturen, deren Verlaufsform er, abweichend von van Gennep, neu benennt: als Einschließung/*enclosure* – Umwandlung/*metamorphosis* bzw. *magnification* – Sichtbarwerden/*emergence*. Liminalität in der Charakterisierung Turners tritt nicht bei Mädchen-Initiationen in Erscheinung. Es erfolgen weder eine gemeinschaftliche Absonderung fernab in der Wildnis, noch rituelle Nacktheit, noch der Erwerb „geheimen" kulturellen Wissens, noch das Erleben anti-struktureller Gemeinschaft, zumal Initiationsrituale für Frauen häufig individuell ausgeführt werden. Es sind Männer, die auf die Initiantinnen Gewalt ausüben. Die Unterweisung der jungen Frauen in der Umwandlungsphase, die häufig innerhalb des Dorfes stattfindet, betrifft allein die Verstärkung („magnification") und Bestätigung der weiblichen Rolle. Die Übergangsrituale erzeugen demnach produktive Arbeiterinnen, fügsame Ehefrauen, nährende Mütter. Initiantinnen sterben keinen rituellen Tod, um anschließend neu wiedergeboren zu werden. Mädchen lernen ihre hergebrachten sozialen Rollen zu akzeptieren, nicht jedoch Alternativen zu entwickeln. Der Körper der Initiantin wird, so Lincoln, zum Schlachtfeld des Geschlechterkampfes. Bei weiblichen Initiationsritualen geht es um gesellschaftliche Machtinteressen und am Ende gibt es Gewinner und Verlierer (Lincoln 1991; Bowie 2006: 159 f.).

Die Mittelalter-Historikerin Caroline Walker Bynum kritisiert Turner, nicht weil er Frauen übersieht oder die Gender-Frage unterbewertet, sondern weil er seine eigene Positionierung nicht durchschaut und daher auch nicht fruchtbar reflektieren kann. Dabei sind es nicht Übergangsrituale, sondern Frauen-Geschichten, die Bynums Zweifel an einer Übertragung der Kategorie Liminalität auf die Lebenswelt von Frauen wachsen lassen.

> „Mein Einwand ist, daß [Turner] die Frauen anblickt: Er steht bei der dominanten Gruppe (den Männern) und sieht Frauen (symbolisch und faktisch) als liminal für Männer. Damit hat er weitgehend recht, und seine Einsicht ist gewichtig – aber unzureichend. Der Historiker oder Anthropologe muß ebenso den Standpunkt der Frauen teilen" (Walker Bynum 1996: 32).

Weibliche Lebensvollzüge, so Bynum, haben weniger oder gar keine dramatischen Wendungen, und wenn solche dennoch auftreten, dann sind sie häufig unvollständig. Weibliche Symbole versinnbildlichen keine Statusumkehr, sondern Erweiterung und Kontinuität ihres Lebens. Entweder gelten alle Frauen durchgehend als liminal, dann hat die Kategorie ihren Aussagewert verloren, oder sie sind nie richtig liminal.

„Meine Untersuchungen dagegen zeigen", schreibt Walker Bynum, „daß [...] die Bilder der Unterlegenen gewöhnlich keine Statusumkehr oder -erhöhung spiegeln. Liminalität – wie sie Turner erarbeitet hat – könnte also weniger ein universales Bedeutungsmoment sein, das alle menschlichen Wesen in ihren sozialen Dramen benötigen, als vielmehr ein Ausbruch derjenigen, die die Bürde der hohen Ränge innerhalb der Sozialstruktur tragen und auch deren Vorzüge genießen" (Walker Bynum 1996: 32). Grundsätzlich, so das Argument Walker Bynums, sei Liminalität keine sinnvolle analytische Kategorie für Frauen, sondern aus dem männlichen Blick auf Frauen entwickelt. Die Kritik an der Voreingenommenheit männlicher Sichtweise, *male bias*, greift Ronald Grimes auf und weist auf die Konsequenzen für die Ritualforschung hin. Wenn wir anerkennen, dass Liminalität eine genderspezifische Kategorie ist, dann wird auch die generalisierende Behauptung in Frage gestellt, wonach Liminalität Triebfeder von Ritual und Kultur ist. Der „Transformationismus", wie er allen Ritualtheorien in der Tradition van Genneps und Turners innewohnt, birgt die Gefahr männliche Initiationsrituale zu abstrahieren und romantifizieren (Grimes 2000: 267).

Man kann zudem nicht nur eine *male bias* ausfindig machen, sondern auch eine *adult bias*. Allzu häufig erleben Neophyten ihre Initiationsrituale als eine Kette qualvoller Torturen und Schrecknisse. Dass die Schwellenphase dazu dient, die Macht der Alten und ihre Hierarchiepositionen unauslöschlich und brutal einzuprägen, vermag Turner, „adultistisch befangen" nicht wahrzunehmen, wie Bernhard Baudler (1994) kritisiert. Wie die Reiferiten Neuguineas, um ein Beispiel zu nennen, erkennen lassen, gehört dort „einschneidende Gewalt" im wörtlichen Sinne zum Programm. Harvey Whitehouse sieht im gezielten Aufbau eines lang anhaltenden emotionalen Schockzustandes während der Pubertätsriten die Voraussetzung für die erforderliche Aneignung esoterischen Wissens. Im Zustand von Furcht ist das menschliche Lern- und Gedächtniszentrum blockiert, wohingegen ein bestimmtes Maß emotionaler Stimulans der Erinnerungsfähigkeit förderlich ist. Whitehouse wendet hier das sozialpsychologische Konzept der „Blitzlichterinnerung" („flashbulb memories") auf Reiferiten an. Die Zufügung von Schmerz in einem emotionalen Ausnahmezustand dient der detailgenauen Erinnerung, die ein Leben lang anhält (Whitehouse 1996; Bowie 2006: 173). Für die betroffenen Initianden dürfte es allerdings unerheblich sein, ob der Ritualforscher die verabreichten Torturen mit der Weisheit liminaler Reflexivität in Verbindung bringt oder als Auslöser von *Flashbulb Memories* interpretiert. Mit dieser Wendung hin zu Gewalt und Schmerz wird ein Fenster auf die „andere Seite" ritueller Prozesse und Erfahrungen geöffnet. Sowohl Arnold van Gennep als Victor Turner sind, wenn man so will, optimistische Ritualtheoretiker. Liminalität und Communitas eröffnen Räume des Wünschenswerten, des utopisch Möglichen, der gesellschaftlichen Alternativen. Religion, die Quelle des prinzipiell Guten und moralisch Einwandfreien, wird von Turner mit Ritual in enge Berührung gebracht.

Eine andere, durchaus gewichtige Denktradition verbindet Ritual hingegen mit Aggression, Mord und Totschlag. Im Mittelpunkt dieser Argumentationslinie stehen Opferrituale, und Gewalt gilt als eine im Menschen verankerte Grundkonstante. Rituale kanalisieren und transzendieren diese Bedrohung. Die Umleitung aggressiver Impulse, von Neid, Gier und Eifersucht, auf ein rituelles Opfer, den Sündenbock, schützt die eigene Gemeinschaft vor der Selbstzerstörung, so der Grundgedanke von René Girards *La Violence et le sacré – Das Heilige und die Gewalt* (1972). In der Religion, Girard meint hier in erster Linie das Christentum, hat sich das Wissen um die destruktive Seite der menschlichen Natur erhalten.

Er deutet die Passion Christi als entsprechendes Opfer. Christus ist der Sündenbock, der gleichzeitig zum Heilsbringer wird. Opferrituale dienen grundsätzlich dazu, gemeinschaftliche Bande zu stärken, Gemeinschaft zu stabilisieren und zu harmonisieren.

Gleichzeitig mit Girards *La Violence et le sacré* erscheint *Homo Necans*, das bereits erwähnte Werk von Walter Burkert. Ritualisiertes Töten erzeugt heiligen Schauer und Gemeinschaft, ist hier die These, die gleichfalls von der konstruktiven Umlenkung eines destruktiven Triebimpulses ausgeht. Im Hintergrund schwingen dabei sowohl der Vietnamkrieg wie auch Konrad Lorenz' verhaltensbiologisches Triebmodell mit.

Dass ritualisierte Tötungsakte kulturschaffende Handlungen sind, und dass Religionen in der Lage sind, böse Gewalt in „heilige" Gewalt zu wandeln, ist eine Denkfigur mit langer Tradition. Hier findet auch Sigmund Freuds These vom Vatermord der Urhorde ihren Platz, den er in Zusammenhang bringt mit der Entstehung des Inzesttabus, des Totemismus, des Ritualopfers und von Religion insgesamt.

In den 1980er Jahren entwickelt Maurice Bloch (geb. 1939), ausgehend von van Gennep und Turner, ein eigenes Modell, in dem Gewalt ein Schlüsselelement von Übergangsritualen ist (Bloch 1986, 1992). Zentrales Thema dieser Rituale ist der Gegensatz von irdischer Lebendigkeit und Vergänglichkeit, Tod und Ewigkeit. Diesseitige Vitalität wird im Ritual durch eine jenseitige, überlegene Kraft überformt, die bisweilen (aber nicht notwendigerweise) mit Gott, dem sakralen König oder der fortwährenden Gemeinschaft identifiziert wird. In der mittleren Ritualphase findet die Begegnung mit dieser transzendenten Kraft in einem Akt des Überwältigtwerdens statt. Die Anwendung physischer Gewalt (Verwundung, Schläge) ist hierbei entscheidend. Nach der Rückkehr aus dem rituellen Raum gilt diese Konfrontation mit transzendenter Vitalität als bereichernd für das alltägliche Leben. Die dabei eingesetzte Gewalt nennt Bloch „rebounding violence" – *abprallende Gewalt*. Bloch behält das Drei-Phasen-Modell bei, sieht darin jedoch eine untrennbare, prozessuale Einheit und weigert sich, gegen Turner, der liminalen Phase eine herausgehobene Bedeutung zuzuschreiben. Das Eintauchen in einen Übergangsbereich macht nur Sinn in Bezug auf die Rückkehr in die Alltagswelt. Wie Bruce Lincoln sieht auch Bloch in Übergangsritualen einen kulturellen Mechanismus, der Hierarchien einer Gesellschaft zementiert, und er erkennt darin, mit Girard, eine Umlenkung menschlicher Aggression auf eine transzendente Autorität. Übergangsrituale vermitteln zwei Kernbotschaften: Kreativität ist kein Ergebnis menschlicher Handlungen, sondern entsteht aufgrund der Einwirkung einer transzendenten Kraft, die über weltliche Autoritäten vermittelt wird. Dieser Umstand legitimiert, ja erfordert geradezu das gewalttätige Bezwingen von

Unterlegenen durch Überlegene, die den jenseitigen Ahnen näher stehen (Bloch 1986: 189; Bowie 2006: 165). Rituale agieren in dieser Hinsicht mystifizierend, sie verschleiern Machtverhältnisse und bewahren den Status Quo.

Wiewohl Aggression und ein vorgeblicher Aggressionstrieb, und darüber hinaus der Vietnamkrieg die amerikanische Ethnologie seiner Zeit beschäftigen, greift Victor Turner in diese Debatte nicht ein. Grundsätzlich, und das ist auffallend, schenkt er den dunklen Seiten menschlicher Existenz keine Beachtung. Über Kriegs- und Tötungsrituale, Menschenopfer oder kultischen Kannibalismus etwa oder über Hinrichtungen als theatralische Inszenierungen, findet sich nichts bei Turner. Was bei René Girard, Walter Burkert und Konrad Lorenz eine Verschiebung aggressiver Impulse ist, verharrt bei Turner im Symbolischen. Die real stattfindenden Quälereien von Initianden interessieren ihn als Ausdrucksformen eines symbolischen Sterbens, nicht aber als gezielte Traumatisierung von Heranwachsenden. Nicht Generationenkonflikte werden schmerzhaft ausgetragen, sondern Tod und Wiedergeburt inszeniert.

So sehr Victor Turner kulturelle Prozesse über sein Konzept des „sozialen Dramas" beschreiben und verständlich machen kann, und trotz der Möglichkeit von Spaltung und anhaltendender Krise, sieht dieses Modell letztendlich ein Happy End vor. Der Sieg des Bösen ist nicht einkalkuliert. Dies illustriert vor allem auch das Communitas-Konzept. Communitas ist für Turner durchweg positiv gedacht, ist letztendlich Quelle des Humanen. Das ekstatische Gefühl der Grenzüberschreitung von ‚Ich' und ‚Du' erleben bei Turner nur moralisch integere Menschen, oder sie werden durch dieses Erleben solche.

Dass die begeisterte Zustimmung auf die Frage „Wollt Ihr den totalen Krieg?" etwas mit ritualisierter Gemeinschaft zu tun haben könnte, dass das Fest zum Pogrom werden, und aus einem gemeinschaftlichen ‚Wir' Hass gegen ‚Andere' erwachsen kann, übersieht Turner, oder will es nicht sehen. Doch Communitas, so die Gegenthese, ist moralisch ambivalent und eben auch Quelle des Inhumanen. Communitas lässt sich auf den Reichsparteitagen wieder finden ebenso wie bei Treffen der Attentäter vom 11. September; Communitas ist in afghanischen Soldaten-Camps ebenso möglich wie auf Neonazi-Szene-Konzerten.

Turners Weigerung, die „andere Seite" von Liminalität und Communitas-Erleben wahrzunehmen, oder allenfalls als pathologische Abweichung, wurde vielfach kritisiert (Taussig 1987: 442; Handelman 1993; St. John 2008b; Maxwell 2008). Beschränkt man das Rituelle nicht nur auf den (quasi-)religiösen Erfahrungswert, tritt das Politische deutlicher hervor. Gleichzeitig eröffnet sich hier ein wichtiges Forschungsfeld für die Ritual- und Performance-Forschung. Turner war fasziniert vom Möglichkeits-Modus der Rituale und befasste sich daher nicht mit dem Indikativ-Modus, dem Ist-Zustand, den er allenfalls der Zeremonie zuwies. „Indikative" Prozesse und Ereignisse, die Don Handelman „events of presentation"

(Staatsbegräbnisse, Adelshochzeiten, Gedenktage) nennt, sind von eminenter Bedeutung in der Moderne und damit für die Performance- und Ritualforschung relevant. Die „symbolische Herstellung von Produktionsmitteln", ihre Kontrolle und ihre zeremoniell-rituelle Rahmung in der „Tatsachen-Welt" (Kapital, Moral, Staat) geraten in den Blick (Alexander 2004; St. John 2008b: 16). Eine Ethnologie „öffentlicher Ereignisse" bedarf eines angemessenen methodischen und theoretischen Instrumentariums, für das Don Handelman Angebote macht (Handelman 1998).

Soziales Drama, Liminalität, Communitas, werden damit nicht auf den Müllhaufen der Kulturtheorie befördert. Im Gegenteil: Die anhaltende Auseinandersetzung mit diesen Kategorien zeigt, dass Turners kulturtheoretische Vorschläge Tragfähigkeit aufweisen und weiterhin ernst genommen werden.

Literaturverzeichnis

Primärliteratur

Schriften von Victor W. Turner

Turner, Victor (1957): *Schism and Continuity in an African Society: A Study of Ndembu Village Life.* Manchester: Manchester University Press.

Turner, Victor (1960): „Muchona the Hornet, Interpreter of Religion". In: Casagrande, Joseph B. (Hg.): *In the Company of Man. Twenty Portraits by Anthropologists*, New York: Harper, S. 334–355.

Turner, Victor (1962): *Chihamba the White Spirit: A Ritual Drama of the Ndembu.* Manchester: Manchester University Press (unveränderter Nachdruck als Turner 1975).

Turner, Victor (1967a): *The Forest of Symbols: Aspects of Ndembu Ritual.* Ithaca/New York: Cornell University Press.

Turner, Victor (1967b): „Symbols in Ndembu Ritual". In: Turner 1967a, S. 19–47.

Turner, Victor (1967c): „Ritual Symbols, Morality, and Social Structure Among the Ndembu". In: Turner 1967a, S. 48–58.

Turner, Victor (1967d): „Color Classification in Ndembu Ritual: A Problem in Primitive Classification". In: Turner 1967a, S. 59–92.

Turner, Victor (1967e): „Betwixt and Between: The Liminal Period in Rites de Passage". In: Turner 1967a, S. 93–111.

Turner, Victor (1968a). *The Drums of Affliction: A Study of Religious Processes Among the Ndembu of Zambia.* Oxford: Clarendon.

Turner, Victor (1968b): „Mukanda: The Politics of a Non-Political Ritual". In: Swartz, Marc J. (Hg.): *Local Level Politics. Social and Cultural Perspectives*, Chicago: Aldine, S. 135–150.

Turner, Victor (1969): *The Ritual Process: Structure and Anti-Structure.* Chicago: Aldine (deutsch = Turner 1989a).

Turner, Victor (1974): *Dramas, Fields, and Metaphors: Symbolic Action in Human Society.* Ithaca/New York: Cornell University Press.

Turner, Victor (1975): *Revelation and Divination in Ndembu Ritual.* Ithaca/London: Cornell University Press.

Turner, Victor (1977a): „Process, System, and Symbol: A New Anthropological Synthesis". In: *Daedalus*, 106, 3, S. 61–80.

Turner, Victor (1977b): „Frame, Flow and Reflection: Ritual and Drama as Public Liminality". In: Benamou, Michel/Charles Caramello (Hg.): *Performance in Postmodern Culture*, Madison: Coda Press, S. 33–55.

Turner, Victor (1982): *From Ritual to Theatre. The Human Seriousness of Play.* New York: Performing Arts Journal Publications (deutsch = Turner 1989b).

Turner, Victor (1983a): „Das Kannokura-Fest in Shingu". In: Duerr, Hans Peter (Hg.): *Sehnsucht nach dem Ursprung. Zu Mircea Eliade,* Frankfurt: Syndikat, S. 467–491.

Turner, Victor (1983b): „Body, Brain and Culture". In: *Zygon: Journal of Religion & Science,* 18(3), S. 221–245.

Turner, Victor (1985a): *On the Edge of the Bush. Anthropology as Experience.* Tuscon: The University of Arizona Press.

Turner, Victor (1985b): „Process, System, and Symbol: A New Anthropological Synthesis". In: Turner 1985a, S. 151–176.

Turner, Victor (1985c): „Body, Brain, and Culture". In: Turner 1985a, S. 249–274.

Turner, Victor (1985d): „The New Neurosociology". In: Turner 1985a, S. 275–290.

Turner, Victor (1985e): „Are There Universals of Performance in Myth, Ritual, and Drama?" In: Turner 1985a, S. 291–304.

Turner, Victor (1985f): „Experience and Performance. Towards a New Processual Anthropology". In: Turner 1985a, S. 205–226.

Turner, Victor/E. M. Bruner (Hg.) (1986): *The Anthropology of Experience,* Urbana/Chicago: University of Illinois Press.

Turner, Victor (1986): „Dewey, Dilthey, and Drama: An Essay in the Anthropology of Experience". In: Turner/Bruner 1986, S. 33–44.

Turner, Victor (1987): *The Anthropology of Performance.* New York: PAJ Publications.

Turner, Victor (1989a): *Das Ritual. Struktur und Anti-Struktur.* Frankfurt/M.: Campus.

Turner, Victor (1989b): *Vom Ritual zum Theater. Der Ernst des menschlichen Spiels.* Frankfurt/M.: Campus.

Turner, Victor (1992a): „Prozeß, System, Symbol: Eine neue anthropologische Synthese". In: Habermas, Rebekka/Nils Minkmar (Hg.): *Das Schwein des Häuptlings. Beiträge zur Historischen Anthropologie,* Berlin: Wagenbach, S. 130–146.

Turner, Victor (1992b): „Death and the Dead in the Pilgrimage Process". In: Ders.: *Blazing the Trail: Way Marks in the Exploration of Symbols,* Tuscon: The University of Arizona Press, S. 29–47.

Turner, Victor (1992c): „Morality and Liminality". In: Ders.: *Blazing the Trail: Way Marks in the Exploration of Symbols,* Tuscon: The University of Arizona Press, S. 132–162.

Schriften von Edith Turner

Turner, Edith (1985): „Prologue: From the Ndembu to Broadway". In: Turner, Victor: *On the Edge of the Bush. Anthropology as Experience,* Tuscon: The University of Arizona Press, S. 1–18.

Turner, Edith (1986): „The Genesis of an Idea: Remembering Victor Turner". In: *Zygon* 21(1), S. 7–8.

Turner, Edith (1987): *The Spirit and the Drum: A Memoir of Africa.* Tuscon: The University of Arizona Press.

Turner, Edith (1990): „The Literary Roots of Victor Turner's Anthropology". In: Ashley, Kathleen M. (Hg.): *Victor Turner and the Construction of Cultural Criticism. Between Literature and Anthropology*, Bloomington: Indiana University Press, S. 163–169.

Turner, Edith (with William Blodgett, Singleton Kahona, and Fideli Benwa) (1992): *Experiencing Ritual. A New Interpretation of African Healing*. Philadelphia: Pennsylvania University Press.

Turner, Edith (1994): „A Visible Spirit Form in Zambia". In: Young, David Earl/Jean-Guy Goulet (Hg.): *The Anthropology of Extraordinary Experience*, Peterborough: Broadview Press, S. 71–97.

Turner, Edith (1995): „Preface to the Paperback Edition". In: Turner, Victor/Edith Turner: *Image and Pilgrimage in Christian Culture: Anthropological Perspectives* [Reprint of the 1978 edition], New York: Columbia University Press, S. xiii–xxi.

Turner, Edith (1996): *The Hands Feel it. Healing and Spirit Presence Among a Northern Alaskan People*. DeKalb: Northern Illinois University Press.

Turner, Edith (2002): „A Visible Spirit Form in Zambia". In: Harvey, Graham (Hg.): *Readings in Indigenous Religion*, London: Continuum, S. 149–172.

Turner, Edith (2003): „The Reality of Spirits". In: Harvey, Graham (Hg.): *Shamanism: A Reader*, London: Routledge, S. 145–152.

Turner, Edith (2004a): „The Anthropology of Experience: The Way to Teach Religion and Healing". In: Barnes, Linda/Ines Talamantez (Hg.): *Teaching a Course on Religion and Healing*, New York: Oxford University Press, S. 387–404.

Turner, Edith (2004b): „Taking Seriously the Nature of Religious Healing in America". In: Sered, Susan/Linda Barnes (Hg.): *Religious Healing in Urban America*, New York: Oxford University Press, S. 387–404.

Turner, Edith (2006): *Heart of Lightness. The Life Story of an Anthropologist*. New York: Berghahn.

Turner, Edith (2010): „Discussion: Ethnography as a Transformative Experience". In: *Anthropology and Humanism* 35(2), S. 218–226.

Gemeinsame Schriften von Edith und Victor Turner

Turner, Victor/Edith Turner (1978): *Image and Pilgrimage in Christian Culture: Anthropological Perspectives*. New York: Columbia University Press.

Turner, Victor/Edith Turner (1987): „Performing Ethnography". In: Turner 1987, S. 139–155.

Sekundärliteratur

Alexander, Jeffrey C. (2004): „Cultural Pragmatics: Social Performance Between Ritual and Strategy". In: *Sociological Theory* 22(4), S. 527–573.

Asad, Talal (1993): *Genealogies of Religion. Discipline and Reasons of Power in Christianity and Islam*. Baltimore: Johns Hopkins University Press.

Ashley, Kathleen M. (Hg.) (1990): *Victor Turner and the Construction of Cultural Criticism. Between Literature and Anthropology*. Bloomington: University of Indiana Press.

Auslander, Philip (1994): *Presence and Resistance: Postmodernism and Cultural Politics in Contemporary American Performance*. Ann Arbor: University of Michigan Press.

Babcock, Barbara A. (1984): „Victor W. Turner, Obituary". In: *Journal of American Folklore*, 97, S. 461–464.

Babcock, Barbara A./John J. MacAloon (1987): „Victor W. Turner (1920–1983)". In: *Semiotica* 65, S. 1–27.

Baudler, Bernhard (1994): „Über das „Kontinuum-Konzept" der Jean Liedloff, die Initiationen der Ye'kuana und die Initiationsfolter bei Pierre Clastres. Oder: Eine Ethnologie, die voll und ganz im Adultismus befangen ist, ist ein „Unding"". In: *KEA – Zeitschrift für Kulturwissenschaften* 6, S. 49–70.

Benzing, Tobias (2007): *Ritual und Sakrament: Liminalität bei Victor Turner*. Frankfurt: Peter Lang.

Blake, William (1963): *Vala; or, The Four Zoas: A Facsimile of the Manuscript, a Transcript of the Poem, and a Study of its Growth and Significance*. Oxford: Clarendon Press.

Bloch, Maurice (1986): *From Blessing to Violence. History and Ideology in the Circumcision Ritual of the Merina of Madagascar. Cambridge*: Cambridge University Press.

Bloch, Maurice (1989): *Ritual, History and Power. Selected Papers in Anthropology*. London: The Athlone Press.

Bloch, Maurice (1992): *Prey Into Hunter. The Politics of Religious Experience*. Cambridge University Press.

Boellstorff, Tom (2008): *Coming of Age is Second Life. An Anthropologist Explores the Virtually Human*. Princeton: University Press.

Bornstein, Erica (2006): „Rituals Without Final Acts: Prayer and Success in World Vision Zimbabwe's Humanitarian Work". In: Engelke, Matthew/M. Tomlinson (Hg.): *The Limits of Meaning: Case Studies in the Anthropology of Christianity*, New York: Berghahn Books, S. 88–104.

Bowen, Elenore Smith (1984): *Rückkehr zum Lachen: ein ethnologischer Roman*. Berlin: Reimer.

Bowie, Fiona (2006): *The Anthropology of Religion. An Introduction*. Malden: Blackwell.

Bräunlein, Peter J. (1995): „Ethnologie an der Heimatfront: zwischen Heilslehre, Kriegswissenschaft und Propaganda. Margaret Mead, die amerikanische *cultural anthropology* und der 2. Weltkrieg". In: Bräunlein, Peter J./Andrea Lauser (Hg.): *Krieg und Frieden. Ethnologische Perspektiven*, Bremen: kea-edition, S. 11–64.

Bräunlein, Peter J./Andrea Lauser (1995): „Auf dem Weg zu einer Ethnologie des Krieges und des Friedens: Hindernisse Annäherungen". In: Dies. (Hg.): *Krieg und Frieden. Ethnologische Perspektiven*, Bremen: kea-edition, S. I–XXII.

Bräunlein, Peter J./Andrea Lauser (1996): „Fließende Übergänge... Kindheit, Jugend, Erwachsenwerden in einer ritualarmen Gesellschaft (Mangyan/Mindoro/Philippinen)". In: Dracklé, Dorle (Hg.): *Junge Wilde. Zur kulturellen Konstruktion von Kindheit und Jugend*, Berlin: Dietrich Reimer Verlag, S. 152–182.

Bräunlein, Peter J. (1997): „Victor Witter Turner (1920–1983)". In: Axel Michaels (Hg.): *Klassiker der Religionswissenschaft*, München: C. H. Beck, S. 324–342.

Bruner, Edward M. (1986): „Experience and its Expressions". In: Turner/Bruner 1986, S. 3–30.

Brunotte, Ulrike (2000): „Ritual und Erlebnis. Theorien der Initiation und ihre Aktualität in der Moderne". In: *Zeitschrift für Religions- und Geistesgeschichte* 52(4), S. 249–367.

Bourdieu, Pierre (1979): *Entwurf einer Theorie der Praxis*. Frankfurt: Suhrkamp.

Buber, Martin (1984): *Das dialogische Prinzip*. Heidelberg: Schneider.

Burawoy, Michael (Hg.) (2009): *The Extended Case Method: Four Countries, Four Decades, Four Great Transformations, and one Theoretical Tradition*. Berkeley: University of California Press.

Burkert, Walter (1972/1997): *Homo Necans. Interpretation altgriechischer Opferriten und Mythen*. Berlin: de Gryuter (2., um ein Nachwort erweitere Auflage).

Burkert, Walter (1990): *Wilder Ursprung. Opferritual und Mythos bei den Griechen*. Berlin: Wagenbach.

Carlson, Marvin (1996): *Performance: A Critical Introduction*. London: Routledge.

Christian, William A., Jr. (1972): *Person and God in a Spanish Valley*. New York: Seminar Press.

Clifford, James/George E. Marcus (Hg.) (1986): *Writing Culture: The Poetics and Politics of Ethnography*. Berkeley: University of California Press.

Clifford, James (1993): „Über ethnographische Autorität". In: Berg, Eberhard/Martin Fuchs (Hg.): *Kultur, soziale Praxis, Text. Die Krise der ethnographischen Repräsentation*, Frankfurt/M.: Suhrkamp, S. 109–157.

Cohen, Anthony P. (2005): „Village on the Border, Anthropology at the Crossroads: the Significance of a Classic British Ethnography". In: *Sociological Review* 53(4), S. 603–620.

Coleman, Simon/Tamara Kohn (2010): „The Discipline of Leisure: Taking Play Seriously". In: Dies. (Hg.): *The Discipline of Leisure: Embodying Cultures of „Recreation"*, Oxford: Berghahn, S. 1–22.

Colson, Elizabeth/Max Gluckman (Hg.) (1951): *Seven Tribes of British Central Africa*. London: Oxford University Press.

Coman, Mihai (2008): „Liminality in Media Studies: From Everyday Life to Media Events". In: St. John 2008a, S. 94–108.

Couldry, Nick (2003): *Media Rituals: A Critical Approach*. London: Routledge.

Csikszentmihalyi, Mihaly (2001): *Das Flow-Erlebnis: jenseits von Angst und Langeweile: im Tun aufgehen*. Stuttgart: Klett-Cotta.

D'Aquili, Eugene/Newberg, Andrew B. (1999): *The Mystical Mind: Probing the Biology of Religious Experience*. Minneapolis: Fortress Press.

D'Aquili, Eugene/Charles D. Laughlin/John McManus (Hg.) (1979): *The Spectrum of Ritual: a Biogenetic Structural Analysis*. New York: Columbus University Press.

Daston, Lorrain/Peter Galison (2007): *Objektivität*. Frankfurt/M.: Suhrkamp.

Davis, Natalie Zemon (1984): „Charivari, Honor, and Community in Seventeenth-Century Lyon and Geneva". In: MacAloon, John J. (Hg.): *Rite, Drama, Festival, Spectacle*.

Rehearsals Toward a Theory of Cultural Performance. Philadelphia: Institute for the Study of Human Issues, S. 42–57.

Deloria, Vine, Jr. (1976): *Nur Stämme werden überleben. Indianische Vorschläge für eine Radikalkur des wildgewordenen Westens*. München: Trikont-Verlag.

Dilthey, Wilhelm (1883): *Einleitung in die Geisteswissenschaften – Versuch einer Grundlegung für das Studium der Gesellschaft und der Geschichte, Bd. 1*. Berlin: Duncker & Humblot.

Dilthey, Wilhelm (1924): *Gesammelte Schriften. Bd. 6: Die geistige Welt: Einleitung in die Philosophie des Lebens*. Stuttgart: Teubner.

Dilthey, Wilhelm/H. P. Rickman (1976): *Selected Writings*. Cambridge: Cambridge University Press.

Dilthey, Wilhelm (1982): *Gesammelte Schriften. Bd. 19: Grundlegung der Wissenschaften vom Menschen, der Gesellschaft und der Geschichte*. Göttingen: Vandenhoeck und Ruprecht.

Drewal, Margaret (1992): *Yoruba Ritual: Performers, Play, Agency*. Bloomington: Indiana University Press.

Driver, Tom F. (1998): *Liberating Rites: Understanding the Transformative Power of Ritual*. Boulder: Westview.

Durkheim, Émile (1994): *Die elementaren Formen des religiösen Lebens*. Frankfurt: Suhrkamp.

Eade, John/Michael Sallnow (1991): „Introduction". In: Dies. (Hg.): *Contesting the Sacred: The Anthropology of Christian Pilgrimage*, London: Routledge, S. 1–29.

Engelke, Matthew (2000): „An Interview With Edith Turner". In: *Current Anthropology* 41(5), S. 843–852.

Engelke, Matthew (Hg.): (2001a): *Anthropology, Undisciplined: Essays in Honor of Edith Turner* [Special Issue of Anthropology and Humanism, vol. 26(2)]. Arlington: American Anthropological Association.

Engelke, Matthew (2001b): „Books Can be Deceiving: Edith Turner and the Problem of Categories in Anthropology". In: *Anthropology and Humanism*, 26(2), S. 124–133.

Engelke, Matthew (2004): „„The Endless Conversation": Fieldwork, Writing, and the Marriage of Victor and Edith Turner". In: Handler, Richard (Hg.): *Significant Others. Interpersonal and Professional Commitments in Anthropology*, Madison: University of Wisconsin Press, S. 6–50.

Evans, T. M. S./Don Handelman (2005): „Preface: Historicizing the Extended-Case Method". In: *Social Analysis* 49(3), S. 123–128.

Evans-Pritchard, Edward E. (1937): *Witchcraft, Oracles, and Magic Among the Azande*. Oxford: Clarendon Press.

Evans-Pritchard, Edward E. (1948): *The Divine Kingship of the Shilluk of the Nilotic Sudan*. Cambridge: Cambridge University Press.

Evans-Pritchard, Edward E. (1956): *Nuer Religion*. Oxford: Clarendon Press.

Evans-Pritchard, Edward E. (1974): *Man and Woman Among the Azande*. London: Faber and Faber.

Ezzy, Douglas (2008): „Faith and Social Science: Contrasting Victor and Edith Turner's Analyses of Spiritual Realities". In: St John 2008, S. 309–323.

Fardon, Richard (2002): *Mary Douglas: An Intellectual Biography*. New York: Routledge.

Farrell, James J. (1997): *The Spirit of the Sixties: The Making of Postwar Radicalism*. London: Routledge.

Favret-Saada, Jeanne (1979): *Die Wörter, der Zauber, der Tod: Der Hexenglaube im Hainland von Westfrankreich*. Frankfurt/M.: Suhrkamp.

Fischer-Lichte, Erika (2004): *Ästhetik des Performativen*. Frankfurt/M.: Suhrkamp.

Förster, Till (2004): „From Rationality to Creativity. Ritual and Religious Experience in the Work of Edward Evans-Pritchard and Victor Turner". In: Adogame, Afe/Frieder Ludwig (Hg.): *European Traditions in the Study of Religions in Africa*, Wiesbaden: Harrassowitz, S. 245–253.

Forde, Daryll C. (1934): *Habitat, Economy and Society: A Geographical Introduction to Ethnology*. London: Methuen.

Fortes, Meyer/Edward E. Evans-Pritchard (Hg.) (1940): *African Political Systems*. Oxford: Oxford University Press.

Fortes, Meyer/Edward E. Evans-Pritchard (1983): „Afrikanische politische Systeme – Einleitung". In: Fritz Kramer/Christian Sigrist (Hg.): *Gesellschaften ohne Staat. Gleichheit und Gegenseitigkeit*. Frankfurt/M.: Syndikat, S. 150–174.

Foucault, Michel (1981): *Archäologie des Wissens*. Frankfurt/M.: Suhrkamp.

Gebhardt, Winfried (1994): *Charisma als Lebensform. Zur Soziologie des alternativen Lebens*. Berlin: Dietrich Reimer.

Geertz, Clifford (1957): „Ethos, World-View and the Analysis of Sacred Symbols". In: *The Antioch Review* 17(4), S. 421–437 (wieder abgedruckt 1973, in C. Geertz: *The Interpretation of Cultures: Selected Essays*. New York: Basic Books, S. 126–141).

Geertz, Clifford (1983): „Blurred Genres: The Refiguration of Social Thought". In: Ders · *Local Knowledge*, New York: Basic Books, S. 19–35 (Erstveröffentlichung 1980, in *American Scholar* 29(2), S. 165–179).

Geertz, Clifford (1986): „Epilogue: Making Experiences, Authoring Selves". In: Turner/Bruner 1986, S. 373–380.

Geertz, Clifford (1995): „‚Deep Play': Bemerkungen zum balinesischen Hahnenkampf". In: Geertz, Clifford: *Dichte Beschreibung. Beiträge zum Verstehen kultureller Systeme*, Frankfurt/M.: Suhrkamp, S. 202–260.

Geertz, Clifford (1996): *Welt in Stücken. Kultur und Politik am Ende des 20. Jahrhunderts*. Wien: Passagen Verlag.

Gilcher-Holtey, Ingrid (2008): *Die 68er Bewegung. Deutschland – Westeuropa – USA*. München: C. H. Beck.

Gilson, Etienne (1956): *The Christian Philosophy of St. Thomas Aquinas*. New York: Random House.

Gluckman, Max (1940a): „The Kingdom of the Zulu of South Africa". In: Fortes, Meyer/Edward E. Evans-Pritchard (Hg.): *African Political Systems*. London: Oxford University Press, S. 25–55.

Gluckman, Max (1940b): „Analysis of a Social Situation in Modern Zululand". In: *Bantu Studies* 14, S. 1–30.

Gluckman, Max (1962): „Les rites de Passage". In: Gluckman, Max (Hg.): *Essays on the Ritual of Social Relations*, Manchester: Manchester University Press, 1–52.

Gluckman, Max (1963): *Order and Rebellion in Tribal Africa: Collected Essays With an Autobiographical Introduction*. London: Cohen & West.

Gluckman, Max (1973): „Limitations of the Case-Method in the Study of Tribal Law". In: *Law and Society Review* 7(4), S. 611–642.

Gluckman, Max (1983): „Rituale der Rebellion in Südost-Afrika". In: Kramer, Fritz/Christian Sigrist (Hg.): *Gesellschaften ohne Staat. Gleichheit und Gegenseitigkeit*, Frankfurt/M.: Syndikat, S. 250–280.

Griaule, Marcel (1980): *Schwarze Genesis. Ein afrikanischer Schöpfungsbericht*. Frankfurt/M.: Suhrkamp.

Grimes, Ronald L. (1990): „Victor Turner's Definition, Theory and Sense of Ritual". In: Ashley 1990, S. 141–146.

Grimes, Ronald L. (1995): *Beginnings in Ritual Studies. Revised Edition*. Columbia: University of South Carolina Press.

Grimes, Ronald L. (2000): „Ritual". In: Braun, Willi/Russel T. McCutcheon (Hg.): *Guide to the Study of Religion*, London: Cassell, S. 259–270.

Grimes, Ronald L. (2011): *Ritual, Media, and Conflict*. Oxford: Oxford University Press.

Gronover, Annemarie (2005): *Theoretiker, Ethnologen und Heilige. Ansätze der Kultur- und Sozialanthropologie zum katholischen Kult*. Münster: Lit.

Haab, Barbara (1992): „Weg und Wandlung: Ethnologische Feldforschung zur Spiritualität heutiger Jakobs-Pilger und Pilgerinnen". In: Michel, Paul (Hg.): *Symbolik von Weg und Reise*, Frankfurt/M.: Lang, S. 137–162.

Handelman, Don (1993): „Is Victor Turner Receiving His Intellectual Due?". In: *Journal of Ritual Studies* 7, S. 117–124.

Handelman, Don (1998): *Models and Mirrors. Towards an Anthropology of Public Events*. Oxford: Berghahn.

Harner, Michael (1982): Der Weg des Schamanen : ein praktischer Wegweiser zu innerer Heilkraft. Interlaken: Ansata-Verlag.

Hastrup, Kirsten (1995): *A Passage to Anthropology. Between Experience and Theory*. London: Routledge.

Heine, Bernd (1985): „The Mountain People: Some Notes on the Ik of North-Eastern Uganda". In: *Africa: Journal of the International African Institute* 55(1), S. 3–16.

Hoover, Stewart M./Knut Lundby (Hg.) (1997): *Rethinking Media, Religion and Culture*. Thousand Oaks: Sage.

Horton, Robin (1964): „Ritual Man in Africa". In: *Africa* 34, S. 85–104.

Horton, Robin (1997): *Patterns of Thought in Africa and the West. Essays on Magic, Religion and Science*. Cambridge: Cambridge University Press.

Hughes-Freeland, Felicia/Mary M. Crain (Hg.) (1998): *Recasting Ritual: Performance, Media, Identity*. London: Routledge.

Humphrey, Caroline / James Laidlaw (1994): *The Archetypal Actions of Ritual: A Theory of Ritual Illustrated by the Jain Rite of Worship.* Oxford: Clarendon Press.

Huxley, Julian (1966): „Introduction". In: Ders. (Hg.): *A Discussion on Ritualization of Behaviour in Animals and Man*, London: Philosophical Transactions of the Royal Society of London. Series B, Biological Sciences, 251(772), Dec. 29, S. 249–271.

Ivanov, Paola (1993): „Zu Victor Turners Konzeption von ‚Liminarität' und ‚Communitas'". In: *Zeitschrift für Ethnologie* 118, S. 217–249.

Jarvie, Ian C. (1969): *The Revolution in Anthropology.* Chicago: Henry Regnery Company.

Jasinski, James (2001): *Sourcebook on Rhetoric: Key Concepts in Contemporary Rhetorical Studies.* Thousand Oaks: Sage.

Jenks, Chris (2003): *Transgression.* London: Routledge.

Jules-Rosette, Bennetta (1994): „Decentering Ethnography: Victor Turner's Vision of Ethnography". In: *Journal of Religion in Africa* 24(2), S. 150–181.

Jung, Matthias (1996): *Dilthey zur Einführung.* Hamburg: Junius.

Kapferer, Bruce (2005): „Situations, Crisis, and the Anthropology of the Concrete. The Contribution of Max Gluckman". In: *Social Analysis* 49(3), S. 85–122.

Keller, Reiner (2006): „Die Wiederkehr der Stämme in der Postmoderne". In: Moebius, Stephan / Dirk Quadflieg (Hg.): *Kultur. Theorien der Gegenwart*, Wiesbaden: VS, S. 209–222.

Kippenberg, Hans G. (1981): „Jeder Tag Ashura, jedes Grab Kerbala. Zur Ritualisierung der Straßenkämpfe im Iran". In: Greussing, Kurt (Hg.): *Religion und Politik im Iran*, Frankfurt: Syndikat, S. 217–256.

Kippenberg, Hans G. (1989): „Intellektuellen-Religion". In: Antes, Peter / Donate Pahnke (Hg.): *Die Religion von Oberschichten. Religion – Profession – Intellektualismus*, Marburg: diagonal-Verlag, S. 181–202.

Kirsch, Thomas G. (1998): *Lieder der Macht: Religiöse Autorität und Performance in einer afrikanisch-christlichen Kirche Zambias.* Hamburg: Lit.

Kohl, Karl-Heinz (1993): *Ethnologie – die Wissenschaft vom kulturellen Fremden. Eine Einführung.* München: C. H. Beck.

Kroeber, Alfred (1917): „The Superorganic". In: *American Anthropologist* 19(2), S. 163–213.

Kunczik, Michael (1999): „Herbert Spencer (1820–1903)". In: Kaesler, Dirk (Hg.): *Klassiker der Soziologie. Bd. 1*, München: C. H. Beck, S. 74–93.

Kuper, Adam (1996): *Anthropology and Anthropologist. The Modern British School.* London: Routledge.

Laughlin, Charles D. / Eugene G. D'Aquili (1974): *Biogenetic Structuralism.* New York: Columbia University Press.

Lavie, Smadar / Kirin Narayan / Renato Rosaldo (Hg.) (1993): *Creativity / Anthropology.* Ithaca: Cornell University Press.

Leach, Edmund (1966): „Ritualization in Man in Relation to Conceptual and Social Development". In: Huxley, Julian (Hg.): *A Discussion on Ritualization of Behaviour in Animals and Man*, London: Philosophical Transactions of the Royal Society of London. Series B, Biological Sciences, 251(772), Dec. 29, S. 403–408.

Leach, Edmund (1984): „Glimpses of the Unmentionable in the History of British Social Anthropology". In: *Annual Review of Anthropology*, 13(1), S. 1–23.

Lentz, Carola (2001): „Meyer Fortes/Edward Evan Evans-Pritchard (Hg.): African Political Systems". In: Feest, Christian F./Karl-Heinz Kohl (Hg.): *Hauptwerke der Ethnologie*, Stuttgart: Kröner, S. 103–108.

Le Roy Ladurie, Emmanuel (1979): *Le Carneval de Romans. De la Chandeleur au mercredi des Cendres, 1579–1580*. Paris: Gallimard.

Lincoln, Bruce (1991): *Emerging From the Chrysalis: Rituals of Women's Initiation*. Oxford: Oxford University Press.

Lück, Helmut E. (1996): *Die Feldtheorie und Kurt Lewin. Eine Einführung*. Weinheim: Psychologie Verlags Union.

Macrides, Kalle (2001): *Dark Flow* [NYU Graduate Program in Performance Studies; Final Paper, May 12]: www.adhesivetheater.com/kalle/essay/DarkFlow.html [besucht am 11.08.2011].

Maffesoli, Michel (1986): *Der Schatten des Dionysos*. Frankfurt: Syndikat.

Maffesoli, Michel (1996): *The Time of the Tribes: The Decline of Individualism in Mass Society*. London: Sage.

Maletzke, Gerhard (1996): *Interkulturelle Kommunikation: Zur Interaktion zwischen Menschen verschiedener Kulturen*. Wiesbaden: VS Verlag.

Malinowski, Bronislaw (1975): *Eine wissenschaftliche Theorie der Kultur*. Frankfurt/M.: Suhrkamp.

Mandell, Arnold J. (1980): „Toward a Psychobiology of Transcendence: God in the Brain". In: Davidson, Julian M./Richard J. Davidson (Hg.): *The Psychobiology of Consciousness*, New York: Plenum Press, S. 379–464.

Manning, Frank E. (1990): „Victor Turner's Career and Publications". In: Ashley 1990, S. 170–177.

Marcus, George (1987): „Review of: The Spirit and the Drum: A Memoir of Africa, by Edith Turner". In: *Parabola* 12(3), S. 116–118.

Marranca, Bonnie/Gautam Dasgupta (Hg.) (1991): *Interculturalism and Performance*. New York: PAJ Publisher.

Matteucci, Giovanni (2004): *Dilthey: Das Ästhetische als Relation*. Würzburg: Königshausen und Neumann.

Mattig, Ruprecht (2009): *Rock und Pop als Ritual. Über das Erwachsenwerden in der Mediengesellschaft*. Bielefeld: transcript.

Maxwell, Ian (2008): „The Ritualization of Performance (Studies)". In: St John (2008), S. 59–75.

McKenzie, Jon (2001): *Perform or Else: From Discipline to Performance*. London: Routledge.

McLean, Paul (1974): *Triune Conception of the Brain and Behaviour*. Toronto: University of Toronto Press.

Metcalf, Peter (2002): *They Lie, we Lie: Getting on With Anthropology*. London: Routledge.

Meyer, Birgit/Annelies Moors (Hg.) (2006): *Religion, Media, and the Public Sphere*. Bloomington: Indiana University Press.

Mills, David (2005): „Made in Manchester? Methods and Myths in Disciplinary History". In: *Social Analysis* 49(3), S. 129–143.

Minkmar, Niels (2011): „Wahn und Sinn". In: *Frankfurter Allgemeine Sonntagszeitung* 31. Juli, Nr. 30, S. 17.

Moebius, Stephan (2009): „Die elementaren (Fremd-)Erfahrungen der Gabe. Sozialtheoretische Implikationen von Marcel Mauss' Kultursoziologie der Besessenheit und des ,radikalen Durkheimismus' des Collège de Sociologie". In: *Berliner Journal für Soziologie* 19, S. 104–126.

Morris, Brian (1987): *Anthropological Studies of Religion. An Introductory Text*. Cambridge: Cambridge University Press.

Müller, Hans-Peter (1999): „Émile Durkheim (1858–1917)". In: Kaesler, Dirk (Hg.): *Klassiker der Soziologie. Bd. 1*, München: C.H. Beck, S. 150–170.

Ortner, Sherry B. (1984): „Theory in Anthropology since the Sixties". In: *Comparative Studies in Society and History* 26(1), S. 26–166.

Pearce, Celia/Artemisia (2009): *Communities of Play: Emergent Cultures in Multiplayer Games and Virtual Worlds*. Cambridge, Mass.: MIT Press.

Petermann, Werner (2004): *Die Geschichte der Ethnologie*. Wuppertal: Peter Hammer.

Peters, Larry (1981): *Ecstasy and Healing in Nepal: An Ethnopsychiatric Study of Tamang Shamanism*. Malibu: Undena Publications.

Radcliffe-Brown, Alfred Reginald (1952): *Structure and Function in Primitive Society*. London: Cohen & West.

Reader, D.H. (1969): „Model and Metaphor in Social Anthropology". In: *Zambezia* 1(1), S. 21–36.

Reuter, Astrid (2000): *Das wilde Heilige. Roger Bastide (1898–1974) und die Religionswissenschaft seiner Zeit*. Frankfurt: Campus.

Richards, Audrey (1950): „Some Types of Family Structure among the Central Bantu". In: Radcliffe-Brown, Alfred R. (Hg.): *African Systems of Kinship and Marriage*, London: Oxford University Press, S. 207–251.

Rochberg-Halton, Eugene (1989): „Nachwort". In: Turner, Victor: *Das Ritual. Struktur und Anti-Struktur*, Frankfurt: Campus, S. 198–213.

Roof, Wade Clark (1993): *A Generation of Seekers: The Spiritual Journey of the Baby-Boom Generation*. San Francisco: Harper Collins.

Roof, Wade Clark (2001): *Spiritual Marketplace: Baby Boomers and the Remaking of American Religion*. Princeton: Princeton Univ. Press.

Roszak, Theodore (1968): *The Making of a Counter Culture: Reflections on the Technocratic Society and its Youthful Opposition*. Berkeley: University of California Press.

Rothenbuhler, Eric W./Mihai Coman (Hg.) (2005): *Media Anthropology*. Thousand Oaks: Sage.

Schechner, Richard (1985): *Between Theatre and Anthropology*. Philadelphia: University of Pennsylvania Press.

Schechner, Richard (1987): „Victor Turner's Last Adventure". In: Turner 1987, S. 7–20.

Schechner, Richard (1988): „Performance Studies. The Broad Spectrum Approach". In: *The Drama Review* 32(3), S. 4–6.

Schechner, Richard (1990): *Theater-Anthropologie. Spiel und Ritual im Kulturvergleich.* Reinbek: Rowohlt.

Schechner, Richard (1993): *The Future of Ritual. Writings on Culture and Performance.* London: Routledge.

Schechner, Richard (1998): „What is Performance Studies Anyway?". In: Phelan, Peggy/ Jill Lane (Hg.): *The Ends of Performance,* New York: New York University Press, S. 357–362.

Schechner, Richard/Willa Appel (Hg.) (1990): *By Means of Performance: Intercultural Studies of Theatre and Ritual.* Cambridge: Cambridge University Press.

Seitz, Stefan (2001): „Alfred Reginald Radcliffe-Brown: The Andaman Islanders. Cambridge, 1922". In: Christian F. Feest/Karl-Heinz Kohl (Hg.): *Hauptwerke der Ethnologie,* Stuttgart: Kröner, S. 371–376.

Sigrist, Christian (1967): *Regulierte Anarchie: Untersuchungen zum Fehlen und zur Entstehung politischer Herrschaft in segmentären Gesellschaften Afrikas.* Freiburg: Walter.

Sigrist, Christian (1983): „Gesellschaften ohne Staat und die Entdeckungen der *social anthropology*". In: Kramer, Fritz/Christian Sigrist (Hg.): *Gesellschaften ohne Staat. Gleichheit und Gegenseitigkeit,* Frankfurt/M.: Syndikat, S. 28–44.

Staal, Frits (1989): *Rules without Meaning: Ritual, Mantras and the Human Sciences.* Bern: Peter Lang.

Stagl, Justin (1983): „Übergangsriten und Statuspassagen: Überlegungen zu Arnold van Genneps ‚Les Rites de Passage'". In: Acham, Karl (Hg.): *Gesellschaftliche Prozesse: Beiträge zur historischen Soziologie und Gesellschaftsanalyse,* Graz: Akademische Druck- und Verlagsanstalt, S. 83–96.

Stevens, Anthony (1982): *Archetypes: A Natural History of the Self.* New York: Morrow.

St. John, Graham (Hg.) (2008a): *Victor Turner and Contemporary Cultural Performance.* New York: Berghahn Books.

St. John, Graham (2008b): „Victor Turner and Contemporary Cultural Performance: An Introduction". In: St. John 2008a, S. 1–37.

St. John, Graham (2009): *Technomad: Global Raving Countercultures.* London: Equinox.

St. John, Graham (2011): *The Local Scenes and Global Culture of Psytrance.* London: Routledge.

Stoeckl, Peter (1994): *Kommune und Ritual. Das Scheitern einer utopischen Gemeinschaft.* Frankfurt/M.: Campus.

Stoller, Paul/Cheryl Oakes (1987): *In Sorcery's Shadow: A Memoir of Apprenticeship Among the Songhay of Niger.* Chicago: The University of Chicago Press.

Swartz, Marc J./Victor W. Turner/Arthur Tuden (Hg.) (1966): *Political Anthropology.* Chicago: Aldine Press.

Taussig, Michael (1987): *Shamanism, Colonialism, and the Wild Man: A Study in Terror and Healing.* Chicago: The University of Chicago Press.

Thomas, Günter (1998): *Medien – Ritual – Religion. Zur religiösen Funktion des Fernsehens.* Frankfurt/M.: Suhrkamp.

Throop, Jason (2003): „Articulating Experience". In: *Anthropological Theory* 3(2), S. 219–241.

van Gennep, Arnold (2005): *Übergangsriten*. Frankfurt/M.: Campus.

Volbers, Jörg (2011): „Zur Performativität des Sozialen". In: Hempfer, Klaus W./Jörg Volbers (Hg.): *Theorien des Performativen. Sprache – Wissen – Praxis. Eine kritische Bestandsaufnahme*, Bielefeld: transcript, S. 141–160.

Wagner, Roy (1980): *The Invention of Culture*. Chicago: Chicago University Press.

Walker Bynum, Caroline (1984): „Women's Stories, Women's Symbols: A Critique of Victor Turner's Theory of Liminality". In: Moore, Robert L./Frank E. Reynolds (Hg.): *Anthropology and the Study of Religion*, Chicago: Chicago University Press, S. 105–125.

Walker Bynum, Caroline (1996): „Geschichten und Symbole der Frauen. Eine Kritik an Victor Turners Theorie der Liminalität". In: Dies.: *Fragmentierung und Erlösung*, Frankfurt: Suhrkamp, S. 27–60 (= Walker Bynum 1984).

Westerfelhaus, Robert/Robert Alen Brookey (2004): „At the Unlikely Confluence of Conservative Religion and Popular Culture: Fight Club as Heteronormative Ritual". In: *Text and Performance Quarterly* 24(3–4), S. 302–326.

Whitehouse, Harvey (1996): „Rites of Terror: Emotion, Metaphor and Memory in Melanesian Initiation Cults". In: *Journal of the Royal Anthropological Institute*, 2(4), S. 703–715.

Wiedenmann, Rainer E. (1991): *Ritual und Sinntransformation – Ein Beitrag zur Semiotik soziokultureller Interpenetrationsprozesse*. Berlin: Duncker und Humblot.

Willis, Roy (1984): „Victor Witter Turner (1920–1983)". In: *Africa* 54, S. 73–75.

Wilson, Edward O. (1975): *Sociobiology: The New Synthesis*. Harvard: Harvard University Press.

Wilson, Monica (1954): „Nyakusa Ritual and Symbolism". In: *American Anthropologist*, 56(2), S. 228–242.

Wolanin, Adam (1978): *Rites, Ritual Symbols and Their Interpretation in the Writings of Victor W. Turner. A Phenomenological-Theological Study*. Rom: Pont. Univ. Gregoriana, Diss.

Wolbert, Barbara (1990): „Rückkehr: Statuspassage und Passageriten türkischer Migrantinnen". In: *Zeitschrift für Ethnologie*, 115, S. 169–197.

Wolbert, Barbara (1995): *Der getötete Paß. Rückkehr in die Türkei. Eine ethnologische Migrationsstudie*, Berlin: Reimer.

Woodbridge, Linda (1987): „Black and White and Red All Over: The Sonnet Mistress Among the Ndembu". In: *Renaissance Quarterly*, XL, S. 247–297.

Worthen, William B. (2004): „Disciplines of the Text: Sites of Performance". In: Henry Bial (Hg.): *The Performance Studies Reader*, London: Routledge, S. 10–25.

Zitelmann, Thomas (2001): „Max Herman Gluckman: Order and Rebellion in Tribal Africa". In: Feest, Christian F./Karl-Heinz Kohl (Hg.): *Hauptwerke der Ethnologie*. Stuttgart: Kröner, S. 133–137.

Biographie

1920:	28. Mai, Victor Witter Turner wird in Glasgow, Schottland, geboren
1921:	21. Juni, Edith Lucy Brocklesby Davis wird in Ely, England, geboren
1938:	Studium der Englischen Literatur, University College, London
1939:	Victor Turner verweigert aus Gewissensgründen den Kriegsdienst und wird einer Bombensuchtruppe zugeteilt
1942:	Sommer, Victor begegnet Edith in Oxford
1943:	30. Januar, Heirat von Edith Davis und Victor Turner in Oxford
1943:	Geburt von Fredrick Turner
1946:	Geburt von Robert Turner
1945–1949:	Studium der Social Anthropology am University College, London, B.A.-Abschluss
1949:	Studium der Social Anthropology, Universität Manchester, unter Max Gluckman
1950–1954:	Research Officer am Rhodes-Livingstone Institute in Lusaka, Nord-Rhodesien (heute Zambia). In dieser Zeit insgesamt 2,5 Jahre Feldforschung bei den Ndembu, zusammen mit Edith Turner
1955:	Ph.D. in *Social Anthropology*, Thesis: *Schism and Continuity in an African Society* (veröffentlicht 1957)
1957:	Konversion zum Katholizismus
1955–1963:	Lecturer am *Department of Social Anthropology*, Universität Manchester
1960–1961:	Forschungsaufenthalt am *Center for Advanced Study*, Palo Alto, Kalifornien
1964–1968:	Professur (Ethnologie) an der Cornell Universität, Ithaca, USA
1968–1977:	Professur (*Anthropology and Social Thought*) an der Universität von Chicago, USA
1969/70:	Pilgerforschung in Mexiko, gemeinsam mit Edith Turner
1971/72:	Pilgerforschung in Irland, gemeinsam mit Edith Turner
1977–1983:	William R. Kenan Professur für Ethnologie und Religionswissenschaft an der Universität von Virginia, USA
1983:	18. Dezember, Victor Turner stirbt an Herzversagen in Charlottesville, Virginia (USA)

Personenregister

Sachregister

FSC
www.fsc.org
MIX
Papier | Fördert
gute Waldnutzung
FSC® C083411

Zeitfracht Medien GmbH
Ferdinand-Jühlke-Straße 7
99095 Erfurt, Deutschland
produktsicherheit@kolibri360.de